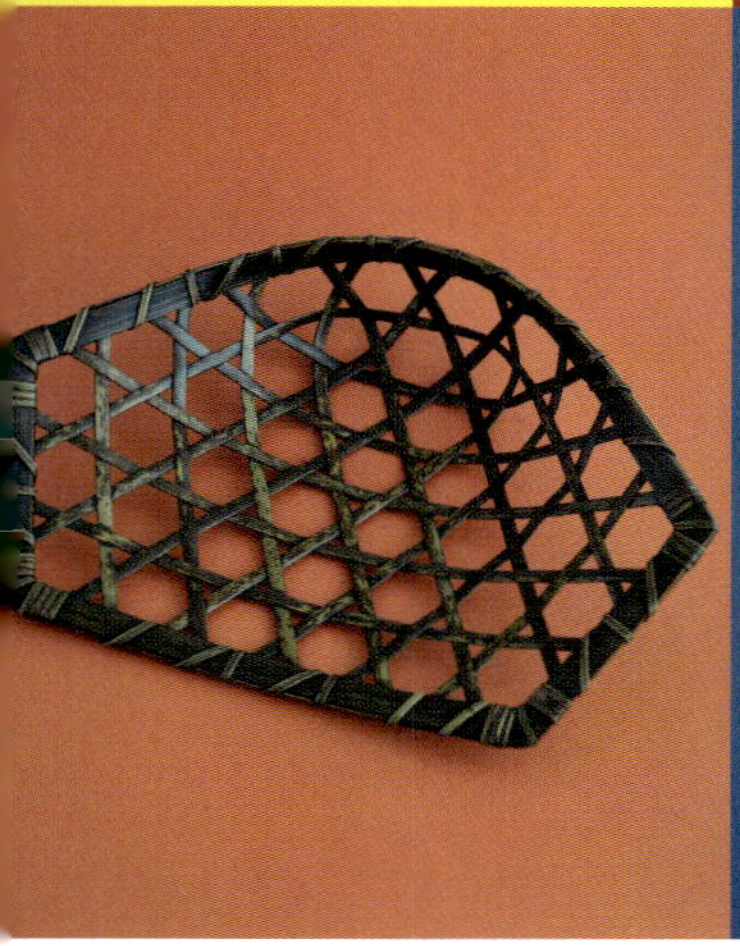

前ページ：デミタスカップ／鳳凰（p.74 参照）／右ページ左上：有田焼の急須／紗綾形《さやがた》（卍字錦）・青海波（水浪文）・渦巻・梅花／左中：拉麺丼とレンゲ／回文（p.180 参照）・鳳凰・龍（p.66 参照）／左下：一つの籠目が六芒星形を成している籠目文様は辟邪物である（p.184 参照）／右上：南部鉄の菓子皿／双鴛・双魚（p.80 参照）・吉語『金石索』の「漢 大吉羊洗」と「漢 宜子孫洗」を図案として→

→取り入れた鉄器。つがいのオシドリと魚が大吉羊（大吉祥）の吉語を中心にシンメトリーに配され縁の宜子孫と呼応している。子孫繁栄と幸福への願いが託されている／右ページ右下：祝い菓子用の押型／鯉
左ページ：九谷焼の硯箱／麒麟（p.100 参照）・牡丹（p.136 参照）・菱形を二つ同心につなげた違い菱（方勝）・丁字など

はじめに

紫《し》砂《さ》茶《ちゃ》壺《こ》との出合いと「中国吉祥文化」

「吉祥」すなわち「よい　きざし」「めでたい　しるし」を身辺にほどこすことは幸福を招くための「*予祝《よしゅく》」につながる行為である。

予祝は、もともと豊作や多産を祈り行われた農耕儀礼のひとつである。あらかじめ期待する結果を模擬的に表現すると、そのとおりの結果が得られるという俗信にもとづく一種の呪的行為である。吉祥図案に託されたメッセージは、人生を肯定的にかつ積極的に生きるための啓示《ヒント》であり、幸福を招くための予祝なのである。

吉祥を題材としたり図案化したものは、中国においてあらゆる品々にほどこされてきた。玉器・青銅器・陶磁器・漆器・織物・刺繡・絵画・剪紙（切り絵）・服飾品などにおよぶ吉祥図案表現の広がりは、庶民から宮廷まであらゆる階層に普遍性をもって浸透した。その伝統は数千年前の原始社会に始まり、現代まで連綿と続いている。吉祥こそが中国の人びとの精神活動や志向性を真に伝えるものといって過言ではなく、いわば吉祥は中国文化の核心

予祝：中国語では預祝と書き意味は同じ。あらかじめ祝う・祈るの意で、預の字は省略されることが多い。

といえるものである。

そのことに気づかせてくれたのが、私にとって紫砂茶壺との出合いだった。拙著『極める紫砂茶壺』のなかで、宜興産急須の名品二十三点の復刻品を写真入りで掲載し紹介した。そのときに選んだ急須はどれも日中両国の文人たちに愛された茶具として好ましい実用品であるが、実際は急須だけでも数百という様式があり、「千態万状」と形容される豊かな表現にあふれている。それらの急須に長らく向き合うなかで気づいたことは、宜興産急須の造形、あるいは急須上に立体的にほどこされた装飾、絵画・書法・篆刻が一体となった表現などは、単なるデザインではなく、メッセージを発しており、その多くが幸福への祈りが込められた吉祥に通じているという点である。

さらに忘れてはならない点が、吉祥と不可分の関係にある「辟邪《へきじゃ》（避邪とも）」である。辟邪とは、禍を避けるために行う魔除け・厄払い・祓除《ふつじょ》（けがれを祓い除く）をいい、時代をさかのぼるほど辟邪が重要視されていた。苛酷な環境下を生き抜くため本能的に強くはたらいたのが死や災禍を避けたいと願う心理だった。

奇しくも吉祥と辟邪の研究に没頭していた時期、室内に独りでいた筆者は東日本大震災を経験し、辟邪の心理がどういうものであるかを理解した。生活環境が便利で豊かになった現代においても、抗うことのできない大自然の猛威のまえでは、人は何かにすがり一心に念じ手を合わせて祈ることしかできない。禍を避けたいと願う辟邪の心は遠い古人の記憶のなかにだけあるのではなく、吉祥と同様に不変であるとともに、幸福追求という本質において辟邪と吉祥は一如《いちにょ》であることを実感したのだった。

吉祥と辟邪の願いが託された文様や図案は、中国のみならず中国文化の影響を受けた近隣諸国にも伝播しそれぞれの国に根づいている。我われ日本人がふだん「和の文様」「日本の伝統図案」として認識しているものも例外ではない。くり返し用いられるうちに自国の好みに合わせて和様化し、文様や図案の出自やそこに込められていた意味は忘れられてしまったものも少なくないのだ。それは平仮名が、もとの漢字が何であったか思い出されなくなった現象にも似ているかもしれない。

二十年前に思いきって勤めていた会社を辞め中国へ留学したときから、自分に結ばれた縁の結び目をたどってみたいという想いを抱き続けている。そして今は、中国伝統の「吉祥文化」にふれることが中国文化に親しむための近道であると同時に、日本文化を真に理解することにつながるのではないかという考えが確信に変わろうとしている。本書を中国文化に親しむためのツールとして、あるいは日本文化を再認識するきっかけとして手にしていただければと思う。

袋帯／菊花（p.146 参照）・鶴・牡丹・松・亀甲文様ほか
左ページ：風呂敷／菊花・流水・梅花・松ほか

和傘 / 蝴蝶（p.158参照）・牡丹

極めるシリーズⅢ

吉祥の文化史

幸福追求への祈りのかたち

池上麻由子・著

目次

第二章　幸福への祈り——中国伝統吉祥文様二十三

第三章　人間万事幸福生活

第四章　新吉祥図案解題

第五章　五福の求め方

凡例

一、本文中の※印の言葉には脚注を付した。

一、本書では「紋様」「○○紋」は「文様」「○○文」に統一した。※地紋は例外

一、読みやすさを考慮し、動物名・植物名の一部をカタカナで表記した。

一、漢字のふりがなは日本語読みを基本としているが、一部はカタカナまたはピンインにより中国語読みを付した。

一、王朝名の「商」は、日本では殷のほうが通用するため本書でも「殷」で統一した。

一、吉祥文化を理解するために、本書では次の古典を基本ツールとして常用した。

・古人の心を知るための二大詩集『詩経』と『楚辞《そじ》』

・異形の神がみ、各地で産する吉祥物・辟邪物を記した『山海経《せんがいきょう》』

・古い文字や言葉を知るための『字統』と『爾雅《じが》』

・瑞応（吉兆および吉祥物の出現）の宝庫でもある『史記』

・瑞応を記録し吉祥用語集としての価値をもつ『瑞応図記《ずいおうずき》』

・金石に刻まれた吉祥物や祥瑞図の復刻（臨写）を収録している『金石索』

一、引用文は文体や用語を含め原文どおりであるが、一部旧漢字を常用漢字に置き換え、長文は適宜要約し明示した上で掲載した。

一、本書の引用・参考文献は、本文では著者名（または編者名）と書名のみの記載とし、右の基本ツールを含む古典類は書名のみを記した。出版社名や出版年など詳細は巻末の「引用および参考文献」を参照されたい。

左：中国の福猫／無錫の蚕猫（p.350 参照）

清代の指甲套（爪カバー）／花鳥、蝴蝶（福寿を寓意）、蝙蝠（幸福の象徴）、蛙（多子多福の象徴）などの吉祥物で装飾されている

泉州（福建）布袋劇の木偶／官服に身を包んだ麗しき貴公子の姿は、禄への願い、状元のイメージとも重なる（禄への願いは p.313 参照）

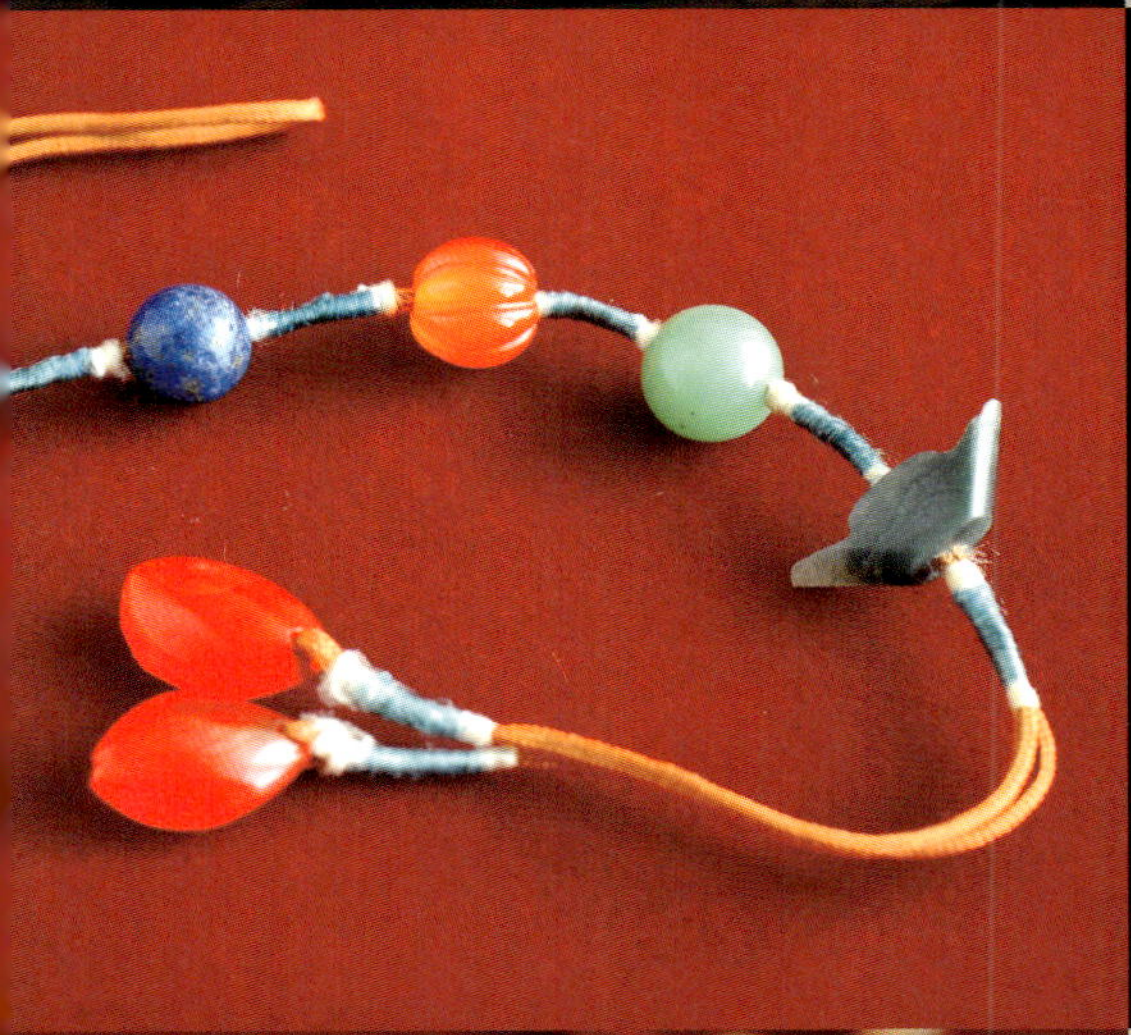

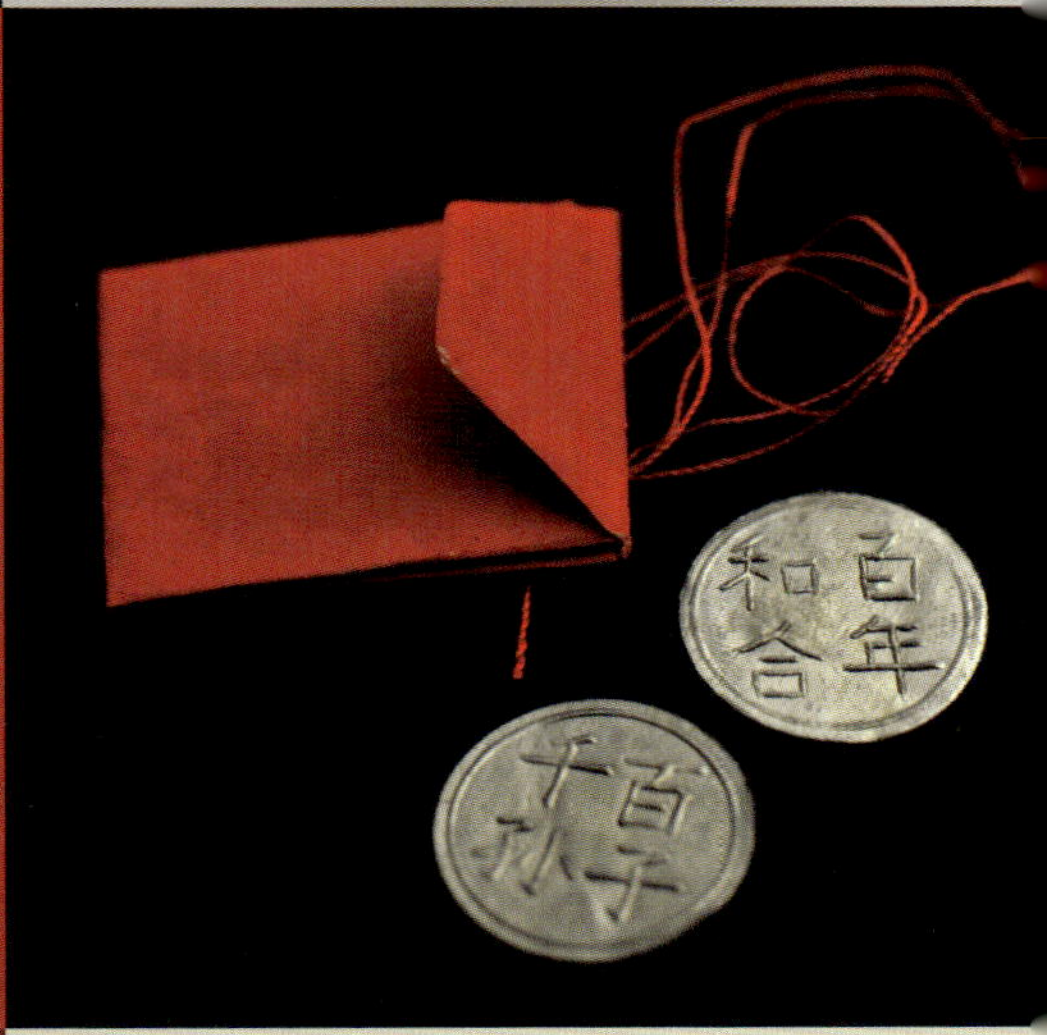

右ページ／吉語印「千羊雲集」（馬景泉 刻）／無数の幸福が雲の如く集まるようにと願いを込めた印（羊は p.112、雲は p.174 参照）

右上：宜興の紫砂印包壺（官印を袱紗《ふくさ》で包んだ形の急須）／印包には禄と財への願いが込められている

右下：赤い糸と鉛銭（あかい糸の話は p.229 参照）

左上：寿字杯／寿の字そのものが吉祥物であり器の装飾になっている。縁飾りに亀甲文様と盤長が用いられている

左中：佩玉（身におびる飾り玉）／色とりどりの玉石は邪気をはらう。餃子のような形の元宝（昔のお金。馬蹄銀とも）には財への願いが込められている

左下：落花生のペンダント（左は玉製、右の紫砂製は唐朝霞 作）／落花生は殻のままだと長期保存できるため別名を長生果という。不老長生を寓意する吉祥物でもある

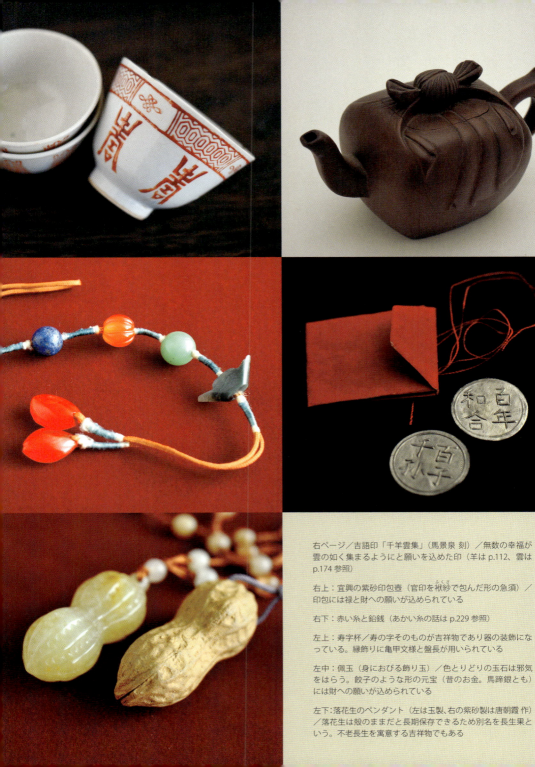

天津 楊柳青古版年画「楽不够」。錦の衣裳に包まれた童子、頭上の笠には八仙の人形が挿してあり、身には思いつく限りの吉祥物、鳥籠や楽器などの玩具をぶら下げている。「楽不够（楽しいものはどんなに多くても飽きない）」は遊びに夢中な子ども心を表すとともに、有り余るほどの子どもの幸福を願う絵図である

天津 楊柳青古版年画「招財進宝（推車進宝図とも）」。童子の運ぶ手推し車には財宝が満載。財宝の放つ瑞気のなかには、宝珠を背負う疾走する馬が蹄に馬蹄銀（昔のお金）を履いており、間もなく財運にめぐまれることを寓意している。もとは「四方進宝」などの題材がヒントになって考案された吉祥画で、遠方より珍しい宝物が貢ぎ物として宮廷に届けられる様子はめでたく、財源豊富の象徴だったとされる

外と内との境界にあたる門は人や物が出入りする重要な場所である。門扉やその周囲にも辟邪と吉祥への願いが託される

右上：福字のある扉

右下：獅子頭の鋪首《ほしゅ》で、双魚・古銭・方勝などを打ち出した金属製の扉

左上：紅紙に墨書きした対聯《ついれん》のある扉

左下：喜ばしいことは重なるように、双喜臨門を寓意した鋪首

撮影地：福建省泉州ほか

第一章

中国伝統吉祥文化の源流

吉祥という観念

「よい　きざし」「めでたい　しるし」という意味のある「吉祥」。日本で吉祥図案といえば、まず伝統的な婚礼衣裳の図柄などに欠かせないものである。晴れの席にふさわしく、図案の一つひとつに縁起のよい意味と幸福への祈りが込められている。吉祥を身につけることは、幸福を招くための「予祝《よしゅく》」の行為につながる。幸福の意象※を表現し、生活空間や身のまわりの品々にほどこすことで、そのような幸福が現実のものとなるよう祈りが託される。

吉祥図案の多くは、直接であれ間接であれ中国から伝来したものばかりである。そもそも吉祥という観念は、中国でどのようにして形成されたのだろうか。

中国で吉祥の語は「吉利」とも称し、「縁起がよい、めでたい」の意味で日常よく使われる言葉である。どちらかというと、吉祥は書き言葉、吉利は話し言葉のなかで用いられることが多いようだ。しかし吉祥は縁起がよい、めでたいに終始する単純なものではない。その源流をさかのぼると、人の生死にかかわる問題と直結していた。

太古の時代、人びとは常に死と隣り合わせだった。自然災害、飢餓、疾病、出産時の死亡を含む早死に、野生動物の害や事故などに見舞われることは日

※意象：主観的な心情や意味を託して表現するための事物事象をいう。文学や芸術作品上での表現イメージ。

常的だったのである。その上、科学的知識や医療技術と無縁で、予防や対処法のない状況下を生き抜くことは、現代生活に比べはるかに苛酷だった。そこで本能的に災禍や死亡を避け、安寧を求めようとする辟邪の心理が強くはたらいたであろうことは想像に難くない。古人は何よりも生命の維持と繁栄を願い、自然界に実在する霊物を心の拠りどころとした。その一つが「族霊崇拝」である。

本来畏怖の対象である特定動物を「族霊」として崇拝する場合、その動物は親属（親族とも）であるため危害を加えないと信じられた。族霊はその氏族にとって守護神であり、禍を退け幸いを招く吉祥物である。古人は常に族霊の加護を受けられるように、器物などに族霊のしるしをほどこし、身におび、入墨を行うこともあった。それらは族霊崇拝の念が稀薄になってゆく後世もなお、吉祥物としてくり返し記憶されていった。

一方、人はある目的を実現させるために危険回避や最善の道をさぐるが、古人にとっての身近な方法が「祭祀」と「占い」だった。

祭祀はまず族霊崇拝にともなう行為として発展したとされる。現在でもなす術がないときや恐怖心に苛《さいな》まれるときにひたすら祈るように、未開の時代において族霊・祖先神の霊力にすがり加護を求め祭祀を行っていたと考えられる。やがて、祈りを捧げる前に神へよびかけ訴える言葉が「詩歌」となり、祭祀を厳かに滞りなく進行するため「礼」の観念が生じた。礼とは身分の序列を明確にし、物事にけじめをつけることを意味するが、ひいては社会の秩序を維持し国家を運営してゆくためのシステムとして機能した。

神に吉凶を問う「占い」は殷よりもさらに古い時代から行われ、炙痕《しゃこん》のある獣骨や亀甲には占いの痕跡が遺されている。吉凶や禍福には前兆があるものと信じられ、事に当たるごとに占いをした。のちに占いの結果（神託・予言の言葉）を保存する必要が生じたことから甲骨文「漢字」が誕生した。吉凶を占う観念は後世、変化を読み吉運をつかむための術「易」へとつながっていった。

このような一連の流れのなかで、人びとは常に何をもって吉・善事・福のきざしとするか、凶・悪事・禍に結びつくものとは何かを経験的に取得し、事物の規律や属性を客観的に認識しながら情報を蓄積していった。

その結果、吉祥に属すものは動物のみならず植物や無生物（石など）、気象（雷など）、青銅器・玉器を含む宝物類におよび、この世に存在しない動植物まで生み出した。太平の世に天からもたらされるという「符瑞（瑞兆）」の多くは観念上の吉祥物である。

人びとの信仰の対象が自然神、族霊を含む祖先神、龍などの神霊、上帝（天）、俗神いかんにかかわらず、吉祥への祈りが衰退したことはない。むしろ器物類や装身具などに善霊・吉祥文様をほどこすことは吉運を招く予祝につながる行為として時代を通して盛んに行われ、悪霊文様をほどこすことは悪を退け邪を鎮める魔除けとして用いる傾向が強まっていった。

幸福追求に対する中国人の態度は積極的で主動的かつ現実的である。それは世の中や自己の運命をまるで陰陽太極図のようにとらえているからだといえるだろう。すべての物事は相反する両極面（陰陽）をそなえており、それが互いに依存影響しながら絶えず無窮の運動・変化をくり返していると見ている。降りかかる吉凶禍福もまた大気のように流動循環しているからこそ、自主的に陽の気・吉・福のきざしを求め、陰の気・凶・禍のきざしを追い払う必要があるのである。そこで人生の節目、一年の節目のみならず、日々の暮らしのなかに辟邪と吉祥が欠かせないものとなった。辟邪と吉祥への関心は貴賤を問わず社会のあらゆる階層に共通している。

時代が下るとともに民衆の生活環境が安定し豊かになってゆくにしたがい、本来重点が置かれてきた辟邪※に対する意識が稀薄になり、吉祥の存在感は極めて大きくなっていった。目にふれるあらゆる品々に吉祥の意象がほどこされる様子は「図必有意、意必吉祥（図画には必ず意味があり、意味は必ず吉祥である）」といわれるほどで、日常に吉祥があふれている。まるで中国の人びとは「吉祥という宗教を信仰しているのではないか」と錯覚させる

辟邪に対する意識が稀薄：たとえば端午節や重陽節はもともと悪日で、禍を回避するための禁忌日であった。それが次第に辟邪の意味合いが薄れ、祈福と娯楽性をおびた歳時活動へと転化している。また、本来は魔除けのための爆竹も、現在では辟邪の意識より景気づけや娯楽色を楽しむ人のほうがはるかに多い。

ほどである。

このような文化現象を早期に看破していた人物が後藤朝太郎（一八八一～一九四五）である。七十年ほど前すでに、氏は著書『支那汲古録――民俗と文字の生ひ立』で次のように述べている。

> 見方によると支那五千年の民族生活は一言以つて之を蔽《おお》へば福の一字に帰するとも云へる。福を求むればこそ※易姓革命の騒ぎも起る。福を求むればこそ動乱の兆しもある。公共のこと、個人の事すべて皆その福の字から出発してゐる。がそれと同時に禍を避けようとする避邪の考へが又根強く働いて来る。この故に幸福と災禍は支那四億の民衆の宗教心を支配してゐる大きな根幹であると見られる。

吉祥文化の源流をたずねようとするとき、その根幹には「いかなる状況下にあれ、幸福追求こそが人生の正当なあり方」だとするプラス志向の観念が存在している。吉祥文化とは、幸福追求にともなう精神と思考のはたらきにより具現化された文化である。

易姓革命：中国における王朝交替をさす。支配者は天命を受けて人民に君臨するものであり、もし徳が衰え民心が離反するようになれば、天命はその者を去り別の有徳者にくだる。天命を失ったときに易姓革命が起こることになる。天への信仰にともない生じた思想のひとつ。

辟邪吉祥のはじまり——族霊崇拝

トーテミズムといわれても一般的になじみのある言葉ではなく、これを中国語に翻訳した「図騰崇拝《ずとうすうはい》（図騰 tuteng はトーテムの音訳）」もまた理解しづらいところがある。ほかに好い日本語訳はないものかとさがしていると、南方熊楠《みなかたくまぐす》（一八六七～一九四一）が著書『十二支考』のなかでトーテムを「族霊」と意訳していた。これ以上の訳語は見つからなかったため、本書ではトーテミズムを「族霊崇拝」の語で統一することにした。

何星亮 著『図騰与中国文化』によると、族霊崇拝は中国では旧石器時代に始まったとみられ、それは宗教思想の芽生えであるとともに吉祥文化のきざしを意味している。先述したように定住生活以前の狩猟採集に頼る生活は、常に身の危険や死と隣り合わせだった。苛酷な環境下を生き抜くため本能的に強くはたらいたのが災禍や死亡を避けようとする辟邪の心理だった。何よりも生命の維持と繁栄を願い、古人は自然界に実在する霊物を族霊として崇拝し心の拠りどころとした。

族霊として信仰される対象は、おもに動物であるほか植物、無生物、自然現象である場合もあり、みな超自然的な力・霊力（mana）※をそなえている。これらを自分たちの出自につながる遠い祖先・親属（親族）とみなすことで、

mana（マナ）：超自然的な力「マナ」は、神、死者の霊魂、人間をはじめ、橋や道路のような人工物、自然物（日月星辰・山川草木・禽獣虫魚を含む）にも宿るという。神霊、精霊。万物有霊については四六頁参照。

危険動物からは危害を受けない、有益動物や神秘動物からはその超人的能力にあやかり自らも本領を発揮できると信じた。

たとえば、人びとに危害を加える毒蛇や生命を脅かす猛獣類は畏怖の対象であるが、あえて族霊崇拝することにより加護を受けられると考えた。これは「虎不食虎子（親虎は子虎を食べない）」ことから、我が子を護るように族霊に守護してもらおうという発想で、辟邪・魔除けの行為につながる。

逆に、人びとに感謝や親近感を抱かせる有益な動植物や超人的能力をそなえた神秘の動植物もまた族霊崇拝の対象とされた。空高く羽ばたき危険を回避できる鳥、豊富な食料と多産を象徴する魚、雨降りを予知して知らせるように鳴く蛙、脱皮のたびに若返る蛇やトカゲなどからは、その超自然的能力にあやかり自らも本領を発揮し一族を繁栄させたいと願った。そして特定物を族霊として崇拝するとき、その氏族※にとって祖先神・守護神であり、氏族を標示する象徴、かつ彼らの結束力を固める縁《よすが》であった。

初期の族霊は、蛇や虎といった実在の生物そのものを氏族の標示としていたが、やがて伏羲《ふくぎ》（庖羲とも。蛇身人首）や神農（人身牛首）のような半人半獣型へ進化し、人の擬獣化※に通じる習俗が廃れたのちは人間の姿に描かれるようになった。半人半獣型の神像は、古人が自然物を親属とみなし守護神として崇拝した遠い記憶を物語のように伝えている。そして時代が下り族霊

氏族：部族社会の構成単位。祖先を同じとする血縁的集団で族霊を氏族のシンボルとしている。トーテム クラン。※実際のところ氏族か部族（地縁的つながり）か線を引くのは難しい、本書では便宜上氏族の語を使用。

人の擬獣化：族霊崇拝の典型的な行為で、族霊の声音や動作を模倣したり、風貌をまねることをさす。詳しくは、聞一多の論考『伏羲考』を参照。

崇拝の意識が稀薄となっても、民族にとっての吉なるものの意象は、禍を退け幸いを招く「吉祥物」として、今なお多く吉祥図案のなかに受け継がれている。

言葉の呪力――漢字

吉凶を問うために用いられた炙痕のある獣骨や亀甲は、殷よりもさらに古い文字のない時代から存在していた。これは占卜には文字が必ずしも必要ではないことを示している。それが、のちに文字を刻すようになったのは何のためであったか。これについては白川静 著『漢字――生い立ちとその背景』に詳しい。

甲骨文は、現在知りうる中国最古の文字として、およそ紀元前一四〇〇年ごろに成立したといわれる。甲骨文の創作された本来の目的について白川氏は、神と交信する手段であり貞卜《ていぼく》のためのものだったと説いている。貞卜（卜辞とも）とは、占いそのものというよりむしろ儀礼として行う、占いの結果を記録することである。甲骨上に生じた亀裂・卜兆のそばに占卜の辞を文字に刻すことで、巫祝長《シャーマン》である王の占断に誤りがなかったことを記録にとどめ占断の神聖性を保持し、王の神聖性を顕示するためのものだったという。実際そのような目的で刻された文字には意図的に朱の色料が塗り込められ聖化されている。

古代において言葉は霊的な力をもつと考えられていたが、発せられた言葉はとどめることができない。そこで文字が必要とされた。漢字は言葉の呪力「言霊《ことだま》」をその内にとどめ効力を持続させるためのものとしてつくられた。こうした古代文字はあくまでも神との交信手段であり、漢字の背景には超自然的霊物にはたらきかける呪的世界が広がっていた。現在のような実務目的での漢字使用は、春秋時代まで待たなければならない。

ところで、漢字はかなり早い時期から芸術としての風格をそなえていた。それは漢字というものが、甲骨文から金文、古篆、隷書へと変化してゆく過程で徐々に簡約化、抽象化に向かったとはいえ、その起源が「書画同源」に起因しているからだろう。鳥の足跡や亀甲の図形のように、天が地上に降ろしたさまざまな象――カタチになぞらえて文字の形を定めたという蒼頡《そうけつ》の伝説などからも、漢字が「立象以尽意（物のカタチに意味を託す）」によって成された象徴であることを示す。

吉祥文化において漢字は、形式上大きく三つに分類される。

［文字形式］

吉祥の文字や言葉はそれ自体が吉祥物として成立する。文字形式（文字そのもの）の代表的なものに、秦・漢代の瓦当《がとう》（軒瓦）や甎《※せん》に型押しされた吉語（繁栄や長寿を祈る言葉が多い）、印璽《いんじ》（璽は天子の印）に刻された吉語、めでたさを対句で表現した対聯《※ついれん》、福や寿の字を集め図案にした「百福図」「百寿図」などがある。言葉の呪力――言霊の効果を発揮することを願い文字に託すというもので、字体そのものも玩味愛好の対象となる。

［装飾文字形式（意匠文字形式）］

文字を構成する点や線に意匠を加えて装飾化した文字で、その多くは吉祥の意味が込められている。意匠と文字のもつ意味とが相乗効果を生み、見る者により深い印象を与える。「鳥虫篆《ちょうちゅうてん》（鳥虫書とも。三五七頁参照）」「花鳥字」「板書」などがある（次頁の図参照）。

鳥虫篆は修飾化された篆書で、文字を構成する線の尾端部分が鳥・龍・魚・雲気などの形につくられる。もともと春秋から戦国時代にかけて呉・越・楚などの国で鋳造された青銅器、剣や戟《げき》（ほこ）を含む兵器類にほどこされていた。のちに鳥虫篆は呉・越とともに滅ぶが、わずかに印璽の字体として残され、後世雑書体とよばれるさまざまなスタイルの文字が生み出された。

甎：塼、磚とも。分厚いタイル状や中空のレンガ状につくられる敷き瓦で、画像甎ともいう。文様や図案は型押しでほどこされているものが多い。画像が彫ってある石「画像石」とともに、おもに漢代の墓の石室や石棺に用いられた。

対聯：対句により表現される、書法と文学が一体となった作品として見ることもできる。対聯には入り口の左右両側に掛ける門聯、春節用をとくに春聯といい、ほかに長寿を祝う寿聯、婚礼祝いの喜聯などもある。左右の句は文字数がそろっているだけでなく、名詞や動詞、形容詞などそれぞれが相対関係にあるようバランスよくつくられる。

花鳥字は、花鳥画のように動植物を題材にしたものが多く、袋文字のなかにその字と関連する絵図を埋め込み書画一体としたものなどがある。

板書とは、飛白書※と称すかすれ書きの手法から発展した民間吉祥文字のひとつで、刷毛や特殊な筆具で縦横粗細を巧みに使い分けながら、文字を書くと同時に花鳥や人物などが表現される。

鳥虫篆を用いた秦の始皇帝の璽
「受命　于天　既壽　永昌」

梅に喜鵲※の絵から成る
花鳥字の「双喜」

刷毛などを用いて書画一如に
表現された板書の「鳳」

飛白書：青山杉雨 編『書の本 Ⅲ 書の楽しみ』によると、飛白体は扁平な刷毛を用い、筆管を自由に回転しつつ運筆する方法で、墨線が白くかすれてあたかも白布が飛動するように見えるためこの名がある。とくに大書する場合に妙味が発揮されるので、宮殿の題額などに盛んに用いられた。この書法は唐代ころまで行われ、空海も飛白書を遺している。

［特殊文字形式］

文字を変形または改造することにより符号化したものがある。たとえば「喜」の字を二つ連ねた双喜は、喜び事が重なるめでたさを表すもので、おもに婚礼祝いの装飾に用いられる。「招財進宝」の四字のパーツを巧みに組み合わせ一文字につくることや、すべてが円満であるようにと「萬」の字を丸く変形させた団萬字など、漢字の国の発想力に富む意匠である。道教の霊符（護符・呪符の類）も特殊文字形式に含まれる。これは道家の秘文や鬼神を追い払うために用いる呪文が表されたまじない札で、漢字を変形させ符号化したものが多い。文字に霊力が宿り効力を発揮できるという言霊信仰が反映されている。

このほかに、絵画・図案の形式で諧音法《かいおんほう》により言葉の呪力をとどめるものがある。これを〈見るだけでなく読むことのできる絵〉あるいは〈隠し言葉〉と言い換えることもできるだろう。詳細は第四章で述べるが、伝統的な吉祥図案はこの形式で表現されるものが少なくない。

画面に描かれたいくつかの意象が語呂合わせになって吉意を表現しているというもので、日本にも例がないわけではないが、単音節語で構成される中国語に有利な表現法である。諧音法は、一語が一字、一音節で成り立つこと

喜鵲《かささぎ》：カササギはスズメ目カラス科の鳥で、カチガラスともいう（鳴き声がカチカチと聞こえる、朝鮮語でカササギをカチというなど諸説あり）。中国でふつう喜鵲 xique といい、霊鳥で慶事があると知らせるとか、喜鵲の巣を見つけた人は富貴になるなどという言い伝えがある。

ができる中国語の性質上、用例がたいへん豊富である。漢字を読み書きできない人びとの間でも、意象が示す物の発音と似た発音の言葉を連想し、図案全体が示す一連の意味を読み解くことができる。

以上のことから、「言葉の呪力」と「文字に宿る言霊」が中国でいかに重んじられてきたかを理解することができる。書（文字）であれ画（絵）であれ、形づくられたものには意味が込められており、吉祥図案上の文字や意象の一つひとつは祈りの呪文に等しいものである。中国の人びとの生活に寄り添う吉祥物や魔除けの数々は、文字のない遠い昔から続いている「吉を求め凶を避ける術」といえるだろう。

特殊文字のひとつ双喜

萬の字を丸く変形させた団萬字

入山のとき身におびる
道教の霊符

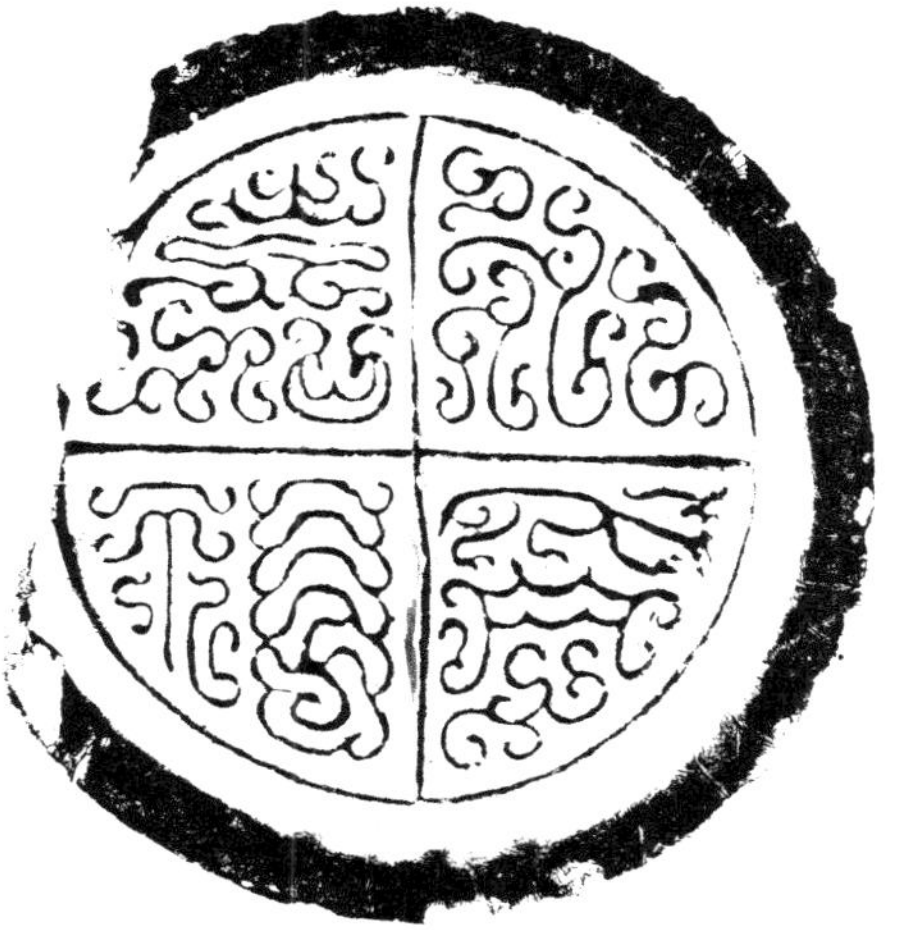

書画同源の好例に次のような瓦当がある（『中国古代瓦当芸術』より転載）。
上：秦代の瓦当「飛鴻延年《ひこうえんねん》」。書と画を巧みに組み合わせ「飛鴻延年」を表現したもの。両翼を広げ飛翔する鴻（大雁）と、鴻の長い頸を境に延年の二字を対称的に配している。鴻 hong は洪の字と諧音《かいおん》（字音が同音または近似音であること）で、鴻福（大きな幸福）の意味をもち、「鴻が飛翔し寿命が延びる」と言祝いでいる。
下：漢代の瓦当「永受嘉福《えいじゅかふく》」。「永受嘉福」の四字を右上から縦書きで円形の軒瓦に配置している。漢字四文字がそれぞれ雲気状に意匠化され、まさに書画一如を体現している。装飾文字形式の鳥虫篆の表現に近いが、もはや画なのか文字であるか判別できない、瓦の文様になりきっている。

変化をよみ吉運をつかむ術——易

吉凶を占う術は、殷王朝滅亡後徐々に「亀卜《きぼく》」から「占筮《せんぜい》」の方法へ移行し、春秋時代には占筮が占いの主流となった。これは時代の進展とともに宗教性が薄れ、人びとの意志や倫理的自覚が芽生えたことに起因している。占いで神意を仰ぎ神託で権威を保つ神権政治は殷の滅亡とともに終わり、神本位から人本位の立場に重点が置かれ、人間生活を第一にすえた合理性を求めるようになったのである。

占筮とは、易の理により五十本の筮竹《ぜいちく》（もとはメドハギの茎を用いた）を一定の法則にしたがって操作し、その数から「卦《か》」を導き出し将来の吉凶得失を予知する占いである。陽を表す「⚊（陽爻《ようこう》）」と陰を表す「⚋（陰爻《いんこう》）」を組み合わせ並べて示される卦は、無窮の変化をくり返している天下の事象物象を象徴しており、数の神秘※という観念と結びついている。数の神秘は農業と密接な関係があり、数を推して未来を予測しようとする易は、天文暦学の発達にともない生じた副産物であるという。

易（周易、『易経』とも）は、経（六十四の卦に占断の言葉を付したもの）と伝（注解）から成り、これに基づいて占断をくだすためには卦の示す象徴から深意・核心を読み解釈する知性が必要である。最終的に易は、老荘流あ

数の神秘：森三樹三郎 著『上古より漢代に至る性命観の展開』の〈周易〉を参照。

るいは陰陽家流の思想をまじえ、自然界の法則と人間社会の秩序とを当てはめるべきものと考える「天人合一思想」をうち出す儒教の経典となった。

しかしながら、占いが神の意思を問う呪術性を本質としている点では亀卜も占筮も変わりなく、ほかにも古来さまざまな占いが存在した。占夢《ゆめうらない》、星《ほし》算《うらない》、相人《にんそううらない》、衣服や道具、家や土地、家畜などによる占いなどのほか、風の方角や音、鳥の鳴き声による占いもあったという。その多くは物の姿カタチ「象」からきざしを推し量ろうとするものだった。先に漢字の原点が「立象以尽意（物のカタチに意味を託す）」によって成された象徴であることは述べたが、易をはじめとするいくつかの占いもまた物の姿カタチ「象」を思考の原点としている。

「象を立て言葉では尽くしえない深意・核心を体現する」「具体的形象をもって抽象意義を表現する」ことは、一つの思考法であるとともに表現手法であり、ときに処世のための術でもある。この思考法が原始の彩陶や岩画上の表現を生み出し、漢字や易を創出した。そして書や絵画のみならず詩詞のなかにも隠喩、寓意という技法で運用されている。形象の力を借り「象徴によって暗示」することで、円満になにがしかの意図や観点を表現できるということは、自らの言行が禍を招くという事態を軽減することにもつながる。

吉祥図案の場合は、「立象以尽意」からさらに進み、「図画（意象）」はすべて吉祥の意味をもつ」へと発展した。それは変化をよみ吉運をつかむ術――易を創出した中国人の運命観と無縁ではないと考えられる。

彼らにとって、大自然のいとなみ同様変化してやまない人の世で、禍福の運気もまた不断に流動循環している。だからこそ先んじて吉兆をとらえ福運をつかむという意識が彼らの根底にある。めでたい吉祥図案を日常のさまざまなものにほどこすことは、見る者の気持ちを和らげ生活を彩るだけでなく、幸福を招く予祝である。吉祥図案上の意象に託された呪力を借りて、陰の気・負の要素が入り込む隙を与えまいとし、陽の気・福気を積極的につかもうとはたらきかける。吉祥図案には本来そんな効用が期待されている。

言祝《ことほ》ぐ〈興《きょう》〉という発想――詩

吉祥文化の源流をたどる上で看過できないのが、中国最古の詩集『詩経』である。『詩経』は、形式上大別すると「風・雅・頌」の三部より成る。「風」とは各国の民謡、「雅」は朝廷の音楽（うち大雅は国家に関する歌謡、小雅は一般貴族社会の歌）、「頌《しょう》」は宗廟祭祀の楽歌である。このなかで成立がもっとも古いとされている頌は西周中期にさかのぼるという。

『詩経』に収録されている古代歌謡の起源は[※]、「神にはたらきかけ、神と交渉する方法として起こったもの」だった。目に見えぬ神霊を動かすために、神をまつるための呪的な言葉に特殊な抑揚とリズムをつけて厳かに行われたのが歌謡である。節をつけ大勢でうたうという意味の謳歌の語も、もとは神の徳をはやし立て訴える言葉・祝頌の歌をさした。この「相手を讃え言祝ぐ」という祝頌の発想「興」こそ吉祥観念にほかならない。

興は、『詩経』の特色として第一に挙げられるもので、詩三百余篇のうちおよそ半数が興に基づいているといわれる。興の字には、（聖所に）御神酒を注いで地霊をよび興すという意味があり、地霊をまつる際にうたわれる呪詞を興といい、本来興は地霊に対するほめ言葉であった。ほめることによって対象のもつ呪的な力を感受しようとするもので、和歌の枕詞の起源とも重なる。

興の発想は、あらかじめ期待する結果を模擬的に表現することで、そのとおりの結果が得られるよう祈念する「予祝」に通じるものがある。

讃え言祝ぐ相手は神に限らず、興の発想および手法は、君主や恋人など相手の心を動かすためにも用いられた。

具体的な興の手法については、聞一多（一八九九～一九四六）の論考『説魚』に詳しい。興とは「ある事物を借りてぼかして言う（暗喩）」ことで、これ

※**古代歌謡の起源**：詳細は白川静著『詩経─中国の古代歌謡』を参照。

により主題（深意・核心）を引き起こす。すなわち興の本質は「隠」である。隠と混同されることの多い「比（明喩）」は、ある事物を借りてはっきり言いづらいことを言おうとすることで、本来暗喩と明喩の目的は異なるが、「ある事物を借りて」という手段が共通しているため混同されるという。

『詩経』では、うたい起こしの事象物象が興に当たる。興は一見主題と関係なさそうなものである場合が多く、聞氏の言葉を借りると「興＝隠蔵のツール（なぞのかぎ）」で、興によってよび起こされる主題が「隠蔵されるもの（なぞの答え）」ということになる。いくつか実例を挙げると次のようである。

〈興〉　↓　〈主題または深意〉

「南に喬木あり」↓「神樹に宿る神への呼びかけ」

「草を採る」「薪を伐る」↓「神に事の成就を祈る予祝」

「束薪」↓「結婚の祝頌」

「桑摘み」「草摘み」↓「人を偲ぶ心」

「かの南山を見れば」↓「祝頌としての寿ぎ歌」

「枝にまとう蔦葛（ツタカズラ）」↓「神の祝福」「一族の繁栄」

「繁茂する山」「草木深く茂る」→「めでたい」「君主の幸福を寿ぐ」
「緜緜とつながり絶えぬ瓜」→「繁栄」
「桃（茂る葉、満開の花、ふくらんだ実）」→「美しい婦人」「結婚の祝頌」
「魚」→「潑剌として憂いがない」「めでたい」「豊かさ」「女」
「魚を食う」→「女を娶る」
「鶴」→「めでたい」「賢者」
「鴛鴦《えんおう》（オシドリ）」→「君主の幸福を寿ぐ」「睦まじい夫婦」
「燕」→「結婚・子授けの神の使者」

以上は一部の例にすぎないが、詩の興にはほとんど山川草木鳥獣虫魚などの事象物象が当てられている。すでにそれらの性状がよく直観※されていたただけでなく、興のとり方は古人の生活感情や信仰心と密接なつながりがある。なかでも「喜ばしい相手を讃える歌」のうたい出しには、草木の山に繁茂するさまを興にとるのが定型であるが、それは万物の発展する姿、みずみずしい生命力こそが美しくめでたいもの「吉祥物」であると考えられていたことによる。

このように興と主題との間に一定の法則が成立している点は、枕詞とそれを受ける言葉の関係と似ている。とくに神名や地名にかぶせる枕詞は「呪術

直観：対象を推理や経験などなしに直覚的にとらえること。第六感。

的なほめ言葉」が定型であるが、興の発想をもつ歌は『詩経』のなかでもほとんどが言霊の呪力をとどめた呪歌である。「相手を讃え言祝ぐ」ために生命あふれるめでたいものを詩句にうたい上げることが対象への讃歌となり、自らの生命力を豊かにし、喜びと幸いをよび寄せたいと願う発想である。

『詩経』において予祝の意味につながる興の多くは、めでたい吉祥物として定着し、その後もくり返し表現され続けることで広く普及したものが少なくない。上記の興のうち半数以上は、吉祥のモチーフとして現在もさまざまに用いられている。

消災招福のための祭祀——礼

神に呼びかけささげる祈りが詩歌になり、消災招福（災難をはらい幸福をよぶ）を願い執り行われたのが祭祀であった。

「万物有霊」※「霊魂不滅」を信じていた古人は、鬼神※も人間同様に意志や好き嫌いがあると考え、祭祀はおごそかに周到に執り行わなければならないとして「礼」という観念が生まれた。

『字統』を引くと、礼の字形はもともと酒壺を意味する酉に豊を合わせた

万物有霊：すべての物体に霊質があるとする観念「万物有霊」について、林語堂（一八九五～一九七六）は著書『人生をいかに生きるか』で次のように語っている。「万物は生きており、あるいは精霊をもっている。山も川も非常な年数を経たものはことごとく生きている。風や雷は精霊そのものであって、どの巨嶽大江も、実際それを所有している精霊に支配されている……なん百年以上などという高齢に達すると、その不滅というだけでことごとく精霊をもつようになる」。この精霊説を背景に、人間も霊の表れと考えるのは当然であると説く。

字「醴」に作られ、あま酒を用いて執り行う儀礼を意味したという。古代の祭祀に用いられた礼器の多くは酒器を中心とした餐具《さんぐ》であるが、これは祭祀と礼、共餐（饗宴）が三位一体であったことを物語っている。

畏敬の念と誠意をもって神をもてなす際には、厳選された食物を献納し、楽器をそろえ巫女を歌舞せしめ、参加者は礼装姿で儀式に臨んだ。そして参加者たちで祭祀に用いた食物を分配享受する共餐を行った。これを「納福」※という。納福には、神と同じものをいただくことで神と一体化・浄化されるという意味が含まれる。この納福のときに求められる作法が礼であり、納福を穏便かつ円満に執り行うために不可欠なのもまた礼であった。

ここでいう礼とは身分の序列を明確にし、物事にけじめをつけることを意味する。等級に応じて分配することで、無意味な争いを防ぐことを目的としているが、ひいては社会の秩序を維持し国家を運営してゆくためのシステムとして機能するに至った。

少し余談になるが、祭祀に欠かせない礼器を代表する「鼎《かなえ》」には特別な意味がある。鼎とはふつう丸い腹に三足で両耳のついた青銅製の大鍋で、おもに祭祀で用いた肉を煮る、または調理済みの肉を盛り運ぶのに使用した。ただし単なる鍋なのではなく、むしろ祭祀の対象である神（祖先霊）が憑依する依《よ》り代《しろ》だった。鼎に付与された意味と古代祭祀については小南一郎著『古

鬼神：鬼神（鬼とも）は、中国において死者の霊魂を意味し、生者に禍福をもたらす霊的な存在と信じられた。とくに横死した人は「悪鬼（邪鬼）」となり祟るとして恐れられ、佛教伝来後は餓鬼や夜叉などの鬼がもたらされ、鬼の概念が広がった。

納福：祭祀のときの供物には福が宿っていると考えられ、供物の肉を福とよび、それを分配してもらうことが納福である。日本では直会《なおらい》、福分けなどという。

代中国　天命と青銅器』に詳しい。

吉祥図案のなかに、鼎を題材とした「山河九鼎」※図がある。治水の英雄神・禹《う》が鋳造させた宝器「九鼎」に由来する。九鼎にまつわる伝承では、鼎は徳と直結するもので、まるで鼎に意志があるかのように徳のある者のところに留まると信じられていた。九鼎は九つの領土（中国全土）を象徴するもので、九鼎の所有は天下支配を意味する。

鼎には※饕餮文《とうてつもん》や雷文（一八一頁参照）などをはじめ独特な象徴物が鋳込まれているのが特徴である。虎や牛に似る獣頭が真正面からにらみを利かせたような饕餮文には、呪詛の意を込め悪霊を鎮め消災招福の願いを託すとともに、統治者の権威を象徴したという。

食と礼が結合した祭祀は、自然神崇拝・族霊崇拝（祖先神および他部族の守護神を含む）を基礎に展開し、殷から周代にかけて形式化され、時代が下るにつれ複雑化し規模が拡大していった。本来は祭祀の対象である神に対して儀式を滞りなく執り行うことに重点が置かれていたが、社会が進展するにしたがい儀式の内容は神事から人事へと比重が移っていった。礼器や礼服上にほどこされた辟邪・吉祥の文様や通天通地（天と地をつなぐ）の符号は、人事上の序列を示す「階級を表す符号」としての役割を担うようになり、多民族国家を運営するために欠かせないものとして機能した。この流れは太古

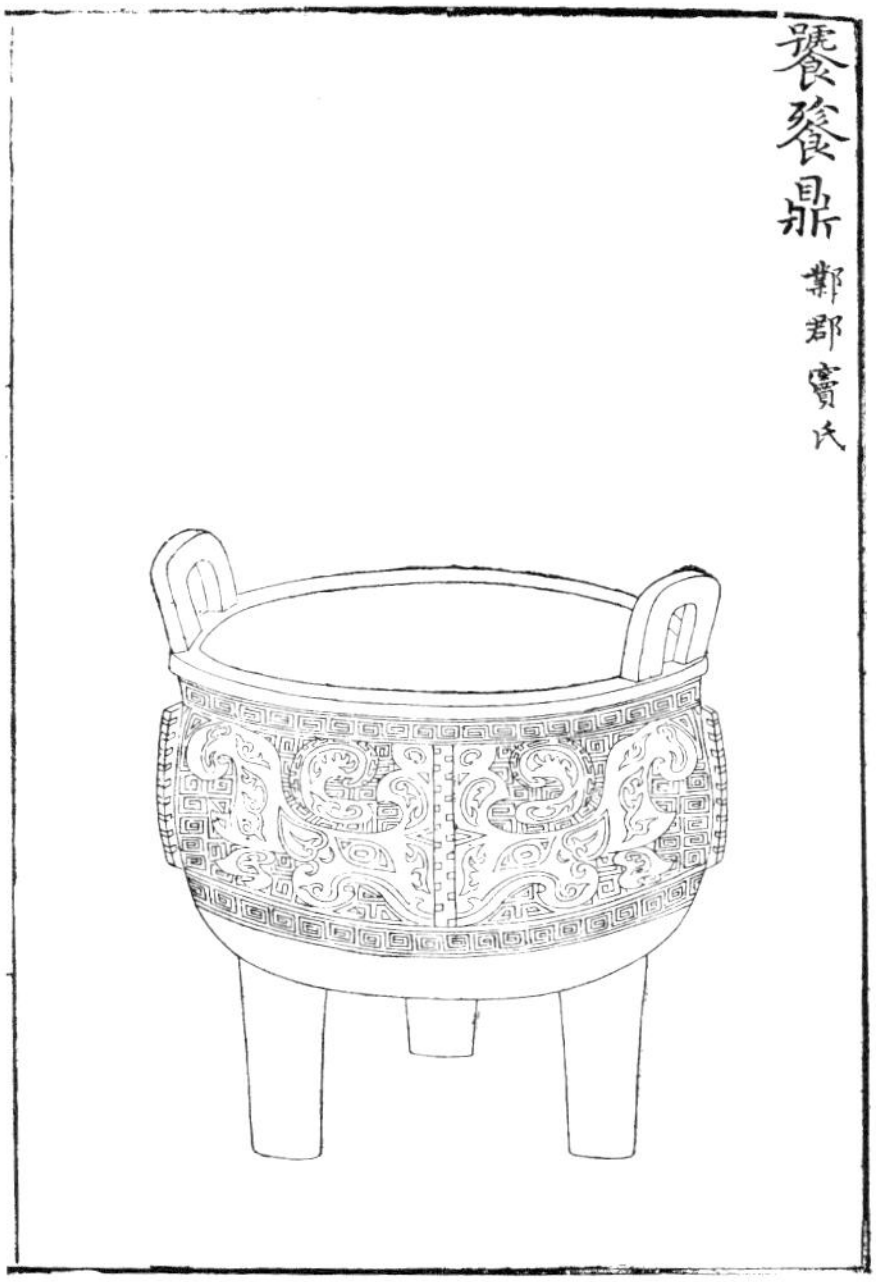

「山河九鼎」図：図版は『吉祥図案解題』より転載。

饕餮文：饕餮文は別名獣面文、虎頭文ともいい、殷から西周時代にかけての青銅器上にほどこされている主要な文様である。貪食で悪霊まで食らいつくすという悪獣・饕餮の名でよぶようになったのは宋代からである。一見すると大きく見開いた眼が印象的な角のある怪獣の正面形を表しているが、よく見ると左右対称に配置した二匹の龍などから構成されている。饕餮は辟邪の力をもつとされ礼器の文様として用いられたとされる。また一説に、饕餮の造形は虎と龍を族霊とする東西の二大部族の融合・両文化の並存を物語っているとも、天上界に君臨する上帝の姿ともいわれる。図版は『金石索』より転載した「饕餮鼎」。

より清朝滅亡まで、王朝文化の伝統として連綿と受け継がれあらゆる方面に影響した。

朝廷に出仕する文官や武官が着用する服装に対しても、図像や色の禁忌《タブー》が詳細かつ厳格に取り扱われた。清朝の例では、一目で官位がわかるよう文官は官服上に祥禽の縫い取りが、官位に応じて一品の仙鶴から九品の藍雀までほどこされた。同様に武官の場合は瑞獣文様が一品の麒麟から九品の海馬まであり、いずれも階級識別の符号とみなされた。

さらにその集大成ともいえるのが、天地の福瑞を一身にまとい至高無上の地位を象徴する帝の衣裳「龍袍《ロンパオ》」である。帝王の正装は、もともと祭祀の際に着用した古代の礼服が原型で、十二の章《しるし》が象徴的にほどこされている。十二章の解釈については諸説あるが、『中国服装史』を参照すると、原始社会において生き抜くことが容易ではなかった人類が大自然のなかで獲得していった知恵の結晶であることがわかる。

十二章がほどこされた衣裳
(『和漢三才図会』より)

【十二章】

※（　）内は後世の解釈。図は五三頁参照。

日・月・星辰：太陽・月・星を観察することで気象の変化をある程度予測できるようになった（天下普照→世界支配を寓意）

山：古人にとって山は生活資源の宝庫（不動穏重《ふどうおんじゅう》の象徴）

龍：中国において多くの原始氏族が崇拝した族霊（臨機応変を寓意）

華虫（雉鳥）：狩獵の対象（文麗・美しい文様装飾→文明の象徴）

宗彝《そうい》：礼器のひとつ宗彝は原始社会にはまだ存在しないもので、後世つけ加えられたと考えられている（礼器は忠孝を寓意）

※一対の宗彝に描かれる虎と尾長猿は狩獵中に遭遇した動物で、猛威と知恵を寓意。

藻（水草）：文様が美しく、穢れを祓うもの（清浄を寓意）

火：人類の生活方式を向上させた（光明・王の徳を寓意）

粉米：米は穀物の代表で農業の成果（滋養・人びとを育む徳を寓意）

黼《ふ》：労働生産に欠かせない工具・斧をかたどる（王の英断を寓意）

黻《ふつ》：狩獵や戦に欠かせない工具・弓を背中合わせにした文様（悪に背いて善に向かう・義の徳を寓意）

（『中国服装史』『中国古代文様史〈下〉』より）

十二章は王者が所有できる王権の標示となり、その伝統は清朝まで続いた。また十二章のなかでも重要な龍は、帝王を象徴する黄色と結びつき、龍袍と黄袍は同義語として帝王の衣裳を意味するようになった。

時代により図案などは異なるが、清朝の龍袍は九つの龍に五色の雲、水浪（青海波）、山石、宝物などを組み合わせた図案が定型で、山河統一・万世昇平・吉祥如意・普遍の帝徳を象徴している。

食と礼が結合した古代の祭祀活動が、中国文化全般の発展を促したといっても過言ではなく、吉祥文化についても例外ではない。消災招福の吉祥観念は礼の観念と結びつき、象徴的な吉祥文様の一部は階級識別の符号としての役割を担った。ときの権力者たちが用いた絢爛豪華な服飾品や器物上に吉祥文様を見るとき、王朝文化を支え数千年にわたって多民族国家を支配した「礼の観念」とその影響力の大きさをうかがい知ることができるだろう。

【十二章】

※十二章の一つひとつの意匠は時代により表現に差異あり。

天人合一思想が生んだ吉祥物――符瑞《ふずい》

古代中国の聖王（堯《ぎょう》・舜・禹）の時代は、徳※のある者に王位を譲る禅譲《ぜんじょう》が行われていたが長くは続かなかった。姒《じ》姓※の禹の子孫が王位を継ぐ夏王朝の治世以後は事実上世襲が続き、桀《けつ》王に至って無道をはたらいたために子姓の殷に滅ぼされた。しかし殷もまた紂王に至ると暴虐をはたらき、姫姓の周に討伐され政権交替となった。

政権は本来、有徳者が天命を受けて天下を統治すべきで、もし徳が衰え暴政をはたらき民心が離反するようになれば、天はその王朝に見切りをつけて天災を起こし、別の有徳者に天命をくだすものと考えられた。そこで、ある者が天の意志を受け、前の天子を廃して自らが天子の位につくことを「易姓革命（姓が変わり天命が革《あらた》まる）」という。逆賊に等しい者が武力によって天下をとるという場合であっても、「有徳者が天命を受けて天下を統治する」というのが挙兵の大義名分であり、王位継承を正統化することに欠かせない論理として用いられた。

新しい王が帝王にふさわしい徳を有しているか、天命がくだったか否かの判断は、果たしてどのように行われたのであろうか。その判断は古来中国人が抱いてきた自然観「天人合一思想」に基づいている。

徳：古人にとって徳とは、本来天に存在するもので、徳の本質は「生命力」と考えられていた。すなわち天が万物を生み育て変化させるのを徳とよんだ。その一方、神や人の心を動かして自分の味方にさせる霊的な力も徳であった。また、ある家が栄えるのはその家が保持する徳が大きいからで、衰えるのは徳を失ったからと考えられた。

姓：三代（夏・殷・周）以前、姓はもともと母系の血縁を明確に示すためのものだった。

天人相関説：青木正児 著『支那文学芸術考』の〈支那人の自然観〉に、天人相関説の思天人合一思想において、天（大宇宙）と人（小宇宙）とは天地の間に循環する陰陽の気と直接連なっているという意味でも本来一体のものであり、気は感応し合うところから、天で起こる現象は大地にも人間界にも影響を与え、逆に人間界の現象に感応して日食や異常気象、災害などが起こると考えられた。自然現象は君主の行動に対する賞罰として示され、天の賞与・祝意は瑞兆（符瑞）、天の罰・怒りは災禍（災異）としてくだるという考え方に至った。自然現象と人（君主）の行為は感応し合うという「天人相関説※（天人感応説とも）」は漢代に全盛期を迎えた。

天人相関説の流行の先頭に立った董仲舒《とうちゅうじょ》※（前一七六？～前一〇四？）の言葉にこうある。

「私の聞くところでは、天が或る人に天下を与え、これを帝王にしたてる場合、必ずや人力で招き寄せることのできないもの、ひとりでにやって来るものがございます。これが天命を受けたしるしの〈瑞祥〉であります」

（班固 著『漢書』董仲舒伝より）

「帝王の徳に感応し天が符瑞（めでたいしるし、瑞祥、符命、符応とも）をもたらす」という符瑞説は、災異説とともに「天からの啓示――聖なる予言」

想そのものはすでに『書経』の「洪範九疇」の庶徴にありと指摘されている。同書によると、農業を重んじる以上農政の責任は王が負うべきで、「年」すなわち「その年のみのり」の良否は天候が左右するところが大きく、君主の行為の善悪が天候の良否に関わるという思想を生んだ。

董仲舒：前漢時代の学者。景帝のときに博士となり、武帝のときに儒教を唯一の正統思想とすべきと奏上し、儒教の国教化が実現した。天人相関説を組織的に論じた人物で、陰陽五行説に基づいて符瑞（符応）と災異を説いた。著書『春秋繁露』のなかで、一年の日数は人体の小節の数にそっていると、天地と人体の類似を説いているのも陰陽五行説の影響である。

として政治的な目的に利用された。これが「讖緯説《しんいせつ》」で、天人相関説の流行にともない盛んにとなえられた。

新（八〜二三）を建国した王莽《おうもう》（前四五〜後二三）などは、讖緯説を巧みに利用し世論を形成して自ら王位につくことができた。新の消滅後に再び興った後漢時代も讖緯説は熱をおび、否定する者は政治家としての立場を迫害され精通しない者は昇進の道を断たれるほどに盛行した。符瑞の降臨は帝王の徳を宣揚しその地位を不動のものとするために必需となり、年号を吉祥にちなんだものに改めたり、こぞって符瑞の出現が告げられ記録された。

漢の班固 撰『白虎通徳論』※ 封禅、南朝 梁の沈約 撰『宋書』志 符瑞、南朝 梁の孫柔之 撰『瑞応図記』※、唐の劉賡《りゅうこう》 撰『稽瑞《けいずい》』※、唐代の類書『藝文類聚』祥瑞部などには種々の符瑞が記されている。『宋書』志 符瑞のようにいつどこでどのような符瑞が出現したか年号を明記したものもあれば、『瑞応図記』や『稽瑞』などは符瑞譜としてまとめられ、符瑞の範囲は天文・気象・地質・動物・植物・器物・神仙におよぶ。

実際には、偶然発生した自然現象や珍しい動植物を誇張表現したもの、突然変異により生じた奇形動物の一種あるいは交尾中の動物、古代の礼器などが出土したものを符瑞として報告した可能性が高い。誤認というよりもなかには捏造に近いものもあったようだが、符瑞関連の書物は後世吉祥観念を知

『白虎通徳論』：白虎通、白虎通義とも。讖緯説の盛行する後漢の政治界において、やがて讖緯説と正統な学問である経学に矛盾が生じ混乱をきたした。そこで白虎観経学会議が開かれ、班固の撰修で『白虎通徳論』がつくられた。讖緯の過度な神秘化に対し修正を行い、儒教の学説の異同を調整し、古義を解説した。

『瑞応図記』：孫柔之撰の『瑞応図記』のほかに『瑞応図』がある。両書はもともと同一物だったが、散失の危機をぬって人の手を経てゆく過程で差異が生じたように思われるが詳細は不明。瑞応（符瑞）の項目数が『瑞応図記』で百四十に対し、『瑞応図』は百十と少ないことから、後者は内容の一部が脱落または断片的

る上で貴重な文献資料であり、吉祥文化の学問ツールとしての価値をもつ。『瑞応図記』の場合、符瑞（吉祥）はおよそ百四十例にのぼるが、吉祥熱の高さと民間への影響力が相当なものだったと考えられる。

讖緯説を支えた陰陽五行説は、戦国時代の鄒衍《すうえん》によって大成されたといわれる。古来の陰陽説と五行説を集大成し、王朝の交替は五行の五徳の転移によって起こると説いた。この影響が讖緯説および天人相関説と結びつき、漢代思想の主流を成すまでに至ったという。いわば讖緯説は易姓革命および陰陽五行説と天人相関説が結びついて生み出された世論であり、王位を盤石にするため効果的にはたらいた。

しかし前漢後期から後漢にかけて大流行した讖緯説は、やがて破綻をきたし、隋の煬帝《ようだい》のときに禁じられた。ただ易姓革命や天人相関説同様に、讖緯説が完全に消滅したわけではない。政治の舞台で利用価値のなくなった符瑞は民間に伝わり広まった。漢代の画像石・画像甎上に遺された符瑞図などは吉祥図案に転化され、符瑞関連の書物とともに幸福追求の観念・吉祥のさらなる世俗化を促した。そして符瑞のいくつかは今なお吉祥図案のなかに見出される。天がもたらすと信じられた符瑞の数々は、中国古代の人びとがいかに天を畏れ敬い、大自然に神の存在を感じていたかを表しているようである。

なものの集成ではないかと思われる。本書では収録数が多く、叙文の内容が丁寧な『瑞応図記』を基本ツールとして用いた。なお、両書ともに絵図はない。

『稽瑞』：唐代以前の符瑞を撰集したもの。『瑞応図（孫氏および熊氏の）』『山海経』『漢書』『白虎通』『論語』『史記』『春秋』『論衡』『説文解字』『神異経』『尚書（書経）』『孝経』など相当数の古典を引いている。「〇〇曰」の形式で先に書名を述べ、内容を抄録している。見出しの数は百八十余にのぼるが、「斉の一角獣と梁の三足烏」のように、一見出しに一符瑞とは限らない。宋代以降は、この『稽瑞』に相当するような符瑞譜類は出ていないようだ。

［付記］

『瑞応図記』に付された叙文によると、符瑞譜類の多くはこの孫柔之の『瑞応図記』を底本にしているという。『瑞応図記』以前には孫亮による屏風（瑞応図およそ百二十種が彫り込まれた）が存在し、それが『瑞応図記』撰集の縁起になったとも書かれている。孫亮の瑞応図屏風と『瑞応図記』の絵図はすでに散失したが、漢 武梁祠《ぶりょうし》石室画像の祥瑞図（左の図）と『瑞応図記』の内容に符号する点が多く、孫氏は漢代儒学の風を継承しているであろうと指摘している。なお、時代が下り誤字脱字のほか異名同物を別物扱いにするなどして、符瑞の数が増え混乱を招いたという。末文には、符瑞の説はあくまでも儒家が「敬天修省」の道をさぐるためのものであると結んでいる。具体的には述べなかったが、革命の大義などに利用することのないよう戒めの意を暗示している。なお、『瑞応図』のほうは、『玉函山房輯佚書』に収録されている。

漢武梁祠石室画像の祥瑞図（『金石索』石索四より転載）。右上から比翼鳥、比肩獣、比目魚、木連理（連理樹）、黄龍

漢　武梁祠石室画像の祥瑞図は、もともと山東省嘉祥県武宅山の北麓にある後漢の豪族武氏一族の石祠群の画像石の画像で、それらを臨写したものが『金石索』に収録されている。祥瑞図とは吉祥瑞応（めでたいきざし）を絵図にしたものである。古くは、君主が賢明有徳で国が太平、民は安心して自らの仕事に勤しむことができる世の中では、自然界でもそれに応ずるかのように白虎や白鹿、木連理、嘉禾などのめでたい自然物が出現すると考えられていた。翼が一つで雌雄並んで初めて飛ぶことができるという比翼鳥や、幹が二本で枝が一つにつながっている木連理は、後世吉祥物から男女の深い愛情の喩えに転化している。

白鹿
承露人
甘露降
嘉禾

漢 五瑞図（『金石索』石索二より転載）。後漢時代、武都の太守・李翕《りきゅう》が在任中に道路修復を行ったところ、五つの瑞祥が現れたという。図の右上から時計回りに、白鹿、甘露とそれを受けようと器を差しのべる人、一つの茎から九つの穂を垂れる嘉禾《かか》、二本の樹木から伸びた枝の一部が一体化している木連理、土徳の瑞祥とされる黄龍が記されている。甘露（天酒とも）とは、天子が善政を行い天下が太平となると、天が降らせる甘くおいしい露で、肥沃な未来を約束する吉兆という。甘露が降ったあと出現するのが嘉禾で、麒麟が食すとされる

【中国略年表】

時代区分	吉祥文化に関連する事項	人物・文献
旧石器時代 新石器時代	旧石器時代後半から中石器時代〈族霊崇拝〉盛行 前6000年ごろ 農業本格化 前3000年ごろ 骨卜・亀卜などの占いはじまる〈彩陶文化〉	
前2100ごろ 夏	前2100年ごろ 夏王朝成立 〈黒陶文化 〉 礼制はじまる	
前1600ごろ 殷(商)	前1600年ごろ 殷王朝成立 自ら商と称す 前1400年ごろ〈甲骨文〉使用 〈青銅器文化〉全盛期	
前1100ごろ 周	前1100年ごろ 周王朝成立 亀卜から占筮へ	
前770 春秋	前770年 西戎侵入、周の東遷 東周(前770〜前256)	斉の桓公 孔子　『詩経』
前453 戦国 前221	諸子百家活躍 陰陽五行説、神仙思想	『論語』『楚辞』 『山海経』

時代区分	吉祥文化に関連する事項	人物·文献
秦 前206 前漢 7 新 25 後漢	前221年 秦始皇帝 中国統一 〈天人相関説〉〈讖緯説〉流行 王莽 新(8～23)を建国 佛教伝来 ※諸説あり 紙の使用はじまる ※諸説あり	『荘子』 『史記』 『老子』※ ※原型は前4世紀ごろ成立か
220 三国 晋 南北朝(六朝) 589	太平道、五斗米道を主に道家、神仙思想、陰陽五行、易、呪術、占卜、讖緯説さらに儒家思想、民間信仰、佛教の影響も加わり道教が発展 隋代より科挙制度はじまる	『瑞応図記』 『荊楚歳時記』
隋 618 唐 907	唐から宋代にかけて 〈吉祥文化の大衆化〉	『稽瑞』
五代十国 960 両宋 遼 金 元 1279	木版年画が広く普及	『東京夢華録』 『夢粱録』
1368 明 1644 清 1911	吉祥を題材とした文様が幅広く運用され、図画に込められた意味のほとんどは吉祥といわれるまでに浸透する〈木版年画の黄金期〉	『清嘉録』 『燕京歳時記』 『清俗紀聞』
中華民国 1949 中華人民共和国		聞一多 林語堂

参考文献：
『漢語林』附随〈中国学芸年表〉／吉川弘文館『世界史年表·地図』／山川出版社『山川 世界史総合図録』／ミネルヴァ書房『テーマで読み解く中国の文化』ほか

【古代の辟邪と吉祥】

古来、幸福追求のために行われていた辟邪と吉祥の行為をとおして「辟邪物」「吉祥物」「両方を兼ねる物」が定着していった。災難をはらう辟邪物も、幸福をよぶ吉祥物にも、幸福追求への祈りが込められている。

太古の族霊崇拝		族霊崇拝とは一族の守護と繁栄を願う呪的行為のひとつである。族霊は最古の辟邪物で、のちにその多くは吉祥物に転化した。
吉凶を占う	**亀卜《きぼく》→甲骨文（漢字）**	禍を避け幸福をつかむために占いが行われ、占いの結果や言霊の呪力を保持する目的で文字がつくられた。→護符、吉祥文字
	占筮《せんぜい》──→易	易は数の変化から吉凶禍福を予測しようとする占いで、卦の示す象徴から深意・核心を読み解く学問でもある。→寓意（暗示）の手法
祭祀	**詩歌──→興《きょう》**	うたい起こしの「興」は、言祝ぎ幸をよび寄せる呪的なもので、「興」に当てられた物象の多くは吉祥物として定着した。
	礼→階級識別の符号	礼の観念下では、辟邪と吉祥の色や文様が階級を表す符号としても用いられた。
天意の解釈	**天人相関説 ↓ 符瑞《ふずい》**	符瑞として記録された吉祥物や吉祥現象は政治に利用されたが、民間へも伝播した。そのなかには吉祥文様として定着し、吉祥図案の発展に大きな影響を与えた。 ※符瑞は符応、符命、祥瑞などと同義。反意語は災異。

第二章

幸福への祈り

中国伝統吉祥文様二十三

龍

辟邪降福

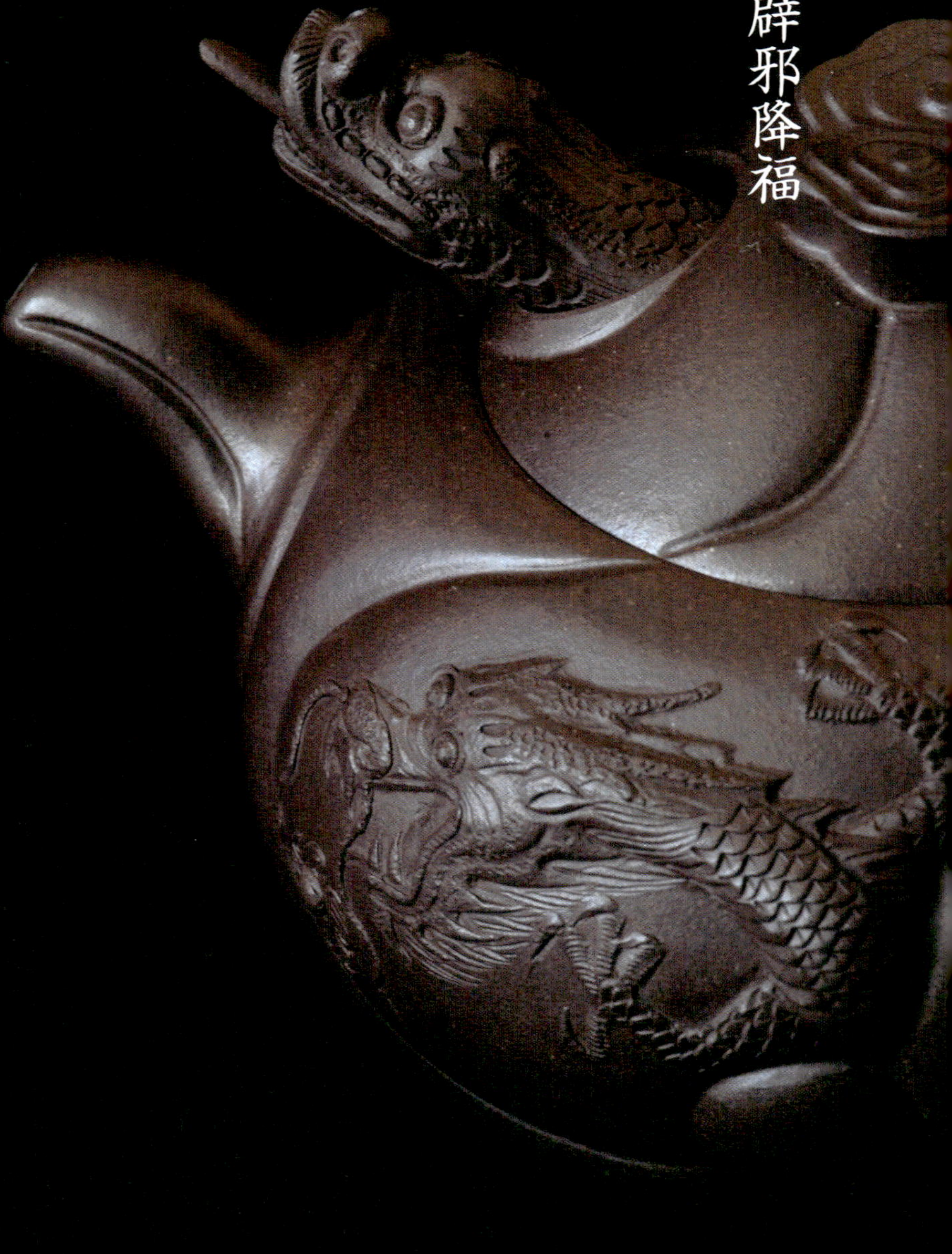

東洋において龍といえば、頭に角があり口から気を吐きながら、鱗でおおわれた長い身をうねらせ、鋭い爪のある脚と長い尾が躍動している姿を想い浮かべる人が多いのではないだろうか。このような龍は漢代にはすでに形成されていたが、龍頭馬身など獣型の龍や応龍のような翼のある龍も混在していた。さらに時代をさかのぼると、新石器時代の龍は馬型・猪（ブタ）型・鰐《わに》型・鯢《げい》（サンショウウオ）型・蛇型などに分類される。

なかでも蛇は龍ともっとも密接な関係にある。

そもそも祭祀の「祀」の字は、祭壇と巳（蛇）をかたどっており、「自然神として蛇をまつる」ことを意味している。「角のない龍を蛇という」「蛇が化して龍となる」などともいい、古来畏敬の対象だった蛇をベースに、角（祖角→不定形角→鹿角）、脚（一本→二本→四本）、鱗（文様や符号→魚鱗）、耳などが加えられてゆき龍へと変貌を遂げた。

龍は「竜」とも書く。竜は龍の略字体といわれるが、字形からいうと、「竜」は脚のない蛇に近い原初型の龍に似ており、「龍」の字形は脚などが加えられた融合型の龍ととらえることもできる。そこで本書では、原初型を「竜」、それ以外は「龍」と使い分けて表記することにした。

龍は殷・周時代の青銅器などに多くほどこされた文様のひとつで、もともと華夏族※（夏族とも）の族霊である。

右：宜興紫砂茶壺「魚化龍壺」（唐朝霞 監修／宜興紫砂工芸廠 唐人陶芸製）

右は龍の甲骨文で、頭に冠飾をつけた一種の蛇をかたどっている。左は篆文。

華夏族：中原の黄河流域を舞台に民族融合の過程で出現・形成された漢族の前身。華は夏王朝文化の特徴にちなむ語として夏と同義に用いられ、華夏、中華なども称す。異民族であっても夏の支配下にあれば夏人ないし諸夏というふうにみなされてきた。華夏族は単一民族ではない。

古い伝説によると龍は洪水神として信仰された。治水を行った諸神——共《きょう》工《こう》、鯀《こん》、禹《う》、女媧《じょか》、伏羲《ふくぎ》はみな龍形または人頭蛇身姿とされ、禹※は文字そのものが二竜の交わるカタチを表しており、洪水を引き起こすのも治めるのも、龍であると考えられていた。

これらの洪水説話・治水伝説が形成されたのは、黄河の河曲部と長江（揚子江）に合流する漢水を含む流域——農業の盛んな土地で洪水地帯※であった。農業を根本とする生活において、日照りや長雨といった気候変化や河川の氾濫とどう向き合うかが大きな問題とされる。そこで天界に通じ雨水を司る霊獣・水神と信じられた龍は、災難を除く守護神（族霊）、豊穣をもたらす農業神として信仰された。

農業が先進地域から周辺地域へと普及するにしたがい、ほかの氏族の族霊が「龍化（龍の特徴をもつ形状に変形）」する現象も起こった。

龍化した族霊は、異なる族霊を信奉する氏族が龍の氏族と融合していく過程で創出された文化の産物——自らを華夏族または華夏族の一部であるとみなす証である。そして最終的に、最大の「融合型族霊」として誕生したのが龍であり、多くの異なる族霊がないまぜになってキメラ※化して誕生した。龍は勝者となりえた族長の所有する族霊なのである。勝者は敗者の神がみ（族霊）をことごとく吸収し、紋章として所有することで権威を誇示することが

禹は文字そのものが二竜：「禹」の金文。

洪水地帯：黄河の流れを分けることによって氾濫を防いだという禹の治水伝説があり、洪水の発生が王権誕生の一因になったと考える人が多い。ただし異説も多い。

キメラ：頭がライオン、胴がヤギ、尾が蛇というギリシア神話に出てくる怪物「キマイラ」にちなんだ語。キメラは生物学上の述語。

できた。複数の族霊を取り込んでいったために龍の構造は複雑なのである。
最強の族長が所有できる最大の融合型族霊である龍は王権の象徴として定着し、まず漢の高祖・劉邦が自らを龍の子孫とする伝説をつくった。以来、皇位継承の正統性と権威を不動のものとするため、自らの出生と龍を結びつけた伝説を語らせ、龍の化身〈真龍天子〉であることを示した帝王は後を絶たない。そして龍の文様は歴代皇帝の服飾や調度品の意匠として集中的に用いられるようになった。

一方、後漢時代に佛教伝来とともにインドからナーガが伝えられた。ナーガはもともとヒンドゥー教の神名で、毒蛇のコブラを神格化した天候を左右する蛇神である。ナーガには中国龍のような角・髭・脚はなく、多頭の形態または人頭蛇身であることが多い。中国ではナーガのままでは根づかず、中国の農業神・龍と混同されながら「龍王」として土着化した。
龍王は、釈迦に教化され佛法の守護神となった八部衆※に含まれるが、民間ではもっと親しみのある存在である。すべての江河湖海、淵、池、井戸など水のあるところには必ず龍王がいて、その土地の降雨旱魃などを司ると信じられ、南北を問わず中国各地に龍王廟があり、まつられている。隋・唐代以降すでに龍王（龍神）信仰として広く中国に伝播し、龍宮、龍珠※、龍女など

八部衆：釈迦に教化され佛法を保護する八種の下級神の総称。日本においては奈良の興福寺の彫像が有名。沙羯羅《しゃがら》は八大龍王の一尊である。

龍珠：龍珠については諸説あり。「龍が口から出し入れする珠」「深い淵にあるか龍の下あごにある珠」「佛教の摩尼宝珠、如意珠」「太陽」をいう。南方熊楠の『十二支考』によれば、持つ人の思いのままに富を得て繁盛する珠を龍が持つとは、インドに古く行われた迷信という。

龍王に関係する故事も少なくない。『西遊記』にも龍頭人身の龍袍姿の龍王が登場する。

龍が信仰の対象である大きな理由は、古来雨を司る精霊と考えられていた点にある。古代においては実際の雨乞い儀式などに龍と同類視された爬虫類が用いられていた。一説にそうした爬虫類をベースに後世に見るような龍の形態が構成されたともいわれている。さらに龍は、雨神のみならず風神・雷神・星神などの化身とみなされ、変幻自在・通天通地の霊獣として尊崇された。

こうして多方面から影響を受け不断に変化してきた歴代の龍の造形は、明代には総括された。集大成された龍の姿は俗に「※九似《きゅうじ》（九つの動物に似る）」といわれ、具体的に「角は鹿、頭は駱駝（または馬）、眼は鬼（または兎）、項《うなじ》は蛇、腹は蜃《しん》、鱗は魚（鯉）、爪は鷹、掌は虎、耳は牛に似る」という。九つのそれぞれは、幸福を招く吉祥物ないし災いを避ける辟邪物である。

「鹿」の角は漢代楚文化の威風をとどめたもの（鎮墓獣の頭に鹿角を挿して墓の魔除けとした風習）であるが、一般に鹿は「長寿」の象徴、発音が「禄 lu」に通じる吉祥動物である。

「駱駝」は砂漠で水源を探し当て隊商の命を救うことからやはり吉祥動物とみなされている。

九似：九似が最初に説かれたのは宋代の書物（郭若虚 著『図画見聞志』）といわれる。同書のなかで画龍の方法論「三停九似」が説かれた。三停とは、龍を描くときのコツで、頭から前脚（の付け根）、前脚から腰、腰から尾というように、およそ三分の一ごとに筆を止めながら描くことをいう。楚戈著『龍史』に詳しい。

「鬼」には邪悪なものを寄せつけない辟邪の効能が期待できる。

「蛇」は自然神・農業神の象徴で消災招福の願いが託される。

「蜃」※はみずち（蛟・螭・虯）の一種でたてがみがあり龍のようと形容されることからトカゲを含む爬虫類と想像され、蛇同様の意味が込められていると考えられる。

「魚」はyuという発音が「余」に通じ、豊かさと子孫繁栄の象徴である。

「鷹」※の鋭い爪は辟邪物で、yingという発音は勝利や英雄に通じる。

「虎」の勇猛さは辟邪、huという発音は「福」「護」に通じる。

「牛」は古来祈りの場面に欠かせない尊い供物で、とくに水害を鎮めると信じられた。角は陽の象徴。


さらに九似の九という数字は陽の極数、発音が「久 jiu」と同音で永遠の意味に通じるため、龍に託された招福と辟邪の願いが永遠であることをも暗示している。

ただし、ここに一つだけ腑に落ちない点がある。項《うなじ》は蜃で腹は蛇という順番でなければ、我われの知る龍の姿にならない。記述どおりに項は蛇であるとすると、たてがみのない龍になってしまう。

ともあれ九似の龍は単なる「めでたいもの尽くし」を超越した、いわば獣類・

蜃《しん》：多くの書物で蜃を大蛤蜊《おおはまぐり》に解釈しているが、本書では南方熊楠『十二支考』および『和漢三才図会』の説明によった。これらによると「角ありて龍の状のごとく、紅き鬣《たてがみ》あり」という。ワニを含むトカゲの類は古来、蛇の親属のようにみなされてきた。実際に龍を描く場合、トカゲ類の容姿を参考にする人も少なくない。なお『和漢三才図会』に蜃の絵図あり、海蛤《うむき》（ハマグリの古名）にも蜃というのがあるが同名異物であると明記している。（海中で気を吐く蜃の図版は『和漢三才図会』より転載）

鳥類・爬虫類・魚類の徳と効能を一身に集めた「融合吉祥物」であるといえる。この点は、邪悪の象徴とみなされることのある西洋のドラゴンと明らかに異なる。日用品から建築物まで考えられるところに龍の文様装飾が付き物であるのは、中国では自然な成りゆきといえるだろう。数千年にわたり連綿と続く龍信仰と龍文様は、日本を含む周辺諸国・中国文化圏の隅々におよんでおり、龍は特殊な文化現象といえる。

「鷹」の鋭い爪：龍の足の爪は漢代以来ずっと三爪が定型で、四爪の発想は後ろ爪のある鷹に由来するとか。宮崎市定 著『中国に学ぶ』の〈龍の爪は何本か〉によると、龍の文様を人民が勝手に用いてはならないという禁令が初めて発布されたのは、北宋末の元符年間（一〇九八～一一〇〇）のことだとされる。昇り龍の文様が許されるのは天子だけ、そして天子の龍が五爪に定まったのもその前後からであるらしい。四爪以下であれば皇帝の真龍ではないということで、皇子、親王、一品から七品までの官員に使用が許された。

上：チャイナドレスの服地。牡丹唐草に五爪《ごそう》の金龍を配した図案。

右上：朱墨「雲龍」。全身を細かい鱗でおおわれた四爪の龍が、雲をぬって昇天してゆく様子が表現されている。途中で何かを威嚇しているのか、振り向きざまに口を開け奇声を発しているようにも見える。わずか六センチに満たない朱墨の上にほどこされた金泥の龍だが、龍の辟邪物としての存在感がある。

右下、左上下：玉製ペンダント各種。神出鬼没で大きさや形状を自在に変えられる龍は、どこに現れるかわからない。実用器物の機能性をそこなわずに、円形であれ方形であれ物のカタチに合わせて、デフォルメした龍を配置すれば違和感なくデザインは決まる。龍の魅力は無限である。

鳳凰

丹鳳朝陽

鳳《おおとり》は当初「風」と直結するものだった。古人は神意を伝える霊鳥「鳳」が羽ばたくときに風が起こると考え、これを風神とみなした。のちに「風神は竜形の神である」という観念が生じて、現在のように凡の字に虫※を加えた「風」の字になった（『字統』より）。

そもそも殷人、楚人を含む東方の民族は、古来鳥を族霊あるいは太陽の使者とみなし信奉してきた。とくに殷の諸氏族はそれぞれ固有の鳥を族霊崇拝し、鳥の名を族名とした。そして諸氏族を統合し殷王朝を建てたのが鳳を信奉していた氏族だったため、殷では鳳が国の聖鳥であった。鳳鳥文は殷・周代の青銅器や玉彫に多くほどこされた文様である。

殷代晩期になると龍鳳合体形の器物がつくられたり、鳳と龍を組み合わせた文様も用いられた。初めは龍よりも鳳の扱いのほうが大きく、しだいに龍と鳳に大きさの別がなくなった。これは鳳を信奉する氏族と龍を信奉する氏族の文化連盟・和平を示す吉祥符号であることを意味し、さらに社会の瑞兆をも示すようになったという。

殷の滅亡後、殷文化を継承・吸収した周の社会においても鳳の価値は保たれ、「天帝の使い」「瑞兆——めでたい意象」というイメージで定着した。『詩経』大雅の「巻阿《けんあ》」にこう歌われている。

右：長命鎖《ちょうめいさ》の鳳凰。長命鎖とは旧時の慣わしで、子どもの成長・長寿を願い首に掛けてやる錠前形のお守りペンダント（実寸は幅四センチ）。

虫：虫は昆虫の総称と動物の総称の意味があるが、ここでは竜形の神をさす。

鳳皇※は鳴く　彼の高岡に
梧桐※《ごどう》は生ず　朝日照る岡に
萋萋《せいせい》とその葉茂り　和やかに鳳皇は鳴く

この詩は王の出遊に際して歌われためでたい歌とされ、後世において鳳凰（鳳が雄で凰が雌）と梧桐（アオギリ）の組み合わせは太平の世の象徴、さらに鳳凰の出現は帝王の治世の成功のきざし・瑞応とみなされるようになった。ただ『詩経』の鳳皇は、その姿形が描写されていない。『山海経《せんがいきょう》』には次のように書かれている。

鳥がいる、その状は鶏の如く、五彩で文があり、名は鳳皇。首《かしら》の文を徳といい、翼の文を義といい、背の文を礼といい、胸の文を仁といい、腹の文を信という。この鳥たるや飲食はありのままに、われと歌い、われと舞う。これが現れると天下は太平である。

（『山海経』の〈南山経〉より）

『山海経』では、ほかの動植物や物産の紹介に比べ、鳳皇のこととなると説明が長い上に調子が高く、特別な存在であることを印象づけているようだ。

鳳皇：鳳皇の「皇」は大きくて美しいという意味があり、『爾雅』には鶠鳳の雌が皇であると記されている。『瑞応図記』では「鳳凰は仁鳥なり、雄を鳳といい雌を凰という」とあり、鳳凰と連称するようになった。中国には雄雌の名を連ねてその動物の名称とする例が少なくない。麒麟や鴛鴦も好例である。

梧桐：幼木の樹皮が緑色であることからアオギリと呼ばれる。中国文学において梧桐は、（天下和合の調べを奏でる）琴の材料として詠まれることが多い。

左：楊家埠《ようかふ》（山東）年画「丹鳳朝陽」。梧桐でなければ棲まず、竹の実でなければ食べず、醴泉《れいせん》でなければ飲まないという気高い鳳凰。「丹鳳朝陽」図まるで鳳皇を道徳の化身のように讃えているが、姿そのものはカラフルで文様のある鶏の仲間といったところである。鳳の姿は、その古い字形から孔雀や鶏を含む雉類が原形になっていると考えられているが、時代を追うごとに造形は複雑化していった。

たとえば鳳の特徴を「前は鴻《こう》（大雁）、後は麟（麒麟）、頷《したあご》は燕、喙《くちばし》は鶏、頸《くび》は蛇、尾は魚、背は亀……」などというふうに複数の生物の部位を組み合わせた様子に説明されることがある。これを龍のように古来の神話伝説や族霊崇拝と密接な関係があることを示していると説く人もあれば、後世に附会された内容であるという説もある。

実際に描く場合、鳳の造形にはより強く幸福への願いを込める傾向が顕著である。たとえば、冠は願いをかなえる如意形（一七八頁参照）につくり、喙は歌や音楽を連想させる鸚鵡《おうむ》に似せ、身は愛情円満の象徴・鴛鴦《えんおう》になぞらえ五色に彩り、翼は前途洋々たる大鵬《おおとり》、脚は長寿の鶴、羽は吉祥の孔雀をかたどるというように理想を託してゆき、羽をもつ生物のなかでもっとも美しい姿へと発展した。

鳳を用いたもっとも基本的な意匠には、鳳が単独の歌舞姿に描かれる鳳鳥文、鳳※と凰のつがいが描かれる鳳凰文（双鳳文とも）、龍に配される「龍鳳呈祥」図などがある。鳳凰文および龍鳳呈祥図は、いずれもモチーフを太極

はふつう太陽と梧桐に鳳凰を組み合わせた図に描かれることが多いが、この図案は丹《あか》い鳳が朝陽に向かい気高く鳴き、周囲に満開の牡丹（富貴花）が咲き誇っている。「天下太平」「富貴吉祥」を寓意する。

図のように向かい合わせで配置するのが基本で、古来服飾品や器物などに広く応用されている。

漢代に至ると、高祖・劉邦が自らを龍の子孫と称し龍を漢王朝統治のシンボルとしたが、依然として鳳崇拝の観念が存続していたため龍鳳並挙とし、以来、龍と鳳はともに皇室に欠かせない意匠となった。それまで鳳は、龍同様に傑出した俊才の喩えとして男性の形容※に用いられていたが、宮廷文化の影響を受けて鳳はしだいに女性化の意象とみなされるようになり、龍を皇帝、鳳凰を皇后の象徴にみなす傾向が生じた。

清代には、「帝徳」の標識である「龍鳳呈祥」の図案は、もっとも格調高い吉祥図案であり夫婦和諧（調和のとれた理想の夫婦）の象徴ともなった。鳳凰の意匠はおもに伝統的な婚礼の品々に用いられ、女性に品格と華やかさをそえるだけでなく、女性そのものを象徴するようになった。俗に「生子如龍、生女如鳳（男子が産まれたら龍のように、女子が産まれたら鳳のようであれ）」などともいい、鳳のしなやかで優雅な姿態と崇高な品格はおもに女性の形容に用いられる。

鳳凰を題材とした吉祥図案には、「彩鳳双飛」「双鳳牡丹」「丹鳳朝陽」「百鳥朝鳳」「鳴鳳翠竹」「丹鳳梧桐」「鳳麟呈瑞」などがある。なかでも、鳥類の王である鳳に花中の王・牡丹を組み合わせた図案「双鳳牡丹」「鳳戯牡丹」は、

鳳と凰のつがい：鳳凰の雌雄の特徴を意図的に区別して描き分けるようになるのは宋代以降に顕著で、同時代からすらりとした秀麗な姿の鳳凰が描かれるようになった。宋以前の隋・唐代の鳳は、雲文や草花文、綬帯（印章を結ぶ組紐）などの装飾をともない、やや豊満な姿に描かれることが多い。花をつけた枝を鳳凰がくわえた「花喰鳥」の意匠をもとに、日本では松枝をくわえた鶴の意匠「松喰鶴」が生まれた。

男性の形容：老子を龍、孔子を鳳になぞらえた荘子の寓話がある。

宮廷の帝王富貴を象徴する吉祥図案であるとともに、民間では夫婦愛と幸福のシンボルとされる。それ以外の鳳凰を題材とした図案は、天下泰平・瑞兆のシンボルであることが多い。

漢　瓦当の朱雀文（上）と鳳文（下）（『中国古代瓦当芸術』より転載）。神仙思想が流行した漢代に至ると、五行の火に属す「朱雀」と四霊のひとつ「鳳凰」が同一視されるようになり、とりわけ帛画《はくが》（絹布に描いた絵）や壁画、瓦当、甎《せん》などに多くほどこされた。

魚

年年有余

黄河および長江流域で発展した古代中国文明は、魚とのつながりが深い。魚は食糧であり信仰の対象でもあった。大河流域で発見された新石器時代の彩陶は「人面魚文」や「双魚文」など魚文様のあることでも知られ、それらは原始信仰の産物である。

古人にとって魚の旺盛な繁殖力は尊崇に値するものだった。腹にぎっしりと卵をたくわえた魚は豊かさの象徴であり、割いた魚の腹は女性器に結びつくものである。実際に古代の詩歌のなかで「魚」は理想の配偶者をさす隠語として常用されていた。

『詩経』陳風の「衡門《こうもん》」では、「餓えをいやす」「魚を食う」はいずれも女性を求めることを暗示している。豊かさの象徴であることは同書の小雅「魚麗《ぎょり》」にめでたい饗宴の席に出された旨い酒と種類豊富な魚のことが歌われ、小雅「無羊《ぶよう》」ではイナゴと魚の夢は豊年の祥《きざし》とされている。

『山海経』には、人面で手足のある魚や魚身で鳥の翼をもつなど異形の魚神が多く登場する。それは魚が土地神・自然神的あるいは族霊・守護神的な存在として信仰されてきたことを物語っている。

魚の文様は新石器時代の彩陶をはじめ、殷・周時代の青銅器、春秋戦国時代の玉器、漢代の銅器や織物、唐から清代における陶磁器、現代の工芸品など歴代のさまざまな品に見受けられる。なかでも「双魚文」は、新石器時代

右：金魚形の佩玉《はいぎょく》（おびだま）。羊脂白と称される透明感のある白玉製（実寸は全長四センチ）。

から現在まで不断に用いられてきた普遍的な文様で、日本にも伝来し皿や鉢の文様に見られることが多い。双魚文には双魚の頭が並んでいるものと、首尾相連のものがあるが、総じて器の見込み部分（内底部）に配されている。その典型といえるものが「漢　双魚洗」である。洗は盤ともいう銅製の盥《たらい》で、殷・周時代から使われていた洗浄用具である。祭祀などの儀式に備え置き手指や器物を清めるのに用いられた。そのような器物の内底部に双魚文様をほどこすことにどのような意味があったのだろうか。

鄭小江 著『中国辟邪文化』に興味深い記述がある。

同書によると、魚形の玉はもともと「護符」であるとともに「幸福の象徴」だった。死者を守り祟りを避ける辟邪の効能があると信じられ、玉製や銅製の魚を死者に副葬する例もあった。一説に双魚洗にも魚を冥界※の守護神とみなす観念が反映されているという。

しかしながら時代が下るにつれ、魚文様は「護符」というよりも「幸福の象徴」としての意味合いを増し、神秘的色彩の色濃い古代の魚文化は徐々に世俗化へ向かった。すでに漢代には双魚洗が「護符」から「吉祥符」に、魚は「守護神」から「吉祥物」に転化していた可能性が高い。

『金石索』の金索三 雑器之属に漢代の洗およそ三十例が収録されている。このうち十例が魚文、魚と鳥の文様が三例、羊文が三例、それ以外は銘文

冥界の守護神：馬王堆漢墓《まおうたいかんぼ》（湖南省）から出土したT字形の帛画《はくが》に昇仙図（導霊図とも）を描いたものがある。これは漢代の人びとの想像する死後の世界、昇天の場面を表したもので下から順に、地下（海洋）・地上（人の世）・霊気界・天上界（神仙界）の四つの世界で構成されている。このうち地下世界は、互いに身をからませている二匹の大魚・鯤《こん》が支配している。いわば冥界の守護神である二匹の鯤は、陰陽交合により新しい活力を生み出しており、生命再生の象徴でもある。この発想の延長上に太極図がある。※昇仙図の解釈は台湾国立博物館図録『館蔵 魚文化研究特展』によった。

のみであるが、ほとんどが「宜子孫」「大吉羊（大吉祥）」などの吉語をともなう。

たとえば中央に「宜子孫」の銘文のある双魚洗は、子孫繁栄を言祝ぐ銘（「宜子孫」は子宝にめぐまれるという意味に解釈できる）と多産の象徴であるつがいの魚から成る吉祥図案とみなすことは十分可能であるし、一匹の大魚に「大吉羊」の銘のある洗もまためでたい吉祥図案にほかならない。

そして双魚文といえばもう一つ。

円形のなかで首尾相連の双魚が互いを追い求めて泳ぎまわるうちに陰陽一つに交わる如く円形を呈したもの、それが「太極図（陰陽魚太極図とも）」である。太極図（一六四頁参照）に込められた途絶えることのない無限の生命創造という意味は双魚文にも込められている。

吉祥図案において魚は、発音が「余 yu」の字と※諧音であることも豊かさの象徴である。童子と蓮花・魚を組み合わせた図案は、その語呂合わせにより「連年有余（毎年生活に余裕がありますように）」を寓意しており、年画（二六五頁参照）などの吉祥画にふさわしい題材である。こうした吉祥図案に魚の種類が特定して描かれる場合は、鯉か金魚のどちらかであることが多い。

「連年有余」図の場合、童子が抱える魚は姿のよい大きな鯉である。大河に生きる力強く美しい鯉が、中国ではめでたい魚の代表格であるのは古来一

漢 双魚洗と漢 大吉羊洗（『金石索』より転載）。漢 双魚洗の中央には「君宜子孫」という銘がある。双魚洗は概ね頭の向きがそろった双魚とその中央に銘をあしらったものが多い。ただし漢 大吉羊洗のように単体の魚と銘を並列した例もある。いずれも抽象化されており鯉の類かどうかは不明だが、淡水魚であるらしい。

貫している。伝説のなかで神の使いとして現れ、背に仙人を乗せて昇天してゆくのも、激流を豪快にさかのぼって龍と化すのも鯉以外の魚ではしっくりこない。さらに、鯉の発音 li は「利」や「李」と諧音で、「利」は常にプラスになることを想起させ、皇帝が「李」姓だった唐代は鯉が皇家の標示とされた。

一方、姿が華やかで愛らしい「金魚 jinyu」は、「金余」「金玉」と諧音であるため金銭や富貴を連想させるめでたい魚で、金魚鉢を卓上に置きながめている美人と天真爛漫な嬰児のいる画などは、「金玉満堂（金や玉などの財貨で部屋がいっぱいの意）」というめでたい題材である。

もう一つ、中国に錠前や扉の柄が魚をかたどっているものがある。これも広い意味で吉祥物にちがいないが、その発想は佛教法具のひとつ「木魚」のほうに近いようだ。木魚のカタチは、魚が昼夜目を閉じることがないことにあやかり、修行者に精進の意を教えているといわれる。錠前や扉の柄が魚形の場合、魚が昼夜を問わず見張り続けて禍を避けるという意味が込められていたのだ。

諧音：字音が同音、または近似音であること。詳細は二七二頁参照。

金魚文様の鼻煙壺。鼻煙壺とは嗅ぎたばこ用の粉末を入れる小壺で、蓋の裏に耳かき状の匙がついている。現在は掌に収まる芸術品として蒐集家の間で愛好されている。二点とも山東産玻璃《ガラス》製鼻煙壺。

楊家埠（山東）年画「年年有魚」。童子と魚のみで成り立つシンプルな吉祥絵図。古来「魚」は富裕・幸運の象徴、福々しい童子もまた幸福の象徴である。画中の鯉の美しい彩色は、どことなく五月の空を彩る日本の鯉のぼりを想起させる

鹿

鹿鶴同春

蒙古には彼らの祖先が蒼狼と白鹿の婚姻を結んだことにより誕生したという古代伝説があり、中国東北および内蒙古一帯に居住していた古代ツングース系民族や中国北西部の少数民族キルギスは鹿を族霊としてきたことが知られている。狩猟と遊牧の民にとって鹿は生活に欠かせない糧であり、狩りの獲物である鹿の種類や大きさから季節を知ったという。

中国でも殷末には鹿の頭骨に刻辞し朱を塗って宝蔵している例があり、鹿を神霊のものとする観念※があったという。古人が鹿のなかに神性を認めて尊崇し、やがて鹿を吉祥物とみなしていった理由とは何であったのだろうか。

鹿にそなわる特性としてまず挙げられるのは、敏捷性と優れた疾走力であろう。

疾風の如く草原を駆け抜ける姿は、中国神話上の風の神「飛廉《ひれん》※（風伯とも）」を生んだ。鹿の身に鳥の頭部をもつという飛廉の名は、『楚辞』の「離騒」にも、「望舒《ぼうじょ》（月の御者）を先駆に立て、飛廉を後ろにしたがえ……」とあり、飛廉は死者の魂が昇天する際に背後を護衛する神として登場している。

もう一つは、猛獣から身を護る武器となる角である。

枝のように天に向かって伸びる鹿角は、年に一度新しく生え替わるところから、再生不滅に通じる生命の象徴である。動物の牙や角は一般に辟邪物とされ、古くは牛や羊の頭骨を門に掛ける風習があったが、鹿角にも同様の効

右：剪紙「福禄寿」。鹿が背に長寿の桃をのせ、その上を蝙蝠が飛来している。象徴モチーフを組み合わせた語呂合わせで「福禄寿」を寓意している。

鹿を神霊のものとする観念：詳細は白川静 著『金文の世界 殷周社会史』を参照。

飛廉：風を司る風神は中国各地にある。鳥と鹿の結合した飛廉は、楚人の生み出した風神である。

果があると信じられていた。実際に戦国時代の楚国（湖北・湖南・河南）の墓からは、怪獣の頭頂部に鹿角を挿した「鎮墓神物（二一〇頁参照）」が多数出現している。異形の神の頭に陽の気を象徴する辟邪の鹿角を挿すことで、亡霊の祟りなど邪悪なものをはね返し墓の主を守護できると信じられた。

一方、ふだんおとなしく平和的な鹿は仁獣とみなされてきた。『詩経』小雅の「鹿鳴」は、「呦呦（クークー）と鹿鳴き友呼んで苹《よもぎ》食む我にめでたき客人《まろうど》あり……」で始まる朝廷の饗宴の歌で、餌のヨモギを独り占めすることなく友と分け合う鹿を平和や愛情を象徴する仁獣としている。平和を象徴する鹿の仁獣のイメージは、やがて秦・漢代に瑞応（祥瑞とも）の典型とみなされるまでになった。

白鹿（または天鹿）の出現を為政者の徳が高く（仁政を行い）天下太平であることに天が感応し人の世にもたらすめでたいきざし「瑞応」とされ、帝位を盤石にするために附会された瑞応は漢代に盛行した。『瑞応図記』（五六頁参照）には、白鹿をはじめ自然界の動植物の変異現象や天文気象などが瑞応の例として記録されている。

鹿が帝位そのものを示す語として用いられたこともある。『史記』淮陰侯列伝に「秦がその鹿（帝位）を失い、天下はともにこれを逐ったのです。こうして丈の高く足の疾い器量のすぐれた人（高祖）が先ずその鹿をしとめました……」とある。鹿を得ることは帝位に就くこと、「逐鹿中原（中原に鹿を逐う）」の語は天下争いをするという意味で使われる。

不老長生をおもな目的としている道教の世界では、鹿寿千歳（鹿の寿命は千年）などと称し、天鹿、白鹿、蒼鹿、玄鹿はみな聖人にともない出現するという伝説上の長寿の仙獣である。

実際には長くて二十年ほどの寿命の鹿が、なぜ長寿の象徴とされるか理由ははっきりしないが、鹿は肉が美味な上に皮や角まですべて有用で、とくに鹿茸《ろくじょう》と称す角や生殖器は薬材、滋養強壮品としても用いられてきた。医薬方面からは十分に鹿を不老長生に有益とみなすことができる。

吉祥図案において、鹿は長寿を司る寿星（南極仙翁）の身辺に描かれることが多い。鹿は聖者の乗り物として、背に寿星を乗せている図もある。鹿が霊芝※をくわえている図の場合、延命または蘇りの霊力があるという霊芝を鹿が保護し、人間に福や寿を降ろすと信じられたことによる。

松の樹の下で憩う鹿の図は、自然を切り取った風景画のようでありながら、松と鹿がともに長寿を象徴する吉祥図案である。これに似て、梧桐に憩う鶴と鹿の図「鹿鶴同春（六合同春とも）」の場合、夫婦の不老長寿を願うとともに天下泰平を寓意する。六合とは天・地・東・西・南・北すなわち天下を

霊芝：万年茸。単なる植物を超越した瑞祥と長寿のシンボル。日本にも伝来し宝尽くし文様のなかに含まれる。

さし、六 liu と鹿 lu、合 he と鶴 he、同 tong と桐 tong がそれぞれ諧音で成り立っている。

また、鹿の発音は禄にも近いため、鹿と蝙蝠の図で「福禄双全」を寓意する。鹿と夜行性の蝙蝠ではやや不自然な取り合わせではあるが、「幸福」と「厚禄」の両方を得たいという夢が託されている。草を食んだり走りまわったりする鹿のさまざまな姿態で構成される楽園のような十鹿図や百鹿図の場合も、鹿に禄への願いが託されている。

このように、吉祥図案中の鹿のほとんどは「長寿」の象徴、または「禄」の字に置き換えることができる。

金工小品「福禄寿」。銀製の帽花（帽子の前部につける飾り）。中央に鹿、その背に乗る寿星、背景に福の字、これらを組み合わせた福禄寿の吉祥図案である。残念ながら福の字最初の一画目の〝、〟がそこなわれている。鹿の身には梅花文、寿星の衣のひだや長い鬚まで立体的に打ち出してある。福の字は縁取りのある袋文字になっており、内側に松竹梅を散らし余白部分は魚子《ななこ》文で埋め尽くされている。

左：楊家埠（山東）年画「六合同春《りくごうどうしゅん》」。鹿と鶴のいる絵図は、夫婦の不老長久を寓意する吉祥図案「鹿鶴同春」である。鹿と鶴はともに長寿の象徴で、鹿は禄の字と諧音で

あるから重ねてめでたい意味を成す。鹿と鶴が並んだ場合は立派な角のある鹿が男性、曲線美が麗しい鶴が女性の意象である。二者を取り持つ背景が梧桐ならば、桐が同の字と諧音であるから「鹿鶴同春」の語呂合わせにも都合がよい。ただしこの年画の表現は、どことなく漫画の面白さに通じるものがある。詳しく見てみると、鹿と鶴は互いに霊芝をくわえ相手に差し出すような仲睦まじい様子に描かれている。さらに鹿の体には梅の花が文様になって現れ、五枚の花びらが五福を暗示している。傍らには不老長寿の象徴である松と富貴花の別名をもつ牡丹の花が咲いている。「鹿鶴同春」をわざわざ「六合同春」と書いて、六合すなわち天地四方の万物が不老長久なれと言祝いでいる。

蝙蝠

福到眼前

西洋では吸血鬼や邪悪の化身などと結びつけられている蝙蝠だが、中国ではれっきとした「幸福の象徴」である。蝙蝠 bianfu は「変福（福に転じる）」と諧音であり、とくに明・清代、造形芸術の至るところに用いられるほど蝙蝠の図案は流行し、日本へも江戸時代に伝来した。今や蝙蝠は吉祥図案の代表格といえるものである。

しかしながら、蝙蝠がいつごろから吉祥物とみなされてきたかは、はっきりしない。青銅器など古代の器物上に蝙蝠の文様は見出されず、族霊崇拝された痕跡はないようだ。ただわずかに殷代の玉器に蝙蝠形のものが遺されている。文献上では、『詩経』および『瑞応図記』にも蝙蝠を見出すことはできず、『山海経』の〈北山経〉に寓鳥※の名で登場しているのが、蝙蝠に関する最古の記述ではないかと思われる。それは次のように記されている。

鳥には寓《こうもり》が多く、状は鼠の如くで鳥の翼があり、その声は羊のよう、（これを服用すると）剣難をふせぐによろし。

寓の字を当てて呼び名としたのは、蝙蝠を屋根のあるところに仮住まいするものとみなしていたようだ。「服用すれば刀などで殺傷される災難を避けられる」とあるのは、蝙蝠を服用可能な「辟邪物」とみなすこともできる。

右：中国の伝統服の地紋「五《ご》福捧寿《ふくほうじゅ》」。寿の字を中心にして周囲を五匹の蝙蝠が取り囲む構図は多福多寿の願いが託されている。

寓鳥：『山海経』の寓鳥。

その後、秦・漢代に成立した中国最古の類語・語釈辞典『爾雅《じが》』に「蝙蝠」の名称が出現し、別名（方言）で「服翼」ともいうと書かれている。「翼を服用」していたのかは不明だが、蝙蝠を〈釈鳥〉の項目に分類しており『山海経』の時代と変わらず鳥の一種とみなしていた。ただそれが吉祥物であるという記述はない。

さらに時代が下り晋代（二六五〜四二〇）に至ると、崔豹著『古今注』や葛洪著『抱朴子《ほうぼくし》』に蝙蝠が長寿の生き物で、これを陰干しにし粉末にしたものを服用すると長生きできるとも、仙人になれるとも書かれている。実際には蝙蝠の寿命は十三〜十七年ほどで、長くて三十年といわれるが、確かに犬や猫に比べると長命の類に属すのかもしれない。

蝙蝠は長命のための霊薬と信じられたほか、糞までが夜盲症や視力回復の薬に用いられたほど、ありがたいものだったようだ。それは蝙蝠の生態とも関係がありそうだ。

「薄い肉の翼があり、翼に四足がついて尾に連続して一体となっている」不思議な体をもち、昼は伏し夜間に飛ぶ習性がある。蝙蝠の伏している姿は「脳が重いため頭を下にして垂れている」などと考えられていた。

蝙蝠という文字は、ひらひらと飛ぶさまの形容から出たらしいが、蝠の音が「福」に通じること、加えて蝙蝠のぶら下がって逆さまに眠る習性が

山東省博山の鼻煙壺「福禄寿連綿」。蝙蝠・桃・葫蘆《ころ》（瓢箪）の図で、幸福・長寿・富貴への願いが託されている。

「福到《ふくきたる》 fudao」のめでたさにつながる。逆さまの状態すなわち「倒」と「到」が諧音であるためだ。いつしか蝙蝠が幸福を意味する符号として定着した。

　幸福と長寿の願いを託され意匠化される蝙蝠に、陰気さや邪悪さは無縁である。翼の形状はめでたい祥雲になぞらえて変形され、あるいは蝙蝠と雲文を組み合わせた図案が多い。これは蝙蝠と雲で「福運 fuyun」を寓意し、福（運）は天から降りてくることを暗示している。

　また吉祥画において、蝙蝠の体の色は実際の灰黒色を用いないのがふつうで、多くは紅色の蝙蝠に仕上げる。これは紅色に辟邪（魔除け）の効果がある上、紅と洪の字が諧音であることから「洪福 hongfu（大きな幸福）」を寓意している。

　このほか蝙蝠が口に桃をくわえて飛ぶ図案は、多福多寿を寓意している。蝙蝠に桃と古銭を配した図案の場合は、語呂合わせから「福寿双全」となる。古銭そのものが本来辟邪の呪物である上に、「銭 qian」の発音が「全 quan」に通じる。吉祥図案上の蝙蝠はほとんど幸福の代用である。辟邪の鍾馗像や福・禄・寿の神像などのそばに蝙蝠の飛来するさまが描かれていることがあるが、これも「福来る」を暗示しており神仙の放つ福気をも表現している。

右：黒檀製櫛「大福」。台湾の台南市安平で購入した黒檀製櫛は、先住民の手仕事による民間工芸品。大きな蝙蝠が翼を広げている意匠は「大福 dafu」に通じる。

風箏《ふうそう》「沙燕《さえん》」。中国凧は音が鳴るようにつくられたことから風箏という。尾の部分が二股に分かれた燕形の凧・沙燕には、燕の体に蝙蝠をまとわせるデザインが多い。春を告げる燕が福を運んでくるという発想だろうか（『中国の美凧―中国風箏』より転載）。

獅子

辟邪鎮宅

百獣の王・獅子（ライオン）はそもそも中国原産動物ではない。獅子は、漢代に西域の王から中原の帝への貢ぎ物として伝来したとされる。

西域の国々で猛威と権力の象徴とされてきた獅子は、中国で独特の吉祥物となった。

何といっても独特なのはその風貌である。当時本物のライオンを子細に観察する機会が少なかったことも関係していようが、いわゆる「唐獅子」は実物そのままを写したものではなく、想像力たくましい中国人の生んだ架空の動物である。

獅子のめでたい特徴として挙げられる点は、まず個性的な巻き髪のたてがみと大きな眼、鋸《のこぎり》のような牙と鉤爪といった威光と武力をそなえた風貌である。伝説では獅子の恐ろしさを「眼を怒らせれば電光が走り、声を発すると雷鳴のよう、虎を引きずり豹を呑み込み、犀を引き裂き象さえ真二つにしてしまう」などといい、別名を狻猊《さんげい》といった。民間では獅子に辟邪の効能があると信じられ歓迎されるようになった。

中国で獅子が特別な動物として扱われるようになったのは、佛教と深い関係がある。

当初は単に珍しさから尊ばれた獅子が、ほぼ同時代に伝わった佛教によって神聖さを増し、瑞獣とみなされるようになった。佛教の経典で佛祖釈迦を

右：堆朱盒子《ついしゅごうす》「獅子繡球」。つがいの獅子が躍動感あふれる様子で戯れる子孫繁栄を願う吉祥図案である。

獅子になぞらえて獅子を佛の化身などとするほか、傑出した人物を「人中の獅子」と表現したり、佛の座すところを「獅子座」と称す。智恵の象徴である文殊菩薩像は獅子に座しており、獅子は佛法を保護する瑞獣である。

こうした佛教の影響下で、宋代以降、獅子は世俗化するとともに、さまざまな伝説と結びついて吉祥意義を広げ、辟邪の役割を担う守護神としてだけでなく、福を招き子孫繁栄をもたらす吉祥物とみなされるようになった。

獅子を題材とした子孫繁栄を寓意する吉祥図案に「獅子繍球※」がある。戯れ遊ぶつがいの獅子と五色の手鞠で構成される図案である。雄雌の獅子が戯れているうちに長い毛が絡まり合い毛鞠となり、やがてその中から仔獅子が出てくるという伝説に基づいている。

百獣の王という最上の地位に加え、獅子の獅 shi は「師」や「事」と諧音であることから、官職の位や権勢を誇る高貴な人の象徴であり、「事事如意（何事も思いのままに）」の意味に通じる。そこで獅子の石像は旧時の役所、宮殿や廟宇（神社佛閣）、皇家の陵墓や邸宅前に並べ置かれていることが多い。現在ではさらに、ホテルやレストラン、劇場、銀行などの入り口でも目にすることがある。

もう一つ、外来物の獅子が中国に深く根づいている例は獅子舞であろう。龍舞と同様めでたい場面に欠かせない佳節の風物詩である。漢代に起源を発

繍球《しゅうきゅう》：刺繍をほどこした絹布でつくられる手鞠で、慶事の品。

台湾の獣頭牌のストラップ。邪気の侵入を防ぐために、凶猛な獅子や虎が剣を噛む頭部を形づくり、家の軒先や玄関に掛けることがある。これはその魔除けの呪物「獣頭牌」をモチーフにしたもの。威厳ある百獣の王・獅子が、大きく見開いた眼とむき出しの牙で邪気をはらってくれる。

し唐代に形成されたといわれる獅子舞は、平安を護り福を招く吉祥物である。

ときに是非を決断したり、災難を予告する霊獣とみなされることもある獅子は、薬に通じるような霊験があるとされ、獅子の石像は薬剤店舗の入り口や台の上で主人さながらの威風を示していることもある。旧時は子どもの夜泣き封じも獅子に託したともいう。正義感と威厳に満ちた獅子像があると思えば、子煩悩な優しさを見せる獅子像があるが、いずれも中国人の理想を体現し変貌していった唐獅子である。

楊家埠（山東）年画「獅子繡球」。もともと二枚一組の図で、画中にそれぞれ牡丹と蓮花をあしらい、子孫繁栄と富貴栄華が連綿と続くよう願いが託されている。

麒麟

麒麟送子

龍や鳳凰と同様に麒麟もまた、中国人の観念が生んだ吉祥動物である。一※説によると、麒麟の原型はある氏族の族霊「鹿」で、のちに鹿をもとに牛・羊・馬などの族霊が融合し発展したという。麒麟は中国西北部一帯を生活圏とした周人が生んだ神獣ではないかとも指摘されている。

吉祥図案中に見る麒麟は、鹿の身に馬の脚、牛の尾、丸い蹄（または五本指）、角をもち、魚鱗におおわれた姿に描かれることが多い。それは後世になればなるほど瑞獣としての性格が強調され、造形が複雑さを極めた状態といえる。

では初期の麒麟はどのようであったか。

麒麟に関する最古の記述は、『詩経』周南の「麟之趾《りんしし》」で、「麟の趾《あし》よ　情厚い君が御子　ああ麟」で始まる君の一族を讃える歌である。麟の趾に次ぎ麟の額、そして麟の角を呼びかけの句にしているが、詩の上から麟の詳細な姿を知ることはできない。明白なことは、麟が吉祥動物であること、この時点では麒麟と称されることなく、頭上に角がある獣ということである。『詩経』の後に成立した『山海経』には、麒麟を彷彿させる鹿に似た異形の獣が種々出てくるが、麒麟そのものの登場はない。

『爾雅』〈釈獣〉に「麐《りん》（麟の別字）は麕《のろ》（鹿に似るが角はない）の身にして牛尾、一角。角頭に肉あり」とある。鹿の一種ではあるが尾は牛の如しで先端に肉のある角が一本あるとは、麟の姿が単なる鹿ではないことがわかる。

右：粉彩盒子《ふんさいごうす》「麒麟送子」。この磁器製盒子は直径五センチ程度の大きさで、化粧用の粉を入れて使われていた。

一説：劉城淮 著『中国上古神話』の〈麒麟為瑞〉の項に詳しい。

時代が下り、『瑞応図記』には麒麟と二字表記され、かなり詳細な内容が記されている。要約すると次のとおりである。

麟という者は仁獣なり。牡が麒で牝が麟、頭は羊、身は鹿、尾は牛、蹄《ひづめ》は馬、頭頂部に一角を戴き、角の先端に肉がある……体の色は五色（青を主色とした）、鳴き声は五音の角（五音の三番目の音）を主とし、嘉《か》禾《か》の実を食べ珠玉の英を飲む。歩行中に生きている草や虫を踏まない。仁徳ある王者や聖人が出現した時だけ人の目にふれる聖獣。

麒麟の角の先に肉があるのは、武器があっても用いることをしない「仁（真心と思いやり。慈愛の徳を有する）」なるものの証であるという。鹿を神獣とする観念から発展した麒麟は、非凡な容姿に語られるようになった。なにしろ有徳の聖王が治める太平の世に特別に出現するめでたい瑞獣であるため、珍奇な様子に表現される必要があったのだろう。

『礼記』礼運において麟・鳳・亀・龍を四霊と称して、麒麟を霊獣の首位に置いている。同書によると霊獣とは、聖の政を実現することで霊獣を招き寄せることができるとし、霊獣（四霊）を家畜のように馴れさせれば他の獣もことごとく集まりきて、人間は食べることに憂慮しなくてもすむようにな

漢 武梁祠石室画像の麟（『金石索』石索四より転載）。麕《のろ》の身にして牛の尾、狼の項《うなじ》をもつ黄色い一角獣で、足は馬の如しと付記されている。いわゆる原初タイプの麒麟である。墨版一色で絵図が不鮮明ながら、身体に文様があり、シャワーヘッドのような形状の角が後ろに向かって生えているのがわかる。

るという。四霊はそれぞれ獣・鳥・魚・虫を統べる王に位置づけられ、自然界と人間とが調和して暮らす理想の象徴とされる。

その一方、民間において麒麟は子授けの神霊であるとともに、辟邪の力があり子どもを保護してくれると信じられてきた。いわゆる神童を俗に「麒麟児」と称すが、その由来は次のようなものである。

伝説によると、孔子が誕生する前、祭祀を担うことのできる男子にめぐまれなかったため両親が祈禱を行うと、ある晩忽然と望楼（物見やぐら）に麒麟が現れた。麒麟は優雅な様子で口のなかからゆっくりと絹布を吐き出すと、布に徳の高い非凡な子の誕生を暗示する書がしたためられていた。そしてほどなく孔子が誕生したと伝えられている。これが「麟吐玉書《りんとぎょくしょ》」の故事で、のちに吉祥図案「麒麟送子」として広まった。

仁徳・吉祥の象徴である麒麟は旧時、図像を門戸や壁に貼り辟邪としたほか、幼子の衣服や帽子、靴などに装飾としてほどこされた。とくに麒麟送子を題材とした彫刻・刺繡・絵画などの品々は子どもの誕生を予祝する品、または誕生祝いの贈り物として喜ばれた。麒麟送子の図案には、我が子が太平の世に生まれ、無事に賢く育ってほしいという願いが託されている。

［付記］麒麟と孔子にまつわる伝説はほかにもある。五経のひとつ『春秋』は、「哀公十有四年。春、西に狩して麟を獲たり。」という記述で終わっている。太平の世に出現するはずの神獣・麒麟が天下衰乱のときに現れ、それとは知らず不吉な動物だと殺されてしまった。麒麟を見た孔子は「こんな世の中になぜ来たのか。麟が迷い出て死ぬ。わが道も終わった」と嘆いた。出現すべき時を誤りむなしく死んだ麟の姿に自身の運命を感じた孔子は、もう長くはないと悟り『春秋』を作りあげ、その二年後に没したとされる。孔子を尊崇する儒家にとって、麒麟は不遇の聖人・孔子と重なる存在だった。詳細は東洋文庫の『四書五経』を参照。

右：楊柳青（天津）古版年画「麒麟送子」。頭は龍、たてがみから尾にかけては獅子を思わせる格調高い麒麟である。身体が魚鱗でおおわれているさまは、麟の字が鱗を連想させることにより採用されたと考えられる。麒麟の背には、頭に冠を戴いた神童が首に長命鎖を掛けた幼子を抱いて乗る。

上：楊家埠（山東）年画「麒麟送子」。二枚の図案を合わせて「蘭房生貴子　桂閣産麒麟」という対聯《ついれん》になっている。対聯の頭文字「蘭桂」は「蘭桂斉芳（蘭桂そろって佳く香る）→子孫繁栄」を寓意している。この絵図では、頭は黄色、背は青紫、腹は赤い麒麟に描かれている。

馬

馬上封侯

馬は六畜（馬・牛・羊・鶏・猪《ぶた》・犬）の最初に挙げられ、古くは農業生産、交通運輸、軍事などの主要動力として欠かせない存在だった。後世に蒸気機関などの機械が発明された際、その性能を示す単位が馬の仕事率「馬力」を基準としたことからも馬の重要性がわかる。洋の東西を問わず馬は生産力と富の象徴だが、それだけではない。架空の龍や鳳は例外として、中国伝統文化において実在動物のなかでもっとも尊崇される動物は馬といっても過言ではなく、「龍馬精神」という言葉が用いられるときは、健全な心身と不屈の奮闘精神、すなわち中華民族の尊重する道徳を表しているという。

古くは『詩経』小雅に「白駒《はくく》」という詩がある。賢者を白い馬に喩えて、この地に長く引き留めたいという想いを込めた詩である。優れた馬のことを「駿驥《しゅんき》」というが、転じて聖賢や優れた人材という意味でも使われるように、往々にして馬は賢者になぞらえる。

「龍馬」とは、伏義のとき神秘の図を背負って黄河に現れたという伝説上の瑞馬のことで、黄河の精霊ともいわれている。

瑞馬については『瑞応図記』にいくつか記載がある。

瑞馬は、聖天子の治世に出現したと伝えられる伝説上の吉祥動物である。たとえば、王者が禽獣を貪らなければ現れるという南海の駿馬「海馬」、禹の成し遂げた治水の労苦に対し天が感応し出現したという神馬「飛兎」、不

右左：鼻煙壺「八駿図」。山東省博山の内画壺。ガラス製小壺の口から特殊な筆をさし入れ、壺の内側から画を描く手工芸品。八駿図は馬の奔走するたくましい姿を表したものが典型で、「馬到成功（たちどころに成功する）」を寓意するが、この内画壺は少し趣がちがうようだ。時機到来まで体力を温存している隠棲中の八賢人といったところか、画中には平和で穏やかな時間が流れている。

死身の黄色い神馬「騰黄《とうこう》」に乗※った者は寿命が三千歳になるなどと書かれている。

馬の強健な勇姿と労苦によく耐え忠実で賢いところは、古来多くの人に愛され頼られてきた。狩獵や戦争のとき馬が艱難《かんなん》から主人を救ったという故事も少なくない。周の穆王《ぼくおう》の八駿、漢の文帝の九逸、項羽の騅《すい》、呂布の赤兎《せきと》、張飛の玉追《ぎょくつい》などのように、英雄と同格に扱われ後世に名を残した名馬もある。

美しい容姿をそなえ、富と勝利をもたらす馬は、自ずと吉祥動物とみなされるようになった。壁画や青銅器、玉器、瓦当、彫刻、書画などあらゆる品々の上に表現されてきた馬の造形は、みな吉祥の意味を含んでいる。秦の始皇帝の陵墓に納められていた馬俑は、見る者を圧倒する帝王の権力の象徴でもある。

馬は陽の動物であり、しばしば剛健・明朗・熱烈・昂揚・上昇・豊満・繁昌・発達・逸材・聖賢のイメージとして描かれる。体から火焔を立ちのぼらせ波の上を進む力強い姿の「海馬文」や千里馬を彷彿させる「八駿図」などの吉祥図案は、とくに元・明・清代の陶磁器上に好んで用いられた。

また、一匹の猴（猿）が馬に乗る吉祥図案「馬上封侯」は、その語呂合わせにより「間もなく侯（高官）に封ぜられる」という出世栄達を意味する。「馬

乗った者は寿命が三千歳…この記述に似た表現が、すでに『山海経』の〈海内北経〉にある。「文《あや》のある馬がいる、白い縞の身、朱い鬣《たてがみ》、目は黄金のよう、名は吉量。これに乗れば寿命千年という」。

上 mashang」は「すぐに」という意味で、「猴 hou」は「侯」と諧音である。ただ馬に猴の組み合わせは単なる語呂合わせだけではなく、じつはもっと奥が深い。南方熊楠『十二支考』によれば、猴を厩に繋げば馬の病を避けるといわれ、古来中国、インド、日本にも厩に猴を置く習慣があった。猴が騒ぐと馬が用心して気が張るゆえ健康だとも、馬につく寄生虫を猴がひねるから有益とも説く。

『西遊記』の主人公・孫悟空が天上界で玉帝より賜った肩書きは「弼馬温《ひつばおん》」である。天上界には御馬監《ぎょばかん》という役所があり千頭の天馬が飼われているのだが、弼馬温はその長官である。弼馬温を仰せつかった悟空が、就任祝いの宴席で下役に自らの肩書きについて尋ねる場面がある。すると、「弼馬温の〈弼〉は厄よけの〈避〉の字の代用です。馬温は馬の流行病〈馬瘟〉の当て字なんでして。ですから、あなたさまの位は〈馬の病気よけ〉、言ってみればお守り札です」と、じつに巧みな台詞である。悟空が悔しがったのはいうまでもない。立派な肩書きどころか、結局サルの役目を出ないつまらない肩書きと知り、面子をつぶされた悟空は怒りのあまり天上界を飛び出してしまう。

さらに馬の特筆すべき点は、「通天の霊獣」とみなされてきたことである。墓の主が馬車で天界（神仙世界）へ昇っていく場面は、漢代の画像甎にも見受けられる。さらに古い時代は墳墓に馬を殉葬したり神へ牲供した。

※その遺風が「紙馬」である。民間では旧時、竹と紙で馬の形につくる紙馬を葬儀の際に燃やして死者の霊をあの世に送った。これは馬が人の霊魂を天界に運ぶ「天界の使者——通天の霊獣」「神霊の乗りもの」と信じられてきたことにほかならない。

その遺風：馬を神霊に捧げる風習の名残は、日本の絵馬にもある。岩井宏実 編『絵馬秘史』によると、かつては神事・祈願（降雨祈願など）に際して、神霊の乗りものである馬が捧げられてきた。のちに生馬献上から絵馬奉納に代わり、最終的には馬以外のものを描いた絵馬が出現した。絵馬には民間信仰や現世利益の願いが反映されている。

鼻煙壺「馬上福到」。二頭の馬が霊芝の生える険しい岩山に立ち、そのうちの一頭を目がけて蝙蝠が飛来している。馬が険しい岩場にいて夜行性の蝙蝠が飛んでくるなどというのは現実的ではないが、馬と蝙蝠の語呂合わせから「馬上福到（間もなく福が到来）」というめでたい意味になる。

楊家埠（山東）年画「牛馬平安」。北方の農村などでは旧時、春節の期間中家畜小屋の入り口にこのような紙馬印画を貼って厄除けを祈願した。牛馬の引く車に乗る三ツ目の人物は、牛馬が神格化された牛馬王で家畜の保護神として信仰された。家畜の成育が旺盛で、遠出する際は平安無事であるよう祈りが込められている。「日進斗金」とは、毎日たくさんの収入があるようにという意。もとは商家の斗《ます》に貼る吉語。

羊

吉事有祥

「羊」は日本の伝統文様のなかに取り入れられなかったためか、どちらかというと日本人には印象の薄い動物かもしれない。羊を題材とした絵画や彫刻作品を見ても、十二支のひとつと認識しているくらいで、それ以上の意味が含まれているとは考えもしないのがふつうである。

しかし、中国伝統文化のなかで羊を吉祥物とみなしてきた歴史は長い。羊はすでに新石器時代の岩画に描かれ、「四羊方尊（四羊犠方尊とも）」のように殷代の青銅器の文様や造形にも用いられている。

「美」という字は羊と密接な関係があって生まれた。その成り立ちについては諸説あるが、一つは許慎の『説文解字』に基づいて「羊大為美」、美の字形を「羊」と「大」から成るとし、羊肉の甘美なのを美であると説いている。これに対し『字統』は、美の字は成熟した羊の全形を正面からとらえた形で、美は神に供える羊の形と肉味の完美なることをいい、のちに人の徳行や自然風物の美しいことをさすようになったという。

美の字形のもとになった羊は、それだけでも吉祥物といえそうだが、もちろんそれだけではない。肉の味が好いだけでなく、子を産み乳をもたらし羊毛に羊皮と、捨てるところがないほど羊は有用である。とくに遊牧民の衣食住を支える「動産」に値する。『詩経』のなかで羊に関係する詩を探してみると、「羊（または子羊）の裘《かわごろも》」と題した詩が四つある。羊は神に供える貴い祭品、その皮でつくった衣裳は貴人の召し物であった。

時代が下り漢代に至ると、羊の図案や羊の字にはいくつかの意味が託されるようになっていた。大別すると「辟邪」「吉祥」「比徳※」の三つである。

漢の画像石（または画像甎）のなかに、墓の門（入り口）の横木として上部に渡してある石に羊※の正面頭部を浮き彫りにしたものがある。太く大きな巻き角にこちらを見据える真円状の目、額の上の符号らしきものなどが独特で、身を挺して墓の主を守ろうとする気迫さえ感じさせる。ふだんはおとなしい草食の羊だが、自らの種の保存のために大きな角を激しくぶつけ合うこともある。角という武器とともに「羊 yang」の発音が「陽」と諧音であることも、辟邪の効能を羊に託した理由と考えられる。

画像石の羊が頭部のみを意匠化し呪術めいているのに対し、漢代の銅洗（盤とも）に見られる羊は素朴で陽気な雰囲気である。洗の内底部分に羊の画像と「吉羊」の銘文がほどこされ、一目で吉祥図案であることがわかる。同時代の洗には一匹の大魚か双魚の図案も多いが、「吉羊」や「大吉羊」の銘文をそえているものが少なくない。「吉祥」の祥の字を「羊」に置き換えていることについて、中国の複数の書物には、漢代よりはるかに古い時代の青銅器に、羊の字をもって祥の代用としていた例が多く見受けられることから、

比徳：徳になぞらえる。直観により自然物にそなわる人格的なもの、品性を見出して君子の徳・人品に引き比べること。『詩経』や『楚辞』のなかに比徳を用いた表現は少なくない。好ましいもの・善なるもの・美しいものの基準が比徳と密接に関係しており、比徳の対象が吉祥物に転化したものもある。『詩経』国風・周南「麟之趾《りんしし》」もその一例で、仁獣・麟になぞらえ君主の徳厚を讃える詩で、麒麟は吉祥物である。比徳の対象として定着したものに、四君子（蘭・竹・梅・菊）や歳寒三友（松・竹・梅）、花中の君子・蓮花がある。鐘福民 著『中国吉祥図案的象征研究』に詳しい。

いつしか羊を祥に通じるめでたいもの「吉祥の化身」とみなすようになったと書かれている。

公的に儒教が最高位に置かれていた漢代から、羊は「比徳」の対象とされたという。儒家の董仲舒《とうちゅうじょ》は次のような言葉で羊にそなわる徳を讃美し教化の素材とした。

「子羊は角があっても用いないのは仁者に似て、捉えても殺しても鳴いたり吠えたりしないところは義者に似て、その母（母羊）に乳をもらうときは必ずひざまづいて受けるは礼者に似る」と。

羊は儒者が修養を積む上での手本とされ、「徳」と「善（善の字は羊から作られた字）」の象徴として絵画の題材にもなった。

後世の吉祥図案に見る羊は、「辟邪」の効能を託したり「比徳」の対象とみなされることはあまりない。羊は「吉祥」の化身であるとともに、同じ発音「陽」の代用として用いられることが多い。

代表的な吉祥図案に年初めを祝す「三陽開泰」がある。三匹の羊のいる風景画で、背景に天を象徴する太陽と地の象徴である松の木が描かれていることもある。三陽とは『易経』の泰の卦で、「小往き大来る。吉にして亨る」「天地の相交和した象が泰である」などと書かれている。それは「冬（陰）が去

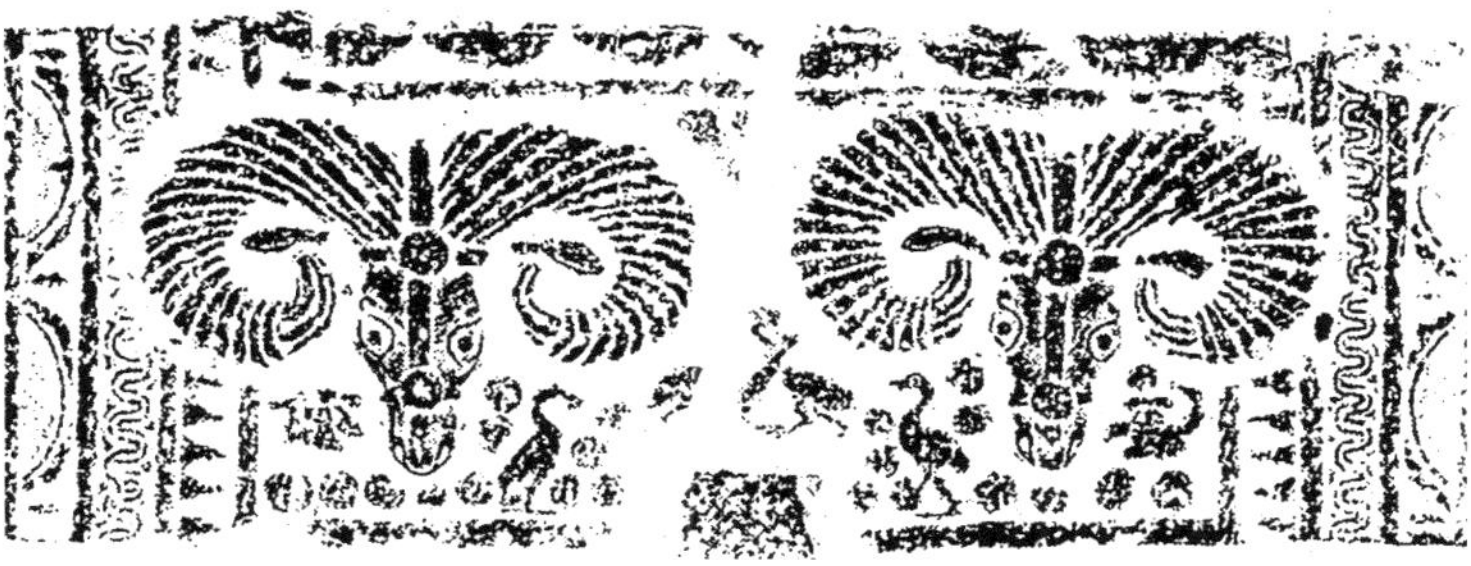

羊の正面頭部：図版は張道一著『漢画像石鑑賞』より転載。

り春（陽）が来る」の意味に通じ、「大地回春」「万象更新」「新年好運」などを寓意する。正月を迎えるにふさわしい吉祥画である。

上：漢 吉羊洗一（『金石索』より転載）。頭に角のない羊と篆書の文字「吉羊」からなる図案。子羊の上の∾符号は秦代の瓦当に見受けられる雲文のひとつ。脚注には、銘の吉羊は『説文解字』の「羊祥也」にしたがったとある。羊は吉の字と同じく画数が六で、上下にならんだ二文字が左右対称であるのは、偶然というより計算された意匠にも思われる。

下：漢 吉羊洗二（『金石索』より転載）。大きな巻き角のある雄羊と傍らに樹木が描かれ、「吉羊」の銘はやや小さめにそえられている。羊の前足の付け根のあたりから火焔が立ちのぼる様子は、霊験の強さが表現されている。伝説上の一角神羊・獬豸《かいち》は罪有る者を識

別できたとされるが、この雄羊にも呪術めいた雰囲気が感じられる。

楊家埠（山東）年画「三陽開泰」。細長い角のあるのは山羊を描いているようだが、中国では羊と山羊をやかましく区別しないところがある。ちなみに野生の羊「野羊」と書いて、山羊を意味する。背景には山の稜線、三匹の羊の傍らには茶花（ツバキ）が花開き春を告げている。

鶏

万事大吉

古人にとって鳥は太陽と結びつくものだった。太陽の動きと鳥たちの活動パターンが重なるため、太陽そのものが一羽の飛鳥「太陽鳥」とみなされ尊崇された。とくに古代の太陽鳥信仰は、東海に近い斉の国や南方楚の国に根強い。漢代の画像石に遺る太陽鳥は、体内に燃える火の球をそなえた金鳥であったり、あるいは太陽のなかに鳥の姿を表現しているものもある。さらに具体的になると、太陽鳥は想像上の鳳や実在の鳥のほか、三足鳥《さんそくう》の姿に描かれることもあった。

太陽といえば忘れてはならないのが「鶏」である。夜明けを告げる鶏、とくに雄鶏には太陽にまつわるこんな伝説がある。

東方の大海原に「湯谷」という場所があり、太陽はそこで水浴し昇ってくる。東海には扶桑《ふそう》（扶木とも）という名の大樹があり、樹上に白玉の鶏「天鶏」がいる。太陽が昇り始め扶桑が陽光に照らされると天鶏が鳴き、天鶏の鳴き声に天下の鶏たちが共鳴するのだという。そこで鶏は太陽を護る使者や太陽の化身とみなされた。

いち早く夜明けを知らせる鶏は、猛獣や妖魔が活動する闇夜を断つ存在である。鶏には邪悪なものを退ける力があると信じられ、古くは鶏の画像を門戸に貼り魔除けとする風習があった。その起源について、晋代　王嘉　撰『拾遺記』には次のように記されている。

右：宜興紫砂茶壺「竹鶏報喜」（宜興紫砂工芸二廠　董開生作）。急須全体が竹尽くしになっており、鈕《つまみ》の意匠は巣のなかに母鶏と五つの卵が産み置かれている。竹鶏は「祝吉 zhuji」、卵は喜に通じることから「祝吉報喜（吉事を祝い喜びを告げる）」を寓意する。

尭《ぎょう》帝在位のとき山に住む虎や妖魔に人びとが害されていた。そのころ隣国から重明鳥（目に瞳が二つ、ゆえに双睛とも）なる珍鳥が献上された。重明鳥は一見ふつうの雄鶏のようだが、鳴き声は鳳凰のようで好んで美しい玉を食べ、邪悪を憎み、猛獣や妖魔を喙《くちばし》と爪で果敢に攻撃退治することから、人びとは重明鳥に辟邪の願いを託した。しかし、めったに拝めない珍鳥であるため、その姿になぞらえた木彫りの鶏を門戸や屋根の上に置き辟邪とし、のちに鶏の画を門戸に貼るようになったという。

この説話の真偽はさておき、鶏を魔除けに用いたのはかなり古い時代からのようである。南北朝時代の長江中流域の風習に詳しい『荊楚歳時記』によると、十二月の※臘《ろう》の祭りの際に雌雄（陰陽）の鶏を門戸に磔《はりつけ》にする風習があった。太陽の運行などと結びつく鶏は東方をまつる際の犠牲にふさわしく、年が改まり春を迎える時季の魔除けとして用いられたという。

しかし現在は、鶏を辟邪物とみなす観念は薄れ、むしろ吉祥物とみなされている。鶏が辟邪物から吉祥物に転化した過程は不明だが、辟邪と吉祥は一如であることを示す好例のように思われる。邪を避けるものが吉を招く、しかも鶏の場合はその発音が「吉 jí」と諧音である。誰にもわかりやすく憶えやすい。

臘の祭り：臘の祭りは冬至後第三の戌の日に行われた。農※暦十二月を臘月ともいうが、なぜ臘というか。永尾龍造 著『支那の民俗』によると、牧畜と狩獵を生業としていた大昔、年の暮れになると盛んに獵をして多くの獲物を祖先の霊前に供えまつり、その年の無事を謝し来年も好い年を授けてもらうように祈った。秦始皇帝のとき「獵」の字が「臘」に改まり、以来「臘の祭り」になったという。 ※農暦：農業暦のこと。日本では旧暦とよぶが、中国はもちろんアジアのほとんどで現役使用されている。

代表的な吉祥図案に「石上大鶏」がある。首をもたげ胸を張り石の上に立つ雄鶏が、精気をたたえ遠方を見据えている画である。「石上大鶏」を正月の客間などに掛けると、その発音から「室上大吉」を祝うことに通じめでたい。そればかりか鶏には五徳有りと讃えられもする。

頭に冠《とさか》を戴くのは「文」なり
足に距《けづめ》を持つのは「武」なり
敵前にあへて闘うのは「勇」なり
餌を見つけて相呼ぶのは「仁」なり
夜を守って時を忘れないのは「信」なり

とくに鶏冠《とさか》の「冠 guan」は「官」と諧音であることから、官職に就くことや栄達を連想させる。そこで、雄鶏と鶏冠花（ケイトウ）の画で「官上加官」図、昇進に昇進が重なるめでたさを表す。また雄鶏と五羽の雛のいる画で「五子登科」図、五人の子どもがそろって科挙に合格するという万事順調の意を表す。鳴いている雄鶏と牡丹の画で「功名富貴」を寓意するが、これは「公鶏鳴叫 gong ji ming jiao」を縮めて発音すると「功名 gongming」に通じ、牡丹が富貴花の別名をもつためである。いずれも雄鶏である点が共通している。

角骨彫刻「大吉」。羊や牛などの角を材料に雄鶏の透かし彫りをほどこしたペンダント。「大吉 daji（大鶏と諧音）」は偶然にも円形のなかに雄鶏が収まっているため、太陽鳥のイメージとも重なる。地域により異なるが、太陽鳥の姿は概ね鶏または黒い鳥（鷹、鷲、燕、烏、三足烏などを含む）に大別される。

金雞報曉

雞王鎮宅

右：桃花塢（蘇州）年画「金鶏報暁」と「鶏王鎮宅」。江南一帯から中原方面にかけての広い地域で、新年に金鶏図を貼る習慣があった。桃花塢年画では、害虫駆除に精を出す雄鶏の堂々たる様子が描かれ、鶏が辟邪物であったことを物語っている。

上：開封（河南）年画「大吉（大鶏送子）」。巨大な雄鶏の背に状元姿の神童が乗る様子が描かれている。鶏冠と童子の頭の冠はともに「官」と諧音で出世栄達を寓意しており、鶏が辟邪物から子授けの吉祥物に転化していることがわかる。

※どちらの図案も、鶏の踏みならした大地が浄化されて、吉祥物が出現している。

蓮花

連連如意

蓮花は荷花ともいい、古名を藕花《ぐうか》、芙蓉《ふよう》、芙渠《ふきょ》、浄友などという。泥のなかより出でて泥に染まらない蓮花は「花中の君子」と讃えられ、高潔・高雅・清心を象徴する花である。蓮花といえばまず佛教美術に欠かせない意匠であり、日本人にとっても聖なる花というイメージがあるのではないだろうか。夏の蓮池は西方浄土を想像させる清らかな風景である。釈迦はその母が蓮花をくわえた白象に感応して身ごもったとか、蓮花の上に生まれ落ちたとも伝えられ、釈迦像をはじめ佛像の造形は蓮台と結びついていることが多い。ほかにも寺院の軒瓦やさまざまな佛具、曼荼羅の装飾にも蓮花は付き物である。

しかし中国では、それよりはるかに古くから蓮は吉祥物とみなされていた。蓮はほとんどの部分が食用または薬用で、捨てるところがないほど有用な植物といわれる。そのため蓮の葉は荷、茎は茄《か》、実は蓮（蓮子とも）、地下茎は藕《ぐう》（レンコン）のように部位ごとに細かく名称がつけられている。そして蓮のもつ花や実の形状、生育上の特性、語呂合わせなどからさまざまな意象（表現イメージ）が生まれた。

まず蓮花の形は女性器を連想させ、蜂巣状の蓮房のなかの実は「多子多産」の象徴とみなされた。蓮のイメージは、恋愛・結婚・出産に結びつく。

たとえば蓮花は『詩経』にも見え、鄭風の「山有扶蘇《さんゆうふそ》」や陳風の「沢陂《たくひ》」に蓮《はちす》（蓮房）や蓮花がうたわれている。前者は女が男に戯れる詩で、後者は

右：山東産鼻煙壺「連生貴子」。レンコンから茎を伸ばし葉と花、同時に蓮房をつけている。花と実を同時につけるハスの生態をよく描写しており、子宝を願う意味が託されている。

恋に悩む心情を詠んでいる。のちに蓮は女性、魚は男性になぞらえ「男女の戯れ――恋愛」を暗示するモチーフとして定型化していった。

江南可采蓮（江南に蓮を采るべし）
蓮葉何田田（水面に広がる蓮の葉の何と美しいことか）
魚戯蓮葉間（魚はたわむれる 蓮葉の間に）
魚戯蓮葉東（魚はたわむれる 蓮葉の東に）
魚戯蓮葉西（魚はたわむれる 蓮葉の西に）
魚戯蓮葉南（魚はたわむれる 蓮葉の南に）
魚戯蓮葉北（魚はたわむれる 蓮葉の北に）

（『楽府《がふ》』の「江南」より）

「魚戯蓮」を題材としたものは、詩歌のみならず絵画、刺繡、剪紙（切り絵）など手工芸品の図案としても定着した。民間剪紙芸術の図案のひとつに、魚が水面下で蓮の茎をつつき、水上では開花した蓮花のなかから子どもが出てくる「連生貴子（続いて子宝に恵まれる）」という吉祥図案がある。これは男女の交合と子の誕生を同一画面上に表現したもので、「恋愛・結婚・出産」への祝福が込められている。

蓮の生育上の特性からは、より豊かな意象が生まれた。花と実をほぼ同時に生じるところから「子どもが早く生まれる」を想起させ、藕（レンコン）は切っても糸を引くところから夫婦愛の深さをいう「情意綿綿」を暗示し、蜂巣状の蓮房は「多子多産」の象徴である。一つの茎から二つの蓮花をつけた「併頭蓮」を描けば、男女愛の強いきずなを表していることになる。

そして語呂合わせで成り立つ図案のなかでは、「蓮 lian」は諧音である次のような語に置き換えられる。連綿や連理の「連」、清廉の「廉」、恋愛の「恋」、男女の情に通じる「憐（いとおしむ）」などである。蓮花の別名である「荷花 hehua」は「和合 hehe」と諧音で、やはり恋愛・結婚・出産・子孫繁栄の意味につながる。藕の発音は「偶（対、ペアの意）」に通じ、これも和合に結びつく。

吉祥図案においては、恋愛成就の象徴「魚戯蓮」や子宝祈願の「連生貴子」のほかにも代表的な題材がある。魚の項でも述べたが、蓮と魚と幼児を組み合わせた図案「連年有魚」は、「毎年生活に余裕がある」と「子孫繁栄」への願いが込められている。蓮と連、魚と余の字が諧音である語呂合わせにより成り立っている。

一羽の鷺《さぎ》と蓮、一棵の蘆《あし》（助数詞の発音が ke）を組み合わせた図案「一路連科」は、科挙制度のあった時代の吉祥語で、郷試・会試・殿試という難関試験に連続で通る「順調に出世できる」という願いが託されている。

また蓮花を描いた吉祥図案「一品清廉」は、一見すると蓮池の景色を切り取った自然画に見えて、じつは官階の最高位に就きながらも清廉潔白を志すという人徳・人品の高さを表現している。その場合、一柄（ひと握りの量）と一品、清蓮（または青蓮）と清廉が諧音であることで画意が成立している。

このように、蓮のどの部分をどのように描くかで、そこに込められた意味は異なる上、見る者の心情やとらえ方によって解釈もさまざまである。吉祥図案のなかの蓮は、恋愛・結婚（和合）・出産（子孫繁栄）・出世・人徳など幅広い内容と結びついており、それらを総合すると「成功の人生」につながっている。蓮は佛教美術の意匠、清らかで聖なる花というだけではなかった。

楊家埠（山東）年画「蓮池図」。蓮を題材に詠んだ詩は数多くあるが、これは南宋の政治家で文学者・楊万里（一一二七～一二〇六）の詩句「接天蓮葉無窮碧、映日荷花別様紅」を受けたもの。「日に照り映えて蓮花の色が一味ちがう紅に変わった」という景色のなかには、蓮に憩う金魚や鳥の姿も表現されている。画中の鳥と魚が捕食者と非捕食者の関係にある場合、陰陽交合・子孫繁栄を寓意している。

葫《こ》蘆《ろ》

福禄万代

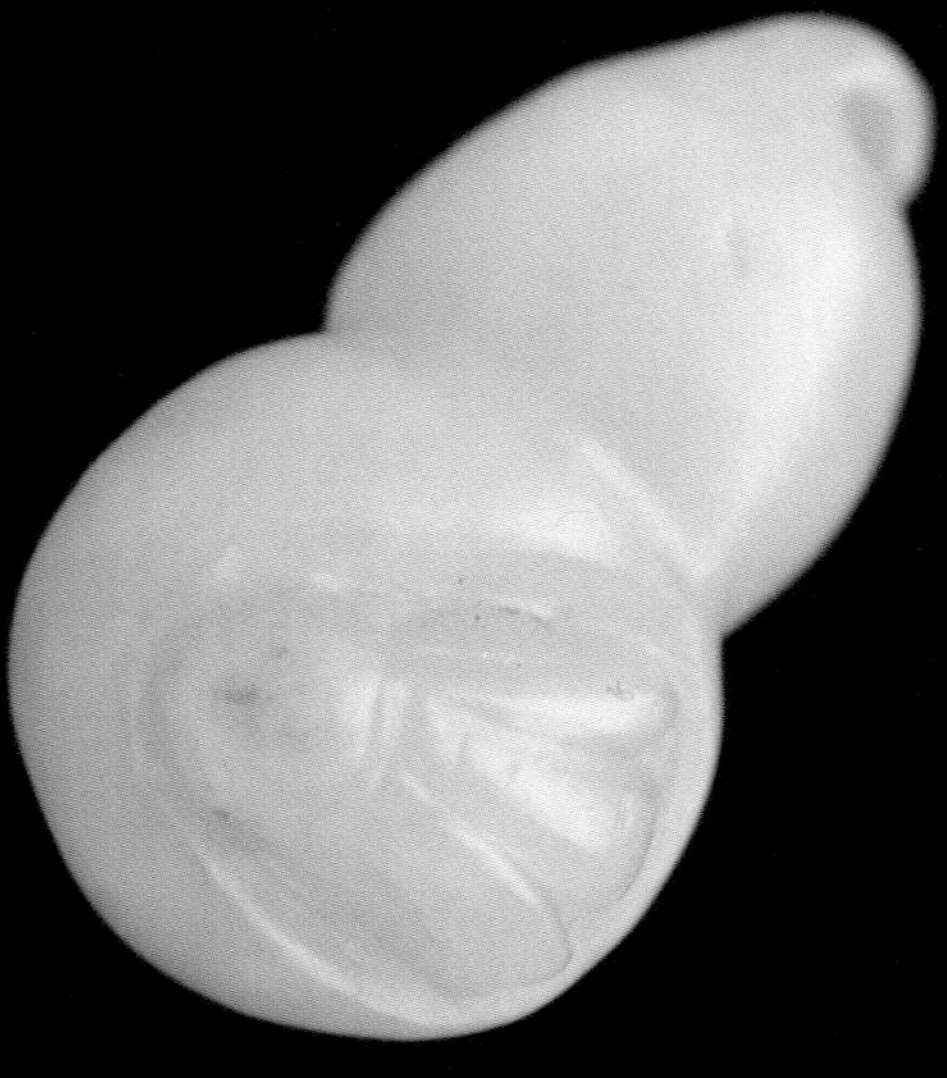

中国では※瓢簞の類（ウリ科の一年草）を総称して一般に「葫蘆 hulu」とよぶ。胴のくびれたヒョウタンを「瓢《ひょう》」、細長いユウガオを「瓠《こ》」、扁円形のフクベを「匏《ほう》」とよび、みな葫蘆である。

葫蘆は古来、食用・薬用になるほか容器や楽器などさまざまな道具に加工して用いられた。果肉や種を取り去り外皮を乾燥させた葫蘆は、酒や水を入れる壺になり、漁網の浮きにも使われ、縦に割いて柄杓、横に断って椀などに用いることができる。中国西南地域の諸民族にとって、葫蘆は族霊崇拝の対象であり、※人類は葫蘆から生まれたという伝説まである。

吉祥図案上に描かれる葫蘆には、大きく四つの意味が託されている。

まず一つ目は「多子多福（子孫繁栄）」である。

葫蘆の形状が母胎につながる上、種子の多さは多子多福につながる。生長が早く次から次へと実を結ぶ様子は『詩経』にもうたわれ、大雅の「緜《めん》」は「緜瓜瓞《かてつ》（めんめんと つながりたえぬ うり こうり）」という一句で始まる。これは「わが周人の生り出でたは」に掛かるうたい起こしの句で、瓜類の蔓《つる》の蔓延《まんえん》し数限りなく実を結ぶ様子は、子子孫孫生命のリレーが永遠に続くことを予感させるめでたいものである。一部の少数民族を除いて葫蘆を祖先神とみなし族霊崇拝する観念は薄れていったものの、葫蘆の多子多福を表す特

右：和田白玉《ホータン》「福禄寿」。この白玉の意匠を葫蘆に蟬と見立てると、「福禄」に通じる葫蘆と長寿の仙虫・蟬の組み合わせで「福禄寿」を寓意している（実寸は全長二センチ）。

瓢簞《ひょうたん》：もともと瓢と簞は別物。汁物を入れる瓢《ひさご》と飯を入れる簞をさし、孔子の弟子・顔回が生活を切り詰めて学問した故事に基づく成語。瓢簞＝瓢は日本でのみ用いられる意味。本書では一部を除き葫蘆の語を用いるようにした。

人類は葫蘆から生まれたという伝説：聞一多の論考『伏羲考』によると、中国西南部（湖南省西部、貴州省、江西チワン族自治区、雲南省、チベット自治区東部）を中心に東は台湾、南はベトナム、さらにインド中部にまで洪水造人伝

性は吉祥観念のなかでより尊ばれていった。葫蘆の特徴でもある「蔓 wan」は「万 wan」と諧音であるため、これも「万代・永遠」に通じる。

二つ目は「長寿」である。

長い目で見ると葫蘆の生命の営みは、「無限」「永遠」「長寿」に通じるもので、不老長生をめざす道家に尊ばれ神秘的な物語と結びついた。

吉祥画のなかでも葫蘆はたびたび道教の神がみや仙人の霊験を象徴する持ち物のひとつとして描かれている。その典型が、寿星（南極老人）の持つ葫蘆である。図案上では寿星のにぎる長い杖に葫蘆が結わえつけてあることが多い。寿星の独特な頭の形もどことなく葫蘆を彷彿させ、寿星こそが葫蘆の化身ではないかとさえ思われる。

三つ目は「辟邪（魔除け）」である。

入り口が小さく内部が見えない中空の容器であることから、葫蘆は不思議な伝説と結びついた。民間説話や小説のなかに登場する葫蘆は、邪気を吸い込んで封じ込める呪力がそなわっていたり、仙人が出入りできる容器だったり、注いでも尽きない酒が入っているなど魔法の道具としても登場する。神通力のそなわった呪物とみなされた葫蘆は、ついには痘瘡（天然痘）などの※疫病を避ける厄除けにも用いられた。病気除けのまじないとして子どもの腰や胸に小さな葫蘆（または葫蘆の作り物や刺繍）を掛けるか、子どもの寝室

説が流伝している。洪水によりすべてが失われたのちに葫蘆（瓜を含む）のなかから男女が出てきたり、葫蘆の種子または切片が人に変わるなど葫蘆が造人の素材になっている。しかも中国の洪水神で民族の始祖という位置づけの伏羲と女媧は、いずれもその古語の発音が葫蘆に通じ、葫蘆を人類の祖先とみなす信仰にもつながる。葫蘆は豊穣と多産をもたらす母胎のイメージと重なる存在であるという。

疫病を避ける厄除け…詳細は永尾龍造 著『支那の民俗』を参照。

に葫蘆をぶら下げておく。すると疫病神は葫蘆を恐れて逃げ出すか、葫蘆のなかに病の毒を投げ入れて去るため、子どもは病から免れられるという。

四つ目は「吉祥」である。

葫蘆の発音は「福禄 fulu」「護禄 hulu」に通じるため、財運に恵まれる縁起物とされてきた。

葫蘆が工芸品の意匠として広く用いられたり、吉祥図案上に盛んに描かれるようになるのは、概ね明代からのようである。壺や瓶など器物の形を葫蘆になぞらえてつくったり、葫蘆の蔓文様と蝙蝠を組み合わせ「万福」を寓意した吉祥文様などがある。

その流れを受けてか、中国から伝来した器物を「唐物」として尊ぶ茶の湯の世界でも、葫蘆すなわち瓢簞は茶釜や水指をはじめとする茶道具の意匠に多く用いられている。瓢簞そのものをくり抜いて花入れとし、自然の風趣を愛でる景物にも用いられる。

日本ではガマ口財布などに瓢簞の根付けを結んでいるのを見かけることがある。瓢簞の数が六つの場合は、「六瓢」と「無病」の語呂合わせから「無病息災」のお守りである。瓢簞の数が語呂合わせになっていない場合は、多産でめでたい縁起物「千生り瓢簞」であろう。

ほかにも、七味唐辛子や山椒粉の容器が瓢簞形をしていることがあるが、いかにも不老長寿の妙薬に通じる効能をうたっているかのようである。

このように中国でも日本でも、葫蘆には必要に応じて、人びとが辟邪と吉祥の両方の願いを託してきたといえるだろう。

上：宜興紫砂提梁壺「東坡壺」（唐朝霞 監修／宜興紫砂工芸廠 唐人陶芸製）。蘇東坡（蘇軾 一〇三六～一一〇一）の設計したという逸話のある提梁壺は、三叉の持ち手がついた上手式土瓶で、もとは直火にかけて湯を沸かすのに用いられた。丸みをおびた壺身、そこから蔓状に伸びた持ち手、蓋の鈕《つまみ》にいたるまで葫蘆になぞらえてつくられている。水や酒を入れるために用いられてきた天然の容器・葫蘆を「壺蘆」と書くこともあるが、やはり茶具の意匠にふさわしい。

左下：宜興紫砂茶壺「石瓢壺」（唐朝霞 監修／宜興紫砂工芸廠 唐人陶芸製）。瓢《ひさご》のデザインは単純な写実による表現ではなく、時を経て多くの製壺師によりつくり継がれて到達した洗練された美しさがある。

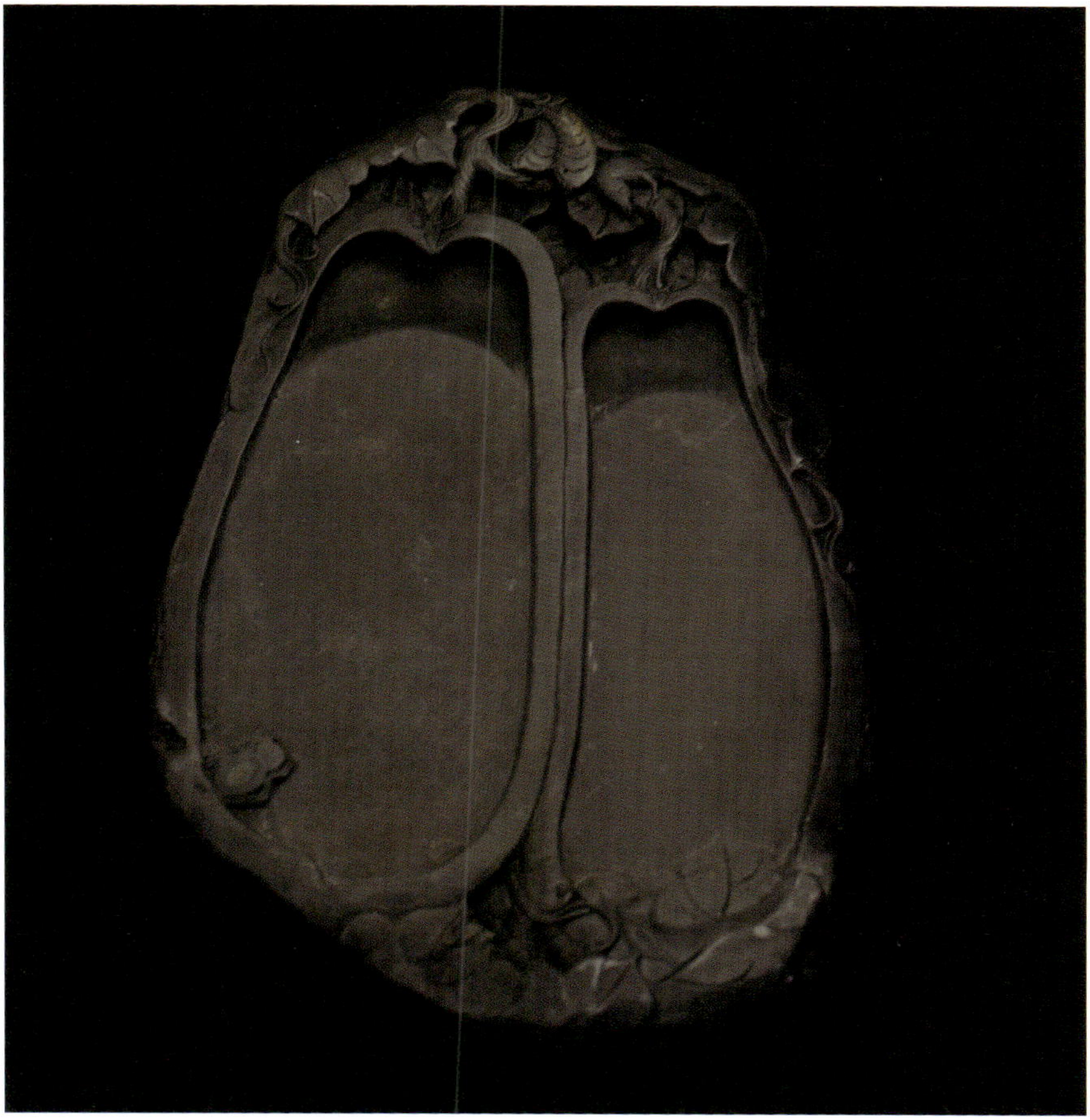

上：端渓硯「福禄双喜」。細長い瓜が二つならんだ、墨池が二つある硯である。瓜の蔕《へた》のあたりに花が咲き、花の下に鳥がひそんでいる。向かって左の瓜の下方に、硯の目を活かして喜子（アシダカグモ）の意匠がほどこされている。実際のサイズや遠近法などは無視して花の下の鳥を喜鵲《かささぎ》（三七頁参照）に見立てると、喜鵲と喜子で「双喜」の意味に通じ、瓜を葫蘆に見立てて組み合わせると「福禄双喜」というめでたい意味になる。

牡丹

開花富貴

中国原産の牡丹はまさに中国を代表する花で、「万花一品」「花王（百花王）」「花神」「富貴花」などの別名がある。古くは「芍薬には、草芍薬と木芍薬の二種あり」といわれ、牡丹は長い間「木芍薬」すなわち芍薬の一種とみなされていた。のちに、薬名として丹皮（根皮の部分）の名が見えるものの、芍薬と区別して「牡丹」と称されるようになったのは秦・漢の時代あたりと考えられている。

薬剤として珍重されてきた牡丹が、観賞花として宮廷で栽培されるようになるのは隋の煬帝の時代からである。

煬帝は洛陽の西苑を天下の珍しい草花で満たし、そこには易州（河北）から献上させたいろいろな品種の牡丹も植えられていたという。以来、宮廷で牡丹が愛好され、唐代に牡丹の観賞熱が急速に高まった。

武則天（六二四〜七〇五）と牡丹にまつわる逸話がある。

真冬のある日、武則天が御苑内の百花に「一斉に開け」と命じたところ、ただ牡丹のみは咲く気配すらなく武后の怒りを買い、長安の牡丹は根こそぎ洛陽に移されたという。気まぐれで傲慢な武后の態度に屈することのなかった牡丹は、堂堂たる王者の風格さえ感じさせる。花王の異名をもつ牡丹にふさわしいエピソードであろう。

しかし何といっても牡丹を百花の王の座に着かせたのは、唐・宋代の詩人

右左：景徳鎮の酒杯「開花富貴（花開き富貴に）」。卵の殻を思わせるような薄い白磁の胎に、毛髪ほどの細い輪郭線で四季の花が一斉に咲く様子が描かれている。中央に富貴花の牡丹、その周囲を菊花、長春花（コウシンバラ）、蓮花などが隙間を埋めるほど花開くさまは絢爛豪華でめでたさがある（金地、藍地とも実寸は口径五センチ、図案共通）。

の功績が大きい。牡丹が文学に登場する初期の代表作に李白（七〇一〜七六二）の「清平調詞《せいへいちょうし》三首」がある。

雲想衣裳花想容
春風拂檻露華濃
若非群※玉山頭見
会向瑤※台月下逢

（「清平調詞三首　其の一」より）

※「群玉山《ぐんぎょくざん》」と「瑤台《ようだい》」はいずれも仙郷にあるという山と建物。末二句はそのいずれかで出逢うにちがいないと、楊貴妃の美しさがこの世のものと思われぬことをいう。

玄宗皇帝（六八五〜七六二）と楊貴妃が沈香亭に植えられた牡丹を観賞している宴の席で、李白は三首の詩を賦して興をそえた。雲は楊貴妃の衣、牡丹花は貴妃の美貌を想わせると詠み、妖艶華貴な牡丹を楊貴妃に喩えた。

牡丹を詠んだ数多くの詩のなかでも、李正封（七七一〜八四四）の句は名高い。

天香夜染衣
国色朝酣酒

李正封は、「天下第一の香り」と「国中第一の美」を合わせもつのが牡丹であると詠んだ。のちの宋代の詩人・範成大（一一二六～一一九三）の句に「欲知国色天香句……」と詠み込まれ、「国色天香」の四字は「匂いたつ美人」「天性の美貌」を連想させる牡丹の別称として定着した。ほかにも「貴客」「花中之冠」「花之富貴者」などはみな牡丹を詠んだ詩人の言葉から生まれた牡丹の美称で、牡丹を詠んだ詩詞は唐・宋代を中心に四百首余りにのぼる。

絶世の美女・富貴・吉祥・繁栄を象徴する牡丹は、中国を代表する花である。清代　徐珂　撰『清稗類鈔《しんはいるいしょう》』にも、「英国の玫瑰《まいかい》（バラ）、法国《フランス》の百合、日本の桜の如く、中国では牡丹を国花とする向きがある」と述べてある。

詩や絵画の題材に格好の牡丹は、庭園に植えられるだけでなく、建造物や調度品、陶磁器、装飾品などあらゆるものにほどこされる意匠として発展した。唐から宋代にかけて牡丹文様の使用頻度は高い。とりわけ西アジアから伝来し流行していた蔓草文様を取り入れた「牡丹唐草」「宝相華《※ほうそうげ》」などが創出された。

牡丹は単独で描かれる場合もあれば、ほかの吉祥物を組み合わせた吉祥図案も多い。たとえば、牡丹と芙蓉《ふよう》（夫栄と諧音）の組み合わせは「富貴栄華」、牡丹と長春花（バラの一種）で「富貴長春」。牡丹と海棠で「富貴満堂」、牡丹と水仙で「神仙富貴」、牡丹と蓮花（蓮池一面に繁茂する蓮は「無限」に

宝相華：唐代に盛んに用いられた植物文様（蔓草文様を含む）の要素を取り入れ、中国でつくり出された想像上の花である。佛教で神聖視される蓮花や華麗な牡丹の印象と重なりつつも、実在の花を超越した豊かな造形である。佛教美術を彩る荘厳な意匠として定着した。

通じる）で「富貴無窮《ふうきむきゅう》」。牡丹と桃、牡丹と松、牡丹と菊、牡丹と寿石（太湖石。三五七頁参照）、牡丹と猫、牡丹と蝶はいずれも「富貴長寿」の願いが込められた図案である。

このように吉祥図案中の牡丹は、その多くは「富貴」の語の代用と考えてさしつかえない。

また蓮花と菊、梅とともに描かれる場合、牡丹は四季のうち「春」を代表している。日本でもなじみのある「唐獅子牡丹」は、「百花の王」と「百獣の王」を取り合わせ、王権を象徴する格調高い図案といえる。「鳳戯牡丹」と題される牡丹に鳳凰を配した図案は、富貴吉祥を寓意していると同時に絢爛豪華さが女性の婚礼衣裳などにふさわしく、慶事を祝う際にも好まれる。

当初は観賞花として愛好されていたにすぎなかった牡丹だが、詩や絵画の世界で真価が見出され吉祥観念と結びついた。すると瞬く間に、牡丹は主役の座におさまってしまったようだ。もはや牡丹は吉祥図案に欠かせない存在感である。

左：スワトウ刺繍のポケットチーフ「富貴花開（牡丹咲く）」。日本でも名高いスワトウ刺繍は、中国では潮汕抽紗《ちょうせんちょうさ》（広東省潮州・汕頭一帯で産する抜きかがり刺繍）と称す。牡丹の図柄をメインに絹の布地に絹糸で繊細な刺繍がほどこされている。淡水真珠のビーズ使いが、仕上がりの上品さを際立たせている。

竹

竹報平安

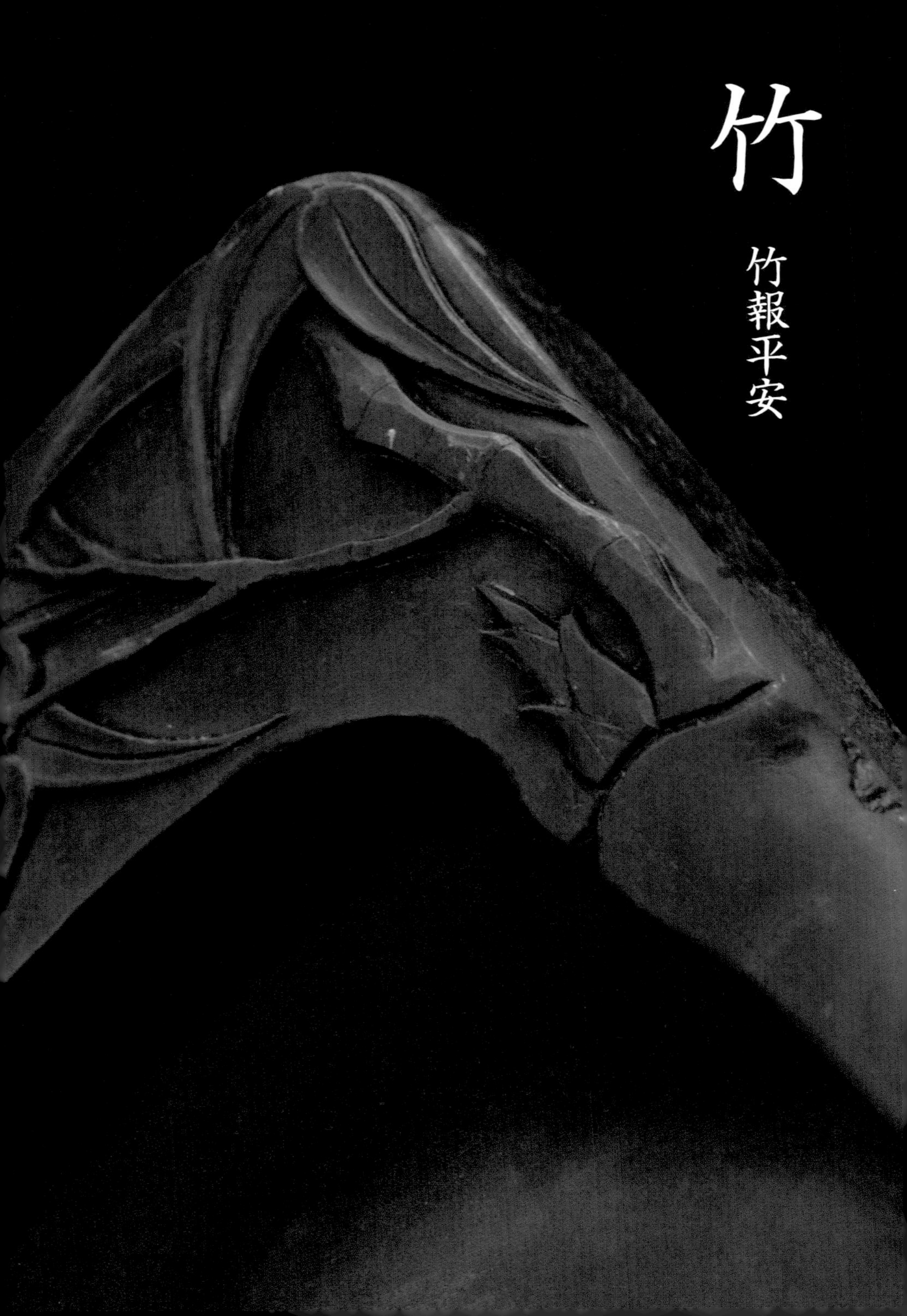

竹は古来食用から器具材、建築材などさまざまな用途に利用されてきた。「たけかんむり」の漢字の多さを見ても、竹の用途の幅広さを実感できる。古くは『詩経』衛風の「竹竿《ちくかん》」に、竹が釣り竿として登場している。竹は身近な植物でありながら、じつは驚くべき神秘性と強靱な生命力をそなえている。

竹には稈《かん》とよばれる中空で節目のある独特の茎があり、しなやかに曲がるがまず折れない。地上に現れた筍は二、三ヶ月で一本の竹に生長し、伸び盛りには一日に一メートル余も伸びるという。数十年から百数十年もの間延々と、地下茎でひたすら繁殖をくり返しながら生長する竹は、最後に一度だけ稲穂状の花を咲かせて枯死する。その後、種子または地下茎の一部から再び繁殖を始め、十年以内にもとの竹林に回復するといわれる。

竹がいつから吉祥物とみなされていたかははっきりしない。ただ中国古代の農書『斉民要術《せいみんようじゅつ》』（五三〇～五五〇）の〈竹〉の項を参照すると、竹にまつわる故事や伝説のほかに、一つだけ吉祥に関する記述がある。

「君が地をおさめて王となれば、その政治は安定して、蔓竹や紫脱という瑞草がいつも生える」

残念ながら蔓竹に関する詳しい記述はなく、符瑞譜の類にも竹の記述が見当たらない。

竹が食材や資材以外の用途で、特別な意味を賦与された例のひとつに「爆竹」がある。

慶事の景気づけに欠かせない中国の爆竹は、現在は鞭炮《ビエンパオ》、紙炮《ジィパオ》などとよばれる火薬入りの紙製であるが、本来は青竹を燃やし炸裂させて爆裂音をたてていた。当初は景気づけからではなく、激しい爆裂音により山にひそむ悪鬼や疫病を避けるという辟邪を目的としていた。やがて爆竹は悪疫の退散と平安を祈願して燃やされたり、年越しの厄払いでも鳴らされるようになった。

一方で、魏・晋交替期に乱れた世俗を避けて竹林に清談を楽しんだという「竹林の七賢」になぞらえてか、竹に崇高な精神性を重ねる傾向が生じた。天災や戦争、政局の険悪さなどですっかり荒廃しきった世の中に、志を遂げられず悲憤の想いを懐《いだ》いてきた歴代の文人たちは、己に似た境遇にあった古人に想いを寄せ、松竹を友とし琴や酒で憂さを晴らした。竹のもつ高潔な品格は理想的な人品になぞらえ、竹はいつしか隠士や賢人の象徴とみなされるようになった。竹を詠んだ詩は数えきれないほどにのぼり、同時に竹の品格は絵画上にも表現され、たとえば松竹梅で構成される「歳寒三友」図は、困難な時代に結ばれた友情と、逆境にあっても節操を守り通す意志の強さを寓意している。

松竹梅図は日本でもおなじみの吉祥図案である。繁殖力旺盛で冬枯れを知

左上：端渓の硯「祝喜」。竹の輪郭線を活かして墨池がくり抜かれている。左側に羽ばたく格好の鳥がいるのは喜鵲《かささぎ》であろう。竹と、喜び事を知らせる霊鳥・喜鵲の語呂合わせで「祝喜」の意味に通じる。筍も「子孫繁栄」を暗示している。

らない常緑の竹は子孫繁栄と不老長寿を象徴している。同様に常緑の松にも不老長寿の意味があり、寒中に先がけて春を告げる梅花もめでたい吉祥物である。

古来邪悪なものをはらい幸福を招くために用いられてきた竹は、ときに見る者の心を浄化し、文学や絵画の世界に特殊な風趣をそえてきた。竹の発音は「祝 zhu」と諧音であることから、吉祥図案中の竹はほとんど「祝福」の意味に置き換えることができる。

左下：宜興紫砂茶壺「竹段壺」（唐朝霞 監修／宜興紫砂工芸廠 唐人陶芸製）。壺身に調和している柄や注ぎ口、鈕《つまみ》の湾曲した部分は、堅く根を張り家屋をも突き破る竹の生命力が表現されている。

菊

延年益寿

菊は品種改良が進み春夏秋冬いずれの時季にも咲くようになったが、本来秋を代表する花である。それも百花が枯れ果てた晩秋になって、厳霜《げんそう》のなかに凛として咲く清雅な花である。菊の孤高の美は理想の人格に重ねられ、梅・蘭・竹とともに「四君子」と賞讃される。

その菊を自らの心情を託すための意象とした例は『楚辞』が最古のようである。

屈原の代表作とされる『楚辞』の「離騒《りそう》」に「朝には木蘭の滴る露を吸い　夕には秋菊の散る花片をくらう　もしも我が心が信《まこと》に美しく　固く操り守るところあれば　餓《う》えやつれようとも何を傷むことがあろう」とある。たとえ飢えても木蘭に滴る朝露や秋菊のように清らかで香《かぐわ》しいものしか口にしないという表現に、己の身をいかに潔く修めてきたかという思いを託している。

『楚辞』以降も、菊は数多くの詩賦および絵画の題材とされるが、霜下の菊を松とともに隠士の生きざまや風格に見立てた詩人といえば、陶淵明（三六五～四二七）である。

淵明に「結廬在人境（いほりをむすんで　じんきょうにあり）」で始まる有名な詩がある（「飲酒」と題した連作二十首の第五首）。世俗の人事が聞こえてくる人里に住むも、心が世俗から遠く離れているため煩わされることはない、という脱俗の境地を詠んだ詩である。この詩の半ばの句「菊を採る　東

右：宜興紫砂茶壺「半菊壺」（唐朝霞　監修／宜興紫砂工芸廠唐人陶芸製）。菊花の意匠は花弁のもつ線の陰影によって表現される。菊花弁は急須だけでなく皿や盆など陶磁器や漆器に多く用いられる文様装飾のひとつで、元から清代にかけて盛んに用いられた。

籬の下　悠然として南山を見る」から、東籬《とうり》（東の垣根の意）は菊の別称となった。

また淵明の「九日閑居」という詩に「酒はよく百慮をはらい　菊はよく頽《たい》齢《れい》を制《とど》む」という句があり、すでに菊の効能が広く知られていたことがわかる。菊花餅や菊酒がつくられたほかに、菊のつぼみを蒸して乾燥させる菊花茶は、現在でも疲れ目・解熱・解毒・風邪の予防などに有用な民間薬として飲まれている。菊を服用することは老衰を遅らせ延命長寿によい、これを不動の観念としたのは菊と重陽節との結びつきである。

重陽節の起源は九月九日（重陽）に辟邪のために登高（高所に登る）をしたのが始まりで、その際に欠かせないものが呉茱萸《※ごしゅゆ》の紅い実と菊酒であった。

やがて辟邪の目的意識は薄れ、娯楽性をおびながら長寿祈願の節句として重陽節が定着したのは、後漢末から三国・魏の初頭ごろといわれている。『清嘉録』の訳注を参照すると、重陽節はもともと秋の農事が終了するころに行われていた秋季の厄払いと、九が重なる日を良日とする観念が結びついたものである。九は陽数（奇数）のなかでも最大の数であり、「久」の字と諧音であるため、九月九日は長久・長寿に通じるめでたい日とする観念が生じた。しかも菊の発音が九・久と諧音である上に、菊にまつわる長寿村伝説や仙人の話などが効果的に作用し、重陽節に欠かせない存在となった。

呉茱萸：和名をカワハジカミという薬用植物のひとつ。実の強い芳香と真紅の色により辟邪の効能をもつと信じられていた。

こうして菊は長寿をもたらす吉祥物とみなされ、「延年草」「延寿客」「九華」などはみな菊の美称である。

吉祥図案において、菊は単独またはほかの吉祥物と組み合わせて描かれることが多い。その場合、概ね長寿を祝賀または祈願する想いが込められている。たとえば、長寿の象徴である松・菊を組み合わせた「松菊延年」は、益寿延年（ますます寿命が延びるように）を寓意している。

また、諧音によって成り立つ吉祥画のなかで菊は、「居」「久」「挙」などの字に置き換え画中の意味を解釈することができる。たとえば、キリギリスと菊の図「官居一品」は、キリギリス（蟈蟈 guoguor）が官 guanr、菊 ju が居と諧音で、高官の位に就き厚禄を得るという夢が託されている。寿石・菊花・猫・蝶を組み合わせた図案「寿居耄耋《じゅきょぼうてつ》」は、寿石が寿に通じ、菊と居が諧音、非常に高齢であることを意味する耄耋※ maodie は「猫蝶」と諧音である。石・菊・猫・蝶のそれぞれが長寿の象徴でもあり、延年益寿の願望が託されている。

耄耋：『礼記』にいう耄《ぼう》は八十、九十歳をいい、耋《てつ》は諸説あるが七十、八十歳をいう。耄耋はたいへんな高齢という意味。

大博古四条屏。書斎や客間を飾るのにふさわしい四幅一組の民間版画。右から〈秋図〉〈冬図〉〈春図〉〈夏図〉。〈秋図〉は、メインの菊に秋葵をあしらい、手前に秋海棠、皿に葡萄とダイコン（別名が来福に通じる）を盛り、長寿と子孫繁栄、福の到来を寓意している。〈冬図〉は、梅とツバキを生けた古器物、傍らに寿石、万年青《おもと》や蘭の鉢植えを置き、幸福と長寿を寓意している。〈春図〉は、牡丹を主に玉蘭（ハクモクレン）と海棠を生けた花瓶、傍らに長春花（バラ）を盛った籠をそえて富貴長寿を寓意している。〈夏図〉は、蓮花を主に繡球花（アジサイ）を生け、萱草《かんぞう》（ワスレグサ）を挿した花籠を置き、筆筒に芭蕉扇や枝珊瑚、高坏《たかつき》に佛手柑と石榴を盛り、子孫繁栄、富貴吉祥を寓意している。

蟬

羽化登仙

中国人と蟬との関わりは深遠である。鳴く声によって時節を知らせる蟬は、『詩経』豳風《ひんぷう》の「七月」や『礼記』月令篇にも見えるが、玉石を蟬形につくる玉蟬《ぎょくせん》の歴史は新石器時代にまでさかのぼる。玉蟬はおもに装身用の「佩玉《はいぎょく》（おびだま）」と「含玉（ふくみだま）」に分けられる。

含玉の用途は死者を保護するための喪葬器である。マイケル・サリバン著『中国美術史』に次のように説明されている。

> （周代のやり方では）死体はふつう仰向けに寝かされ、胸の上には天の象徴〈璧《へき》〉が置かれ、体の下には地を意味する〈琮《そう》〉が置かれる。体の東には〈圭《けい》〉、西には〈琥《こ》〉、北には〈璜《こう》〉、南には〈璋《しょう》〉がそれぞれ置かれ、九竅《きゅうきょう》（九ヶ所の孔）もやはり玉器でふさがれる。口の中には〈蟬の形をした琀《がん》〉とよばれる小板が入れられる。こうすると体の外からのあらゆる害気から守られ、体内の毒気ももれ出ていくことはない。

佩玉や含玉を蟬形につくる理由は、古人の認識していた蟬の生態が深く関係している。

蟬は長い年月を土中で過ごし、土から出ると姿を一新して高所へ飛んでゆく。その神秘の姿は生命の復活再生、あるいは永遠の生命を象徴している。

右：玉蟬「漢八刀」。漢八刀の多くは背面と腹面にそれぞれ八本前後の陰刻線があることからこの名がある。簡潔な線と面による表現に魅了される人は少なくない（実寸は全長四・五センチ）。

このような観念のもとで、玉蟬を死者の口に含ませることは死者の復活につながり、陽の気の精である玉を素材としているので、遺体の腐敗を防げると考えられた。

一方、樹上でただ露を飲んで生きる蟬の姿は高潔な生き方の象徴である。とくに晋代の陸雲は『寒蟬賦』のなかで蟬にそなわる五徳を挙げ、至徳の虫と讃美している。

第一に頭に緌《ずい》（冠の垂れ紐）のあるのは〈文〉である
第二に露を飲みて食わざるのは〈清〉である
第三に穀物を必要としないのは〈廉〉である
第四に巣穴をつくらずにいるのは〈倹〉である
第五に季節を告げるのは〈信〉である

とくに第二、第三の徳目である穀物を食さず露を飲むだけの蟬の姿は「胎息（呼吸法のひとつ）」や「辟穀《へきこく》（五穀断ち）」を実践している道士の姿とも重なる。胎息や辟穀は高度な不老長生術として知られるが、実際に蟬のなかには地中生活が十七年におよぶ種があり、昆虫のなかでもっとも長命といわれる。神仙思想の流行とともに人間が肉体を離れ永遠の存在として解脱することを「金蟬脱殻」などと称し、蟬は人びとのあこがれを体現する仙人に通じる存在とみなされた。仙虫、玄虫は蟬の別名である。

含玉の風習は漢代をピークに減少し始め、佛教の隆盛した唐代は玉蟬そのものが廃れてしまうが、宋代以降は倣古ブームとともに再び玉蟬が愛好されるようになった。

明・清代には倣古型から新作型まで多種多様な玉蟬がつくられ、今なお玉蟬熱は健在である。玉蟬の魅力は蟬の意匠を賞玩するだけでなく、玉石そのものの奥深い色合いや手の中でひんやりとしてなじむ感触も癒しに通じるものがある。生命の復活再生・永遠の命を象徴する蟬はれっきとした吉祥物であり、高潔さや清廉の象徴でもある。そして文学や絵画の題材としての蟬には、作者の諸々の心情が託されてきた。

中国伝統絵画では、蟬は多くの場合、柳の葉にとまっている様子が描かれる。『詩経』小雅の「小弁《しょうはん》」に「うっそうと茂った柳に　ケイケイと鳴く蟬の声　深い淵には　葦が茂る……」とうたわれているのは、実際の風景なのかどうかはわからないが、風に揺れる柳葉と成虫になってからの短い生命を謳歌するように鳴く蟬とは絶妙の取り合わせのようにも感じられる。

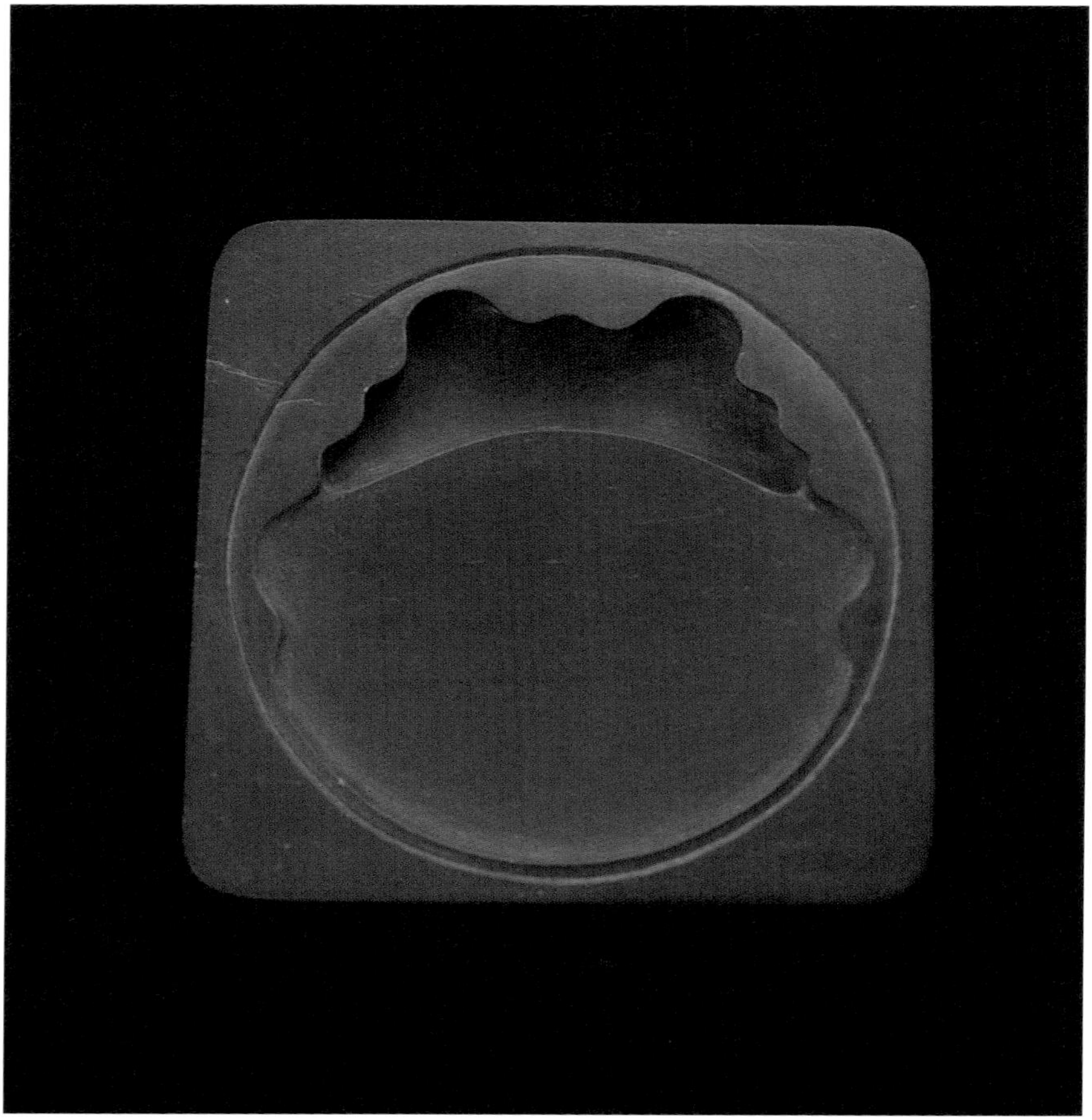

上：歙州石《きゅうじゅうせき》の蟬様硯《ぜんようけん》。歙州石は安徽省で産する硯石。先入観なしに見ると、まるで満月のなかにヒキガエルの輪郭が映っているようだが、東京国立博物館 図録『生誕百年記念 青山杉雨の眼と書』に意匠の類似した「双龍銀花紋歙州石蟬様硯」がある。 ※歙州は本来「しょうしゅう」と読む。

下：清代の白玉製玉蟬。中国人が古今を通じ賞玩してきた玉は軟玉とよばれるこのような半透明の石で、堅さと温潤さをあわせもつ。蟬の前胸部に雲文が見られる。

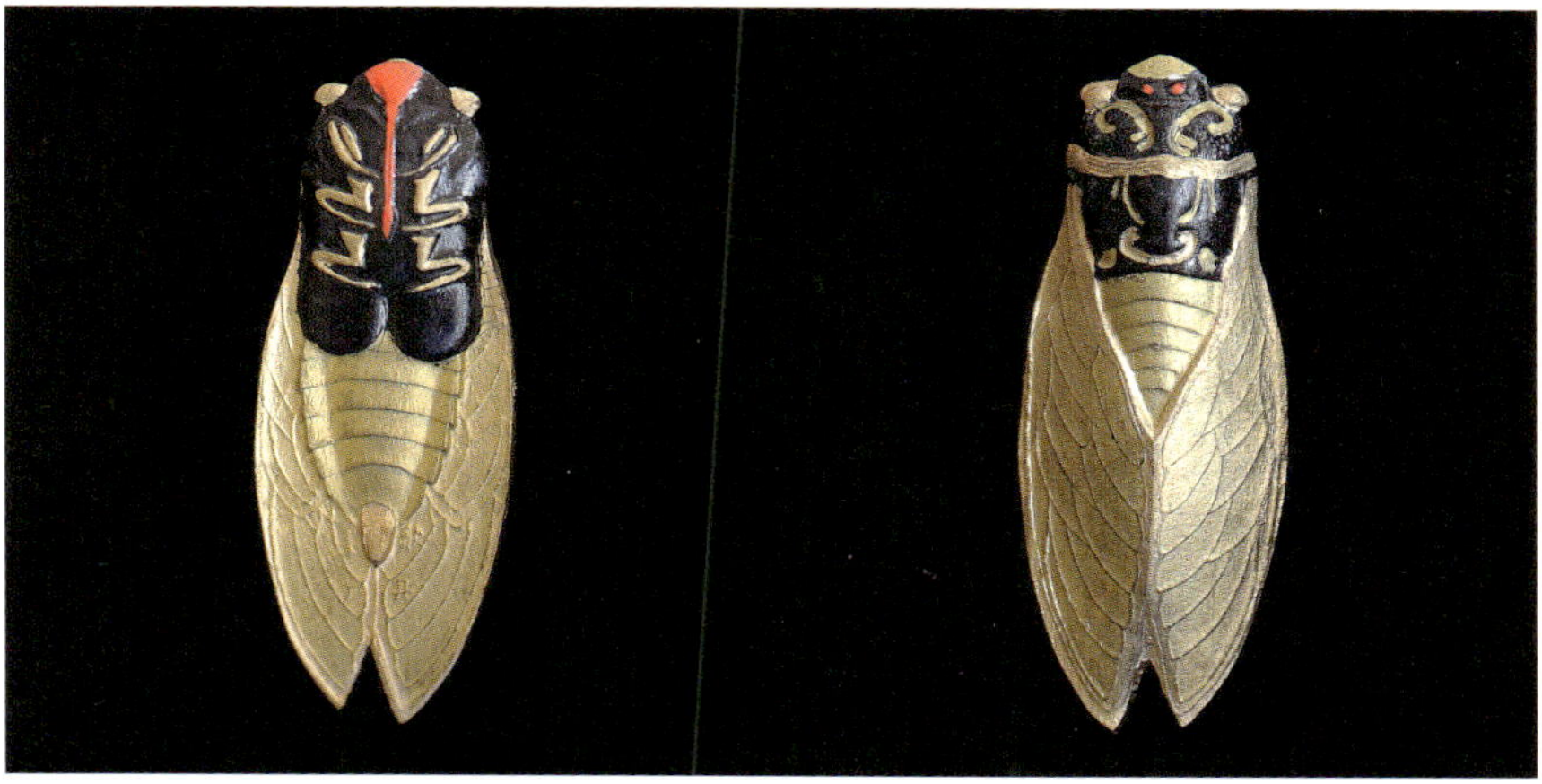

上：漆蟬墨條。黒と朱の漆、金泥で彩色がほどこされた蟬形の墨。背面、腹面の精彩な表現といい、大きさといい真に迫るものがある。蟬の五徳に挙げられる緌《ずい》とはどこをさしているか。「冠ひもは垂れ下がって腹に着いている」（『和漢三才図会』より）という記述があるため、緌は蟬の細長い口をさすようである。

下：清代青玉製の佩玉「葉上蟬」。蟬は口語では、その鳴き声になぞらえてか「知了 zhiliao」という。この佩玉の蟬は「足るを知れば常に楽し」と悟り、葉の上で露を飲んで生きる虫の仙人を表現したものか。あるいは、「緑葉 luye」と「楽業 leye」が諧音なので「安居楽業（自分の居所に満足し生業を楽しむ）」という意味に解釈することもできる。

蝴蝶

福寿双全

ひらひらと軽やかに飛ぶ蝶は、物をはさむように羽を閉じて止まるところから蛺蝶《きょうちょう》ともいう。『本草綱目』によると、蛾の美点が眉にあるのに対し、蝶の場合は胡子《ひげ》であるとされる。蛺蝶の別名を蝴蝶（胡蝶とも）というのは、蝶のヒゲを蝴（胡）の字で表している。実際にはヒゲに見えていたのは、くるりと巻かれた蝶の口で、伸ばすと長いストロー状になり花の蜜や汁を吸うことができる。のちに蛺蝶よりも蝴蝶の名称が一般化するようになるが、これは軽やかな羽の美しさより、音の響き（発音）に価値が置かれている。蝴 hu は「福」、蝶 die は「耋《てつ》（七十、八十歳の老人。一四九頁参照）」の字と諧音であることから、蝴蝶は「幸福」と「長寿」に通じるめでたい吉祥物である。

中国伝統絵画のひとつ「草虫画」では、草花や樹木、果実とともに鳥や昆虫などの生物が描かれる。この草虫画に描かれる代表的な昆虫が蝶である。艶やかな蝶衣が風に舞う様子は詩的で優雅である上に、画中全体に活力や生動感が表現される。じつは蝶を用いた吉祥図案は、同時に草虫画としても成り立っていることが少なくない。

たとえば、牡丹の花のまわりに飛来する蝶の図は、自然を描写した草虫画のようでありながら「富貴耄耋《ふうきぼうてつ》（富貴長命）」を寓意している。これは牡丹の別名が富貴花、蝶が長寿に通じることで吉祥画として成り立っている。同

右：景泰藍《けいたいらん》（北京七宝）製の小箱「蝶恋花」。大輪の牡丹に蝶がひき寄せられている（実寸は幅四・八センチ）。

様に、寿石と菊花、飛来する蝶を組み合わせた画は「寿居耄耋（寿命が高齢に至る）」を寓意する。また瓜の実と蝶を組み合わせた画は、蝶が瓞《てつ》と諧音で「瓜瓞緜緜《かてつめんめん》（子孫繁栄）」を寓意する。

花と蝶を組み合わせた花蝶文は、一般に「蝶恋花」とよばれ、夫婦和合を象徴する吉祥図案である。花を女性に、その蜜を吸う蝶を男性に喩えている。ゆえに「富貴耄耋」図は蝶恋花でもある。そして追いつ追われつ戯れ飛ぶ一対の蝶の図案も愛情と幸福の象徴である。向かい合う二匹の蝶を円形のなかに収まるよう配置した蝴蝶文は「双福円満」を寓意する。

つがいの蝶といえば、中国では民間伝説『梁祝』の一場面を想起する人が少なくない。この世で結ばれることのなかった梁山伯と祝英台が最後に一対の蝶と化して飛んでゆく悲恋の物語である。しかし相思相愛の二人の魂が一対の蝶となって復活したことで、悲しみ一色の結末ではなく恋の成就が暗示されている。『梁祝』の影響も手伝ってか、つがいの蝶の印象は貞潔・自由・究極の愛・至福というキーワードとも結びつく。ゆえに、蝶は絵画や詩歌の題材、工芸品の意匠に運用されることが多い。とくに装身具や婚礼用品にほどこされた蝴蝶文には、相思相愛と幸福な結婚が永遠であるよう願いが託されている。

蝶といえばもう一つ、『荘子』斉物論篇の「胡蝶の夢」である。これは、荘周自らの魂が蝶となって夢のなかに遊んだ体験をもとに万物斉同《ばんぶつせいどう》の立場を表現したものである。

目が覚めてみたら、さっき蝶だったのは夢か、今目が覚めているのが夢なのか……夢と現実、生と死、物と我、これらは一つの変化の表れであるから、どちらか一方に執着し他方を差別視するべきではない、もっと広い絶対的な世界から見れば差別はないと説く。そういえば蝶にはどこか、実在しているにもかかわらず、この世のものではない幻影のように見えることがある。それはすべてを超越した何ものにもとらわれない者の姿なのかもしれない。

蝴蝶文様のある指甲套。指甲套とは長い爪を保護するため指にはめる爪カバー。上部先端から宝珠、元宝（馬蹄銀）、方勝、花、方勝、福字、五匹の蝙蝠、蝴蝶と吉祥尽くしである。

楊家埠（山東）年画「瓜蝶富貴《かちょうふうき》」。蝶を手にした童子と瓜からなる図「瓜蝶」と、蝙蝠を手にした童子と桂花（キンモクセイ）からなる図「富貴」は対を成し、子孫が絶えないことと富貴に恵まれることを表している。蝶は小瓜を意味する瓞の字と諧音であることから瓜と蝶で「瓜瓞緜緜《かてつめんめん》（子孫繁栄）」の吉祥語を寓意。福の字の代用として用いられることの多い蝙蝠だが富とも発音が似ていることからここでは富の字の代用、桂花の桂は貴の代用、蝙蝠と桂花の取り合わせで富貴となり、富と名声の両方を寓意している。

「蝶恋花」をモチーフにした手工芸品。スワトウ刺繍のハンカチの図案は、蝶を主体に小花があしらわれている。剪紙（切り絵）では「蝶恋花」の構図や色彩により自由な発想が見受けられる。家具や手箱、壁、窓などに貼って楽しむ剪紙は中国各地の農村で副業的に手作りされてきた。

太極図

陰陽相生

太極図は「陰陽魚太極図」、単に「陰陽魚」または「双魚」と称することもある。円形のなかに描かれた二つの巴形は、ちょうど二匹の魚が互いを追い求めるような姿で遊泳しているように見える。黒目の白魚が陽魚、白目の黒魚が陰魚である。双魚はともに「相生相克」「対立統一」「相互依頼」を続けながら一つの調和した世界「太極」のなかに共存している。ただ、この図符がいつごろ誕生したかはわかっていない。

太極という言葉の初見は『易経』の繋辞伝《けいじでん》（儒教のテキストとして後世つくられた易学概論に相当）で、太極を「陰陽未だ生ずる以前の根源」としている。その太極から陰陽両義を生じ、両義から四象を生じ、四象が八卦を生ずとし、易ではこの八卦の組み合わせにより万事の吉凶が定まると考えられている。

古くは暗・明や寒・熱の意味で用いられていた言葉にすぎなかった陰・陽の語は、万物やさまざまな現象を生成変化させるような大いなる力をもつと考えられるようになった。宇宙は陰陽の二気が充満してすみずみまでゆきわたり、我われの肉体にも精神にも浸透している。その宇宙万物の運行変化の休みなく続くさまを図示しているのが太極図で、太極は易の原理を示すと同時に、宇宙万物の構造およびその運動規律をも表現しているといわれる。有と無、動と静、男と女、天と地、昼と夜、夏と冬、南と北、左と右、正と負、

右：太極図のある苗族の首飾り。中央に「万物の根源」「無窮の生命力」を象徴する太極が配置されている（実寸は直径三センチ）。

陰陽魚太極図

盛と衰、生と死……。このように万物はみな太極を有している。一つの物事には必ず両面があり、しかも相反する両極は互いに対立しながら相手の存在に寄り掛かって共存している。相対し相待つ関係、このような関係を中国で「対待《※たいたい》」といい、対待の認識は易に限らず中国人の思考の基底を支えている。

太極の図案の由来についてはいくつかの説がある。

なかでもヒントになったと考えられているのは自然界に存在する「旋回するカタチ」である。植物が最初に芽吹くときや蕾が開き始めるときの様子、渦巻く風雲や湧き出でながらまわる水（巴）、子宮内にいる胎児などはみな旋回するカタチと結びつく。とくに太極図を構成する巴形は、❜状を呈した穀文（豆芽文とも）や蝌蚪《かと》（オタマジャクシ）文とも似ていることから、巴形を「物がきざすカタチ」ととらえることもできる。旋回しながら物がきざす様子を表す太極図案はまさに「誕生（または再生）」「生命の活力」の象徴である。

さらに、「陰陽魚」という言葉からも太極図案の由来を考えてみたい。

魚文そのものは新石器時代の陶器上に出現しているが、陰陽魚の前身といえるような首尾相連の双魚は青銅製の双魚洗に遺されている（双魚文および双魚洗については八二頁参照）。双魚文を抽象化、図案化していったものが

対待：「禍のなかに福があり、福のなかにまた禍がある」「虚《きょ》は虚だけでは存在せず、実《じつ》もまた実だけでは存在しない」は、いずれも対待思想が生み出した言葉である。一つの物事には必ず両面があるとする対待の認識は、矛盾に満ちた世の中を現実的に対処し生き抜くための知恵でもある。

陰陽魚太極図であるとするなら、太極図にはさらに深遠な意味が込められている可能性がある。

族霊崇拝の時代にまでさかのぼると、魚は豊作、和合、誕生（または再生）を象徴し、辟邪と吉祥を祈る信仰の対象であった。殷・周代から秦・漢代にかけて行われていた埋葬時の風習に、死者に玉製や銅製の魚をともなわせたり双魚文のある銅製の洗を副葬した例がある。これは魚に死者を護り祟りを退ける辟邪の効能を期待するとともに、一族の繁栄を願った行為と考えられている。現在でも太極図および太極八卦図などを辟邪の護符として、身におびたり壁面など建造物のさまざまな場所に描かれることと意味の上で一致している。

太極図内の黒白の対比は、対立しながらも調和のとれた美しさがあり、不断に輪転運動を続けているように見える。このバランスは、伝統的吉祥図案の「鳳求凰（鳳凰文）」「龍鳳呈祥」などの構図の骨格をなしており、対待観念とともに脈々と継承されてきた。一つの円のなかで陰と陽がくり返す輪転運動は「無窮の生命力」を象徴しており、邪悪なものが割り込む余地を与えないのである。

太極八卦の唐鏡（『金石索』より転載）。八卦の中央に太極図のある太極八卦の図案は、銅鏡や陶磁器などの文様にも多く用いられた。太極八卦の周囲には十六文字の銘「透光宝鏡仙伝煉成八卦陽生欺邪主正」が刻まれている。日の光を受けた太極八卦鏡は姿を欺く邪悪なものの素性を映し出すという。太極八卦図は現在も消災招福の護符である。

纏枝文《てんしもん》

繁栄昌盛

纏枝文は、「連枝文」「万寿藤」ともいう。蔓性植物のもつ枝茎の優雅な曲線をベースに花や葉、果実などが律動的に配される連続文様で、我われにとって「唐草文様」としてなじみのある意匠である。樹木に絡まりはびこるツタ・カズラの類は『詩経』のなかで、「神の祝福」「一族の繁栄」をうたい起こす興《きょう》に当てられている（四四頁参照）。どこまでも絡まり延びてゆく枝茎の連綿不断なさまは「生生不息——次から次へと生じてやまない」「万代常青——いつの世までも青々としている」強い生命力の象徴であり、めでたい吉祥物である。

中国において纏枝文は、古来伝統の雲文や蟠螭《ばんち》文（絡み合う龍の連続文様）などをもとに、外来の蔓草文様※と結合して形成されたといわれている。纏枝文はまず戦国時代の漆器上に現れ、漢代に成熟し「鳥獣葡萄文」などが漆器や織物工芸にほどこされた。さらに佛教が隆盛した唐代に纏枝文を含む植物文様が広く流行し、元代以降は染付け磁器の青花に欠かせないほど纏枝文は重要な装飾文様となった。陶磁器のほかにも彫刻・家具・漆器・刺繍・玉器・年画・剪紙（切り絵）などに広く用いられている。

「纏」にはぐるぐる巻きつけるという意味があり、纏枝には枝が絡まりながら一つにまとまるイメージがある。その纏枝から想起されるものに瑞祥物のひとつ「木連理※（連理の枝とも）」がある。

右：粉彩茶杯「纏枝花」（実寸は口径四・九センチ）。

外来の蔓草文様：蔓草文様は古代エジプトのスイレン文様が起源の装飾文様といわれ、地中海文化圏を経てアジア各地に伝播し多くのバリエーションを生んだ。中国へは周代末から戦国時代にかけてもたらされたとされる。

『瑞応図記』によると、異根同体のものを連理といい、王者の徳化があまねく八方に至り一家の如く一つにまとまると木連理が生ずると記されている。同様の内容は『宋書』の符瑞志にも見え、何年何月何処に出現したという記録が木連理の場合なんと百件以上にのぼる。隣り合う二本の木から伸びた枝が渾然一体化している、あるいはいくつかの枝が絡み合い網状を呈している木連理の画は、おもに漢代の画像石に見られる。

木連理は統治者の地位を不動のものとするため意図的につくりだされた讖《しん》緯《い》説（五六頁参照）の符瑞のひとつであったが、のちに天下太平の象徴から男女の愛の象徴に転化している。

唐代中期の詩人・白居易の代表作のひとつ「長恨歌《ちょうごんか》」に、かつて玄宗と楊貴妃が二人交わした誓いの言葉がある。

天に在っては　願わくは比翼の鳥となり
地に在っては　願わくは連理の枝とならん

比翼鳥のことは『山海経』の〈西山経〉や〈海外南経〉に見られる。「一つの翼、一つの目、つがいになると飛ぶ、名は蛮蛮《※ばんばん》」「青赤色で二羽で翼がそろって飛ぶ」などとある。一目一翼なので相手を得てはじめて飛ぶことが

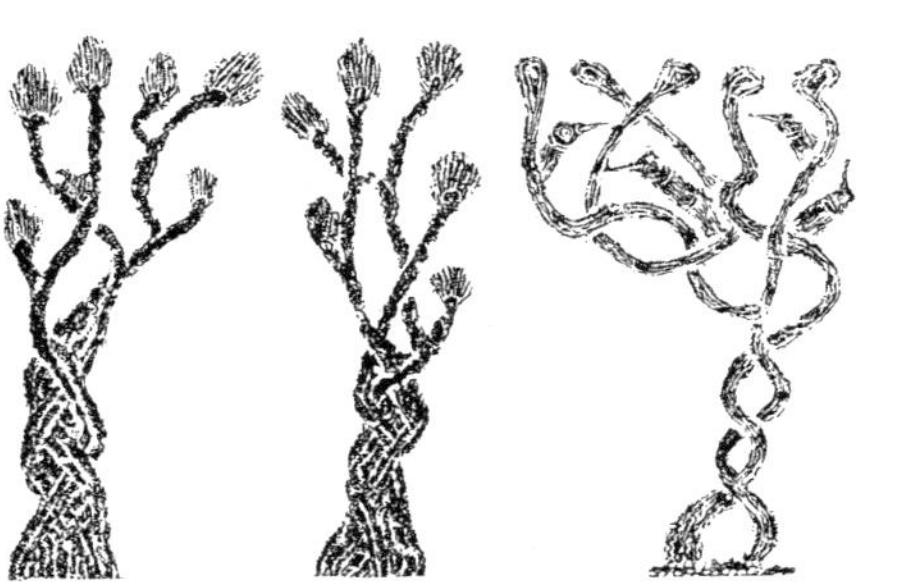

木連理：漢代の画像石に刻まれている木連理。枝が絡まり合い網状を呈したものが見受けられる。

できるという比翼鳥は、連理の枝同様に一心同体を体現している。まさに相思相愛の情の深さを喩えるにふさわしい造形といえるだろう。

纏枝文のベースは具体的に、蔦（ツタ）・紫藤（フジ）・忍冬（スイカズラ、金銀藤とも）・凌霄《りょうしょく》（ノウゼンカズラ）・葡萄などの蔓性植物である。とくに佛教美術の装飾文様として用いられることの多い忍冬は、冬でも一部が残り越冬するところからこの名があり、霊魂が不滅で輪廻永生であるとする観念とも通じるとされる。一方、忍冬の花や葉茎、凌霄の根・果皮・種子などは生薬として有用で、長命薬などとも称される。また、乾燥地に根づいて豊富な水分と滋養を蓄える葡萄の実も体に良いものである。生命力の象徴であるとともに一種の長命薬といえる植物はそれだけで吉祥物なのである。

さらに纏枝文は、ほかの吉祥の花や果実と組み合わされることで多種多様な姿に変化するため、単純な草花文様とは別格の存在である。たとえば「纏枝蓮」「纏枝菊」「纏枝牡丹」「纏枝葡萄」「纏枝石榴」「纏枝百合」などがそれである。長寿の菊や富貴の牡丹、子孫繁栄や豊穣を願う蓮・葡萄・石榴・百合などが、蔓状に繁茂しながら空間という空間を埋め尽くそうとするなら、吉祥の意味を無限に拡大することができるだろう。

蛮蛮：『山海経』の蛮蛮。

下：宜興紫砂提梁壺「葡萄松鼠」。葡萄蔓と松鼠《りす》の図案は多産多福の象徴で、日本では江戸時代に流行した。葡萄の枝蔓が持ち手になった上手式土瓶で、古色をおびた紫砂の土色と相まって、古い葡萄の木につがいの松鼠が憩うのどかな雰囲気が表現されている。

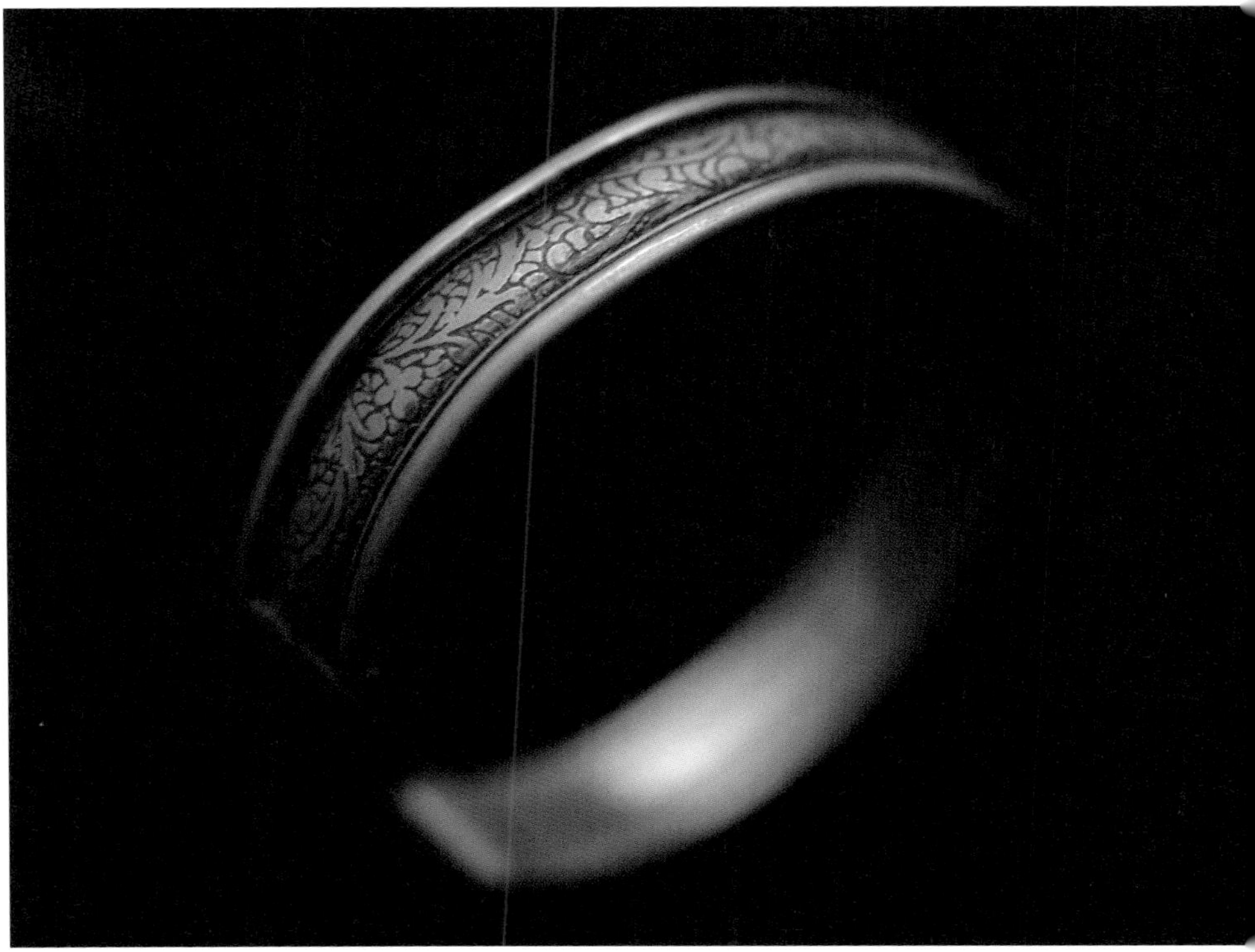

右頁上：荷包「纏枝花（穿枝花とも）」。唐代の穿枝花鳥文刺繍（敦煌莫高窟蔵）をもとにつくられたレプリカ製品。優雅な蔓草文様は唐時代から流行した。荷包とはポケットのない伝統服を着用する際に身につける巾着袋のこと。

西蔵《チベット》の銀の腕輪。およそ一センチ幅の腕輪の本体に纏枝文が刻まれている。繁茂する蔓草に埋め尽くされ余白というものがない。

雲文

福従天来

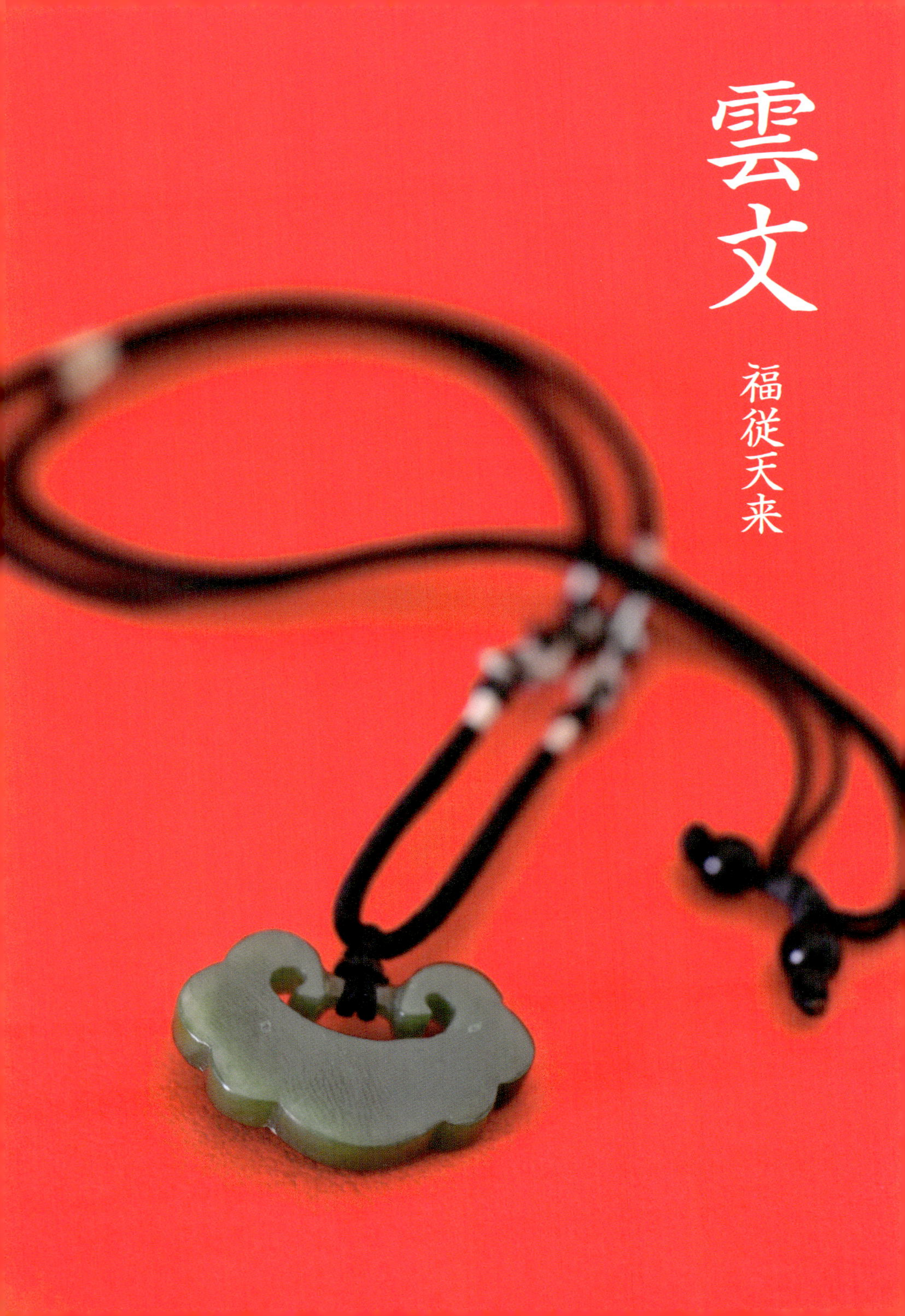

刻一刻と姿を変えとどまり続けることのない雲。古人にとって雲は生存に関わる自然現象であると同時に天に代わる存在、いわば天を理解する上で雲は切り離すことのできないものだった。当初は雲を意匠化した雲文（雲気文様）には「敬天」※と「求雨」の心情が託され、のちに「幸福・福運」の象徴となった。

「雲行雨施」などというように、雨をもたらす雲は万物を潤し五穀の生長と密接に関係している。古来崇拝の対象とされてきた泰山※（山東省）は、雲を集め天下にあまねく雨を降らせることのできる霊峰と信じられてきた。

しかも雲は農業生産と生活の安定を左右するだけではない。

『史記』の天官書に雲気に関する記述がある。たとえば、「太陽の傍らの雲気は君主のきざしであるから注意深く観測する必要がある」「雲気が充実していれば吉、虚しく消耗しているものは不吉」「龍や虎に似た形の五色雲は天子の気である」「雲気が獣形をしているものが上にあるとその軍は勝利する」などと書かれている。「天はさまざまの物の現象を開示するもの」すなわち、夜空の星とならび雲の変化は洪水や旱魃などの予兆、人の生死さえも判じるきざしと考えられた。雲気のカタチは謹んで受けるべき「天啓——天のメッセージ」だった。

もっとも典型的な吉祥雲は五色雲で、五彩雲、景雲、慶雲とも称し、俗に

右：碧玉の首飾り「吉祥如意」（実寸は幅三センチ）。

「敬天」と「求雨」：雲文に託された意味は、方沢 編著『中国玉器』を参照。

泰山：劉城淮 著『中国上古神話』によると、泰山は人の生死を掌握する神とみなされている。泰山そのものは高山というわけではないが、海に近く周囲が平地なため東海からの日の出を望めること、孔子や孟子を輩出した文化水準の高い地にあるなどの理由から一目置かれ、ついには「人の生死寿夭を司る」「魂の帰るところ」として尊崇されるようになったという。

五倍の幸福を表すともいわれている。景雲の語は『瑞応図記』にも見られ、雲気が立ち込め充実した状態で五色を成すものを景雲といい、太平の世を反映しているという。ただし雲の形については言及していない。

『字統』によると「雲」の字はもともと雨かんむりのない「云」という字で、その形はたなびく雲気とその下に尾を巻いた竜を表している。また『易経』には「雲従龍、龍起則生雲」とある。古人は雲のなかに龍の形をした精霊がいる、あるいは龍が気を吐けば雲になると考えていたようだ。

実際に雲文は、龍などに付随して出現したのが最初だともいわれている。龍や鳳凰の周囲に沸き立つ雲、飛天とともに飄逸流動する雲、奔走する天馬にともなう雲のように、天界を象徴する雲をともなうことで、神聖さと吉祥の雰囲気が加わり図案全体をより流暢な造形に見せる効果もある。

その一方、ほぼ単体で表現される雲文の好例に秦・漢代の瓦当や画像石がある。とくに風雨による建材の浸蝕を防ぐための瓦当は、屋根の先端部に取りつけられ視覚的に天と接することもあり、一時期好んで雲文がほどこされた。その発想は「幸福は天から降る」「祥雲に福を祈求する」という古人の意識とも符合する。雲文瓦当の多くは丸瓦で、円の中心部を取り囲むように渦巻状の雲文が四方に配されている。巻雲文《けんうんもん》は両端の渦巻の方向により、C形またはS形を呈して一種の符号のようにも見える。

流雲文

S形巻雲文

C形巻雲文

漢代の画像石に見られる雲文は、蔓状に伸びる巻雲文のほかに、頭と手足がある人体のような形の雲文もある。これらは符号というより生命そのものを表現しているように見え、主体となる図案の周囲あるいは中心部分に配したり、図案全体に配して背景のようにするなど装飾的に用いられている。

このように雲は天と同様に祈福の心情を託す尊崇の対象であり、ときに何ものにもとらわれない自由自在の象徴でもある。しかしそれ以上に雲を吉祥とみなす観念は、中国人が生命エネルギーの総称である「気」を重んじてきたことに深く関係しているように思われる。

一説に気とは※雲気をさしていたともいわれている。古人は定まることなく変化する雲から直観し、宇宙万物を構成する基本要素は気であると考えた。宇宙を支配する天地の気、万物を生ずる精気の気、生命の根源・活力である気はみな本質は同じエネルギーである。当然ながら人の生命の根源もまた気であり、人も自然も同根であるという観念に至った。それゆえ吉祥図案において、神仙や瑞獣にともなう雲気は背後に現れている場合と口から出ている場合があるが、どちらも気に変わりはない。

雲文は、C形・S形の巻雲文、蔓草状の巻雲文のほかに、渦を巻いた雲のかたまりがいくつかに枝分かれしながら尾を引く流雲文などが考案され、玉器・青銅器・陶磁器・家具・建築・服飾類におよぶ広い範囲に用いられた。

C形巻雲文（右頁）：漢代の雲文瓦当のひとつ。

S形巻雲文（右頁）：秦代の鳥雲文瓦当。

流雲文（右頁）：秦の始皇陵から出土した大瓦当（俗に瓦当王と称す）は、夔龍《きりゅう》（一足の怪獣・木や石の精霊とも）で構成された文様から成る。左右対称で、渦を巻き枝分かれしながら尾を引いて流れる雲を彷彿させる。

気とは雲気をさしていた：詳細は蘇克明 著『中国吉祥文化系列 寿・寿礼・寿星—中国民間祈寿習俗』を参照。

やがて唐・宋代に至り、雲文は如意と結びつくことで吉祥符号となった。如意はもともと佛具のひとつで、その形は概ね上部先端部分の如意頭が植物の霊芝（万年茸）に似せてある。雲を如意頭形につくることで、「如意雲文（如意頭文、雲頭文、霊芝雲文とも）」は「吉祥如意（願いが意のままに叶う）」を意味する符号となった。以来、如意雲文は中国の人びとが理想を託すための「幸福・福運」の象徴である。

蔓草状巻雲文

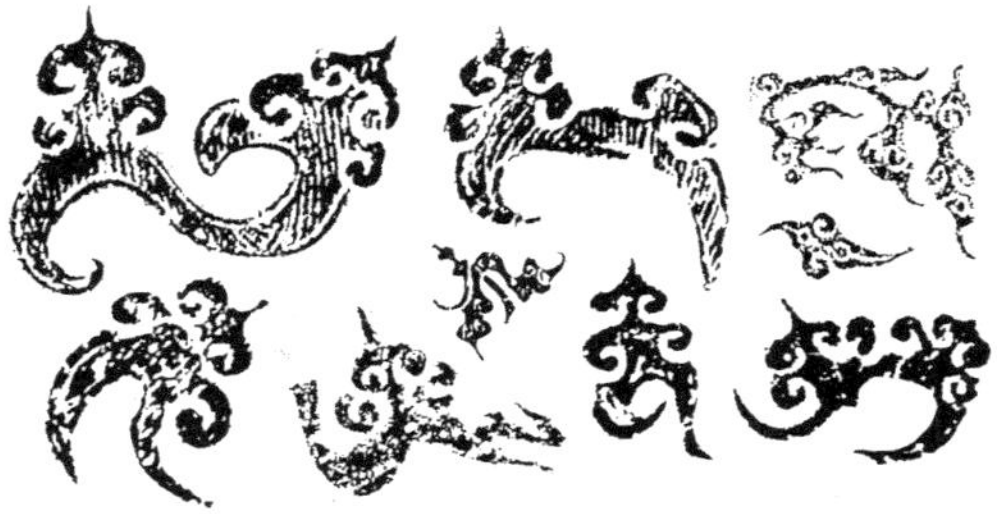

雲気文

如意頭

雲頭

蔓草状巻雲文：漢代の画像石上の雲文。蔓草の生命力に通じるものがある。

雲気文：漢代の画像石上の雲気文。意志をもつ人体のようにも見える雲。

雲頭と如意頭：雲頭（ひとかたまりの雲）と霊芝になぞらえた如意頭は、形がよく似ている。図版は『吉祥図案解題』より転載。

長命鎖二種。旧時子どもの首に掛けられた錠前形の首飾り。子どもの首に鍵をかけて悪魔の侵入を防ぐという辟邪のお守りの意味が込められている。錠前を幸運のお守りに通じる如意雲形につくることが多い。

回文

富貴不断

稲妻を象徴化した雷文（雲雷文とも）は、文様の形が「回」の字に似ていることから俗に「回文」の名でよばれる。雷文は罍《らい》（酒壺）をはじめ鐘・鼎《かなえ》・彝《い》など殷・周時代の青銅器の地紋に多く用いられた。『字統』によると、天上の祖先神（または天）の祭祀に欠かせない礼器の表面を雷文で埋め尽くすことは、雷が霊界を象徴することと密接に関係しているという。

※雷の古字はもともと雨かんむりはなく、雷光の放射されるさまをかたどっている。自然現象である雷は『易経』において、八卦のひとつ「震」に相当し、雷鳴や震動によって陽気が発し動くことを意味している。このとき天地陰陽の気がふれ合い轟音を発し、雷雨により万物が生ずると考えられた。ゆえに雷は万物を生み出す「限りない生命力」の象徴でもある。

しかしながら雷は万物を生み出す生命力である反面、古来畏れの対象でもある。

古人にとって雷電現象は天の怒り、人を罰する意味に結びつけられた。「人間私語、天聞若雷」という言葉があるが、世のどんな隠し事・隠れた罪でも天にはよくわかるという意味で、雷に撃たれて死ぬことはその人に秘密の悪事があったため罰せられたと信じられていた。また雷が落ちて樹木が裂けたり人家が破壊された場合は、そこに隠れていた龍を天上へ連れ戻しにきたという俗信も生まれた。ただし、それらの説が迷信であることは漢代の王充が

雷の古字：甲骨文の「雷」。

著書『論衡』のなかで解明している。

古くは雲のなかに龍（竜）がいると考えられていたが、雷もまた龍をイメージさせた。というよりも稲妻の形そのものが龍に直結するものだったようだ。『山海経』の〈海内東経〉に「雷沢（大きな池）のなかに雷神あり、龍身で人頭、その腹をたたく」とあり、首から下が龍で、口が鳥の喙《くちばし》に似る長髪の男の顔に描かれている。のちに、槌で連鼓を打ち鳴らす力士姿や鳥の喙や翼のある雷公（雷神）も生み出された。

稲妻を表す雷文は、雲文同様に両端の渦巻の方向によりC形またはS形を呈した単体の文様である。ただし雲文と異なり曲線ではなく、直線から成る角張った渦巻が特徴である。この単体文様を同じ向きで等間隔に配列する場合と、互い違いに配列する場合があり、さらに切れ目のない帯状に連なる連鎖文様にする場合もある。これら雷文は回文と称され、とくに明・清代に流行し、吉祥文様としてさまざまに変形され、衣料品のほか建築・家具・什器などの地紋や縁飾りに盛んに用いられた。始まりも終わりもない延々と連続していくさまは「富貴不断」「不断長久」の吉意に通じるためである。

しかし、この連鎖文様に込められた想いはそれだけではないように思われてならない。

回文や回の字を縦横無尽に並べた「回回錦《かいかいにしき》」は、とくに回教徒（イスラム教徒）の好む図案だとされる。それは人物や鳥獣を題材にできないイスラム教の教義と関係があると考えられる。南方熊楠『十二支考1』の蛇に関する民俗と伝説の項に示唆に富む記述がある。

上：六種の連鎖文様は回文、その下は回回錦。

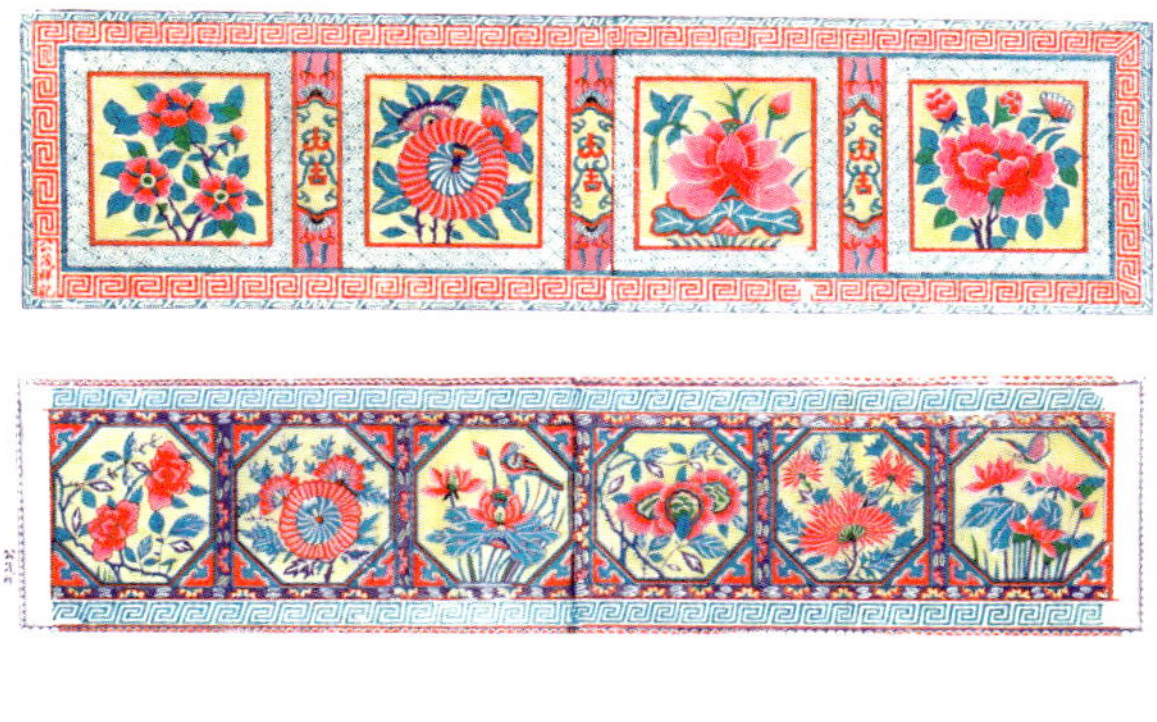

左：楊家埠（山東）年画「四季平安」。室内装飾用の版画で、四季折々のめでたい草花を配し、縁飾りに回文を用いている。

「ペルシアで絨氈《じゅうもう》（カーペット）の紋の条を、なるべくこみ入って相絡んだ画にするも、邪視を禦《ふせ》ぐためだ」
「妖巫《ようふ》や邪視する人が、かく縺《もつ》れ絡んだ物を見ると、線の始めから終わりまで細《くわ》しく視届けるその間に、邪念も邪視力も大いに弱り減ずるゆえ、災難を起こしえぬ」

邪視とは、妬みや羨望の念をもつ視線が禍を引き起こすという俗信で、世※界の広範囲に分布している。とくにイスラム文化圏を含む地中海沿岸地域は邪視に対する信仰が根強く、邪視除けのお守りとしてトルコのナザール※や中東のファーティマ※の手などが知られている。幾何学的組紐文や蔓草文をベースにした複雑に線が絡み合うアラビア風文様もまた、邪視を避ける魔除けの意味が込められている。

日本にも身近な文様に「籠目※」がある。籠目の一つがちょうど六芒星形で、鬼が籠目の数をかぞえているうちに邪視の力が消散すると信じられていた。

籠目にしろ回文にしろ、そして先述した纏枝文、雲文はみな、始まりも終わりもわからない規則正しい連鎖文様または一面に広がる連続文様である。これらに共通していることは、循環してゆく限りない生命力を象徴するとともに、尽きることのない辟邪と吉祥への祈りが託されている。

世界の広範囲に分布：邪視に関する研究は南方熊楠 著『南方随筆』の「小児と魔除け」に詳しい。同書によると、邪視による害を恐れる風はインドで根強く、この迷信は南欧、西アジア、北アフリカで盛行している。また邪視の迷信はエジプトに始まったという説も紹介している。インドの手工芸品に布地に鏡片を縫いつけたミラー刺繍というのがある。ミラー刺繍は幼児用や婚礼用の衣服にほどこされることが多いが、これも邪視除けのまじないである。

ナザール：トルコ土産として有名な青い目玉形のお守りで、メドゥサの眼をかたどっている。邪視は邪視をもって避けるという発想である。

ファーティマの手：予言者ムハンマドの娘の手のひら形のお守り。厄払いのために家々の入り口に取りつけたり、護符として身につけられる。手は人が能力を発揮しうる道具であり、それを誇示するしるしである。手のカタチはかなり古くから邪視を防ぐお守りとされてきたようだ。

籠目：中国ではすでに戦国時代の玉器に見受けられる文様で、星紋などと称す。

銅製筆洗。筆洗いの水を溜めおく器で、縁飾りに回文がほどこされている。単体で見ると、内側に渦巻を抱き込むC形を呈した雷文であることがわかる。器の内底部には、寿の字を中心にして周囲を五匹の蝙蝠が取り囲む「五福捧寿」図がある。

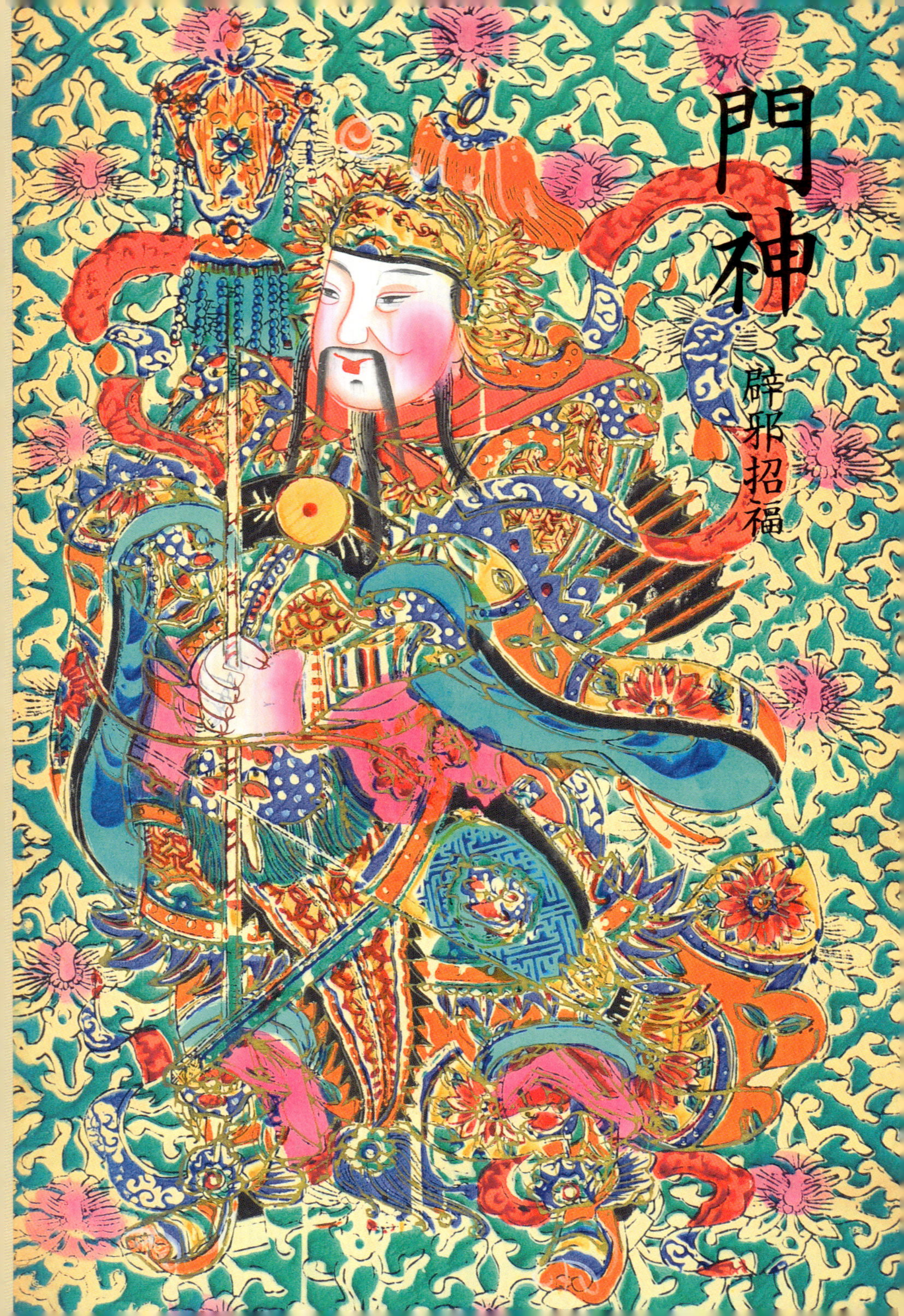
門神
辟邪招福

医学や科学と無縁だった時代は、何がきっかけで病気や災難を身に受けるかはかり知れるものではなかった。そこで人知を超えた説明のつかないことが起こると、人びとは鬼神（四七頁参照）のしわざだと考えた。

古人の考えでは鬼神はあらゆるものに宿っている。天上の日月星辰《じつげつせいしん》（星辰は星の総称）、地上の山川草木のほか、風雨や雷電などの自然現象も例外ではない。その上、人の手でつくられた橋や道路などにも霊がいると信じられた。古来重んじられてきた「五祀《ごし》」※から発展した門神と竈神《かまどがみ》（そうしん とも。三〇六頁参照）の信仰はまさに鬼神崇拝を起源としている。

そもそも門の祭祀は五祀の第一で、まったく邪神ではないのである。都人がこれを神としながら、しかも祭祀を行わないのはその旨を失っている。

（清 敦崇 著『燕京歳時記』より）

門はもともと祭祀の対象だった。外と内との境界にあたる門（一枚戸と二枚扉を含む入り口）は、常に人が出入りする重要な場所である。門を護ることは、邪悪なものの侵入を防ぎその家や家族の生命を守ることにつながるため、一年の節目に加え常に魔除けが必要となる。そこで考案されたのが「鋪《ほ》首《しゅ》」と「門神」である。

五祀：諸説あるが、五祀とは、各家庭で門・戸・中霤《ちゅうりゅう》・竈《かまど》・行《こう》または井をまつること。春に戸（入り口の神）、夏に竈（かまどの神）、秋に門（門の神）、冬に行（道路の神）または井（井戸の神）、土用に中霤（宅地の神）をまつり家を守る風習があった。　※中霤は室の中央の意味に解釈されることもあるが、「霤」の字義は『字統』に「のきした」「あまだれ」「したたり」とある。中霤とは天水桶の置かれた中庭ではないだろうか。

鋪首※（金鋪とも）とは古代の門環（ドアノッカー）のことで、もとは辟邪のための呪物として獣の頭骨を門に掛けていたのが始まりだった。この風習をもとにつくられた鋪首は周代に普及したともいわれる。

鋪首の多くは凶猛な虎や獅子、龍が握り輪をくわえている頭部の意匠につくられる。後世の剣を噛む虎や獅子の頭部をかたどった獣頭牌（九八頁参照）も、邪気の侵入を防ぐため玄関先などに取りつけて用いる呪物である。

一方、「門神」という語の初見は漢代からといわれるが、その起源もまた鋪首同様に古く殷・周時代にさかのぼる。そもそも門をまつる風習は辟邪消災を目的とした追儺《ついな》※の一種であり、さまざまな活動が始まる春や収穫の終わる秋など一年の節目に門・戸の祭祀を行っていた。とくに追儺が一年でもっとも盛大に執り行われるのは、新旧が交替する歳末の大晦日である。現在の春節の爆竹や花火も追儺の名残である。

古代の追儺では疫病や災いをもたらす霊・鬼を追い払うために呪具が使われた。その一つが桃材の棒または桃の枝である。人びとは追儺で使用した厄払いのための桃の棒を魔除けとして門に立て掛けておいた。それが「門神」の始まりである。やがて桃の棒はその形状や名称を変化させてゆき、最終的には紙の上に門神像などを刷った正月飾りの「門画」に発展したと考えられている。

鋪首

追儺：新年を迎えるために大晦日に鬼やらいを行い、悪疫の元凶である鬼を家屋から追い払った。時代によって追儺の規模や内容は変わるが、鬼を威嚇するために黄金四目の面具をつけた方相氏が登場し、「葦の穂の箒《ほうき》」「麻で編んだ鞭《むち》」「桃の弧《ゆみ》と棘《いばら》の矢」「豆などの穀物」などが鬼を払う呪具に用いられていた。詳細は東洋文庫の『中国社会風俗史』を参照。

桃の木でつくった呪具は神格化され、門を護る辟邪神とみなされるようになったが、その呼び名や形状はまだ一定していなかった。
※漢代になると、神荼《しんと》と鬱塁《うつるい》（鬱律《うつりつ》とも）という二神像に形づくられ、伝説とともに門神が広く普及した。その伝説は、俗に「度朔山《どさくさん》伝説」として知られている。もともと『山海経』の〈海外経〉に載せられていたが散失し、諸書に引用されたもののほうが残っている。

　東海の中に度朔山あり、山の上に桃の大樹が三千里の広さにわたって枝を延ばしはびこっている。四方に枝が垂れ下がっており、その東北側に百鬼の出入りする「鬼門」がある。鬼門の上に二人の神人「神荼」と「鬱塁」がいて、門を守衛している。人間に危害を加えるような鬼がいると、※葦の索《なわ》で縛り上げ、または桃の弧《ゆみ》で射抜いて、虎の餌にしてくれる。爾来、歳末の追儺が終わると※桃人を門前に立て、戸に神荼・鬱塁・虎とを描き、葦の索を掛けて鬼を禦《ふせ》ぐまじないとした。

（森三樹三郎 著『支那古代神話』より抜粋し要約）

神荼と鬱塁は門を護る辟邪の象徴であり、その正体は桃の木の神霊である。桃がどういう理由で邪気をはらうものと信じられたかについては※諸説ある

漢代：漢代の門神は現存しないが、漢代の墓から出土した画像石・画像甎などに門神を彷彿させる門番の像が遺されている。まるで猫の子をつまむように虎の首根っこをつかんで立つ大男、歯をむき出しにした鬚面の荒々しい男が棍棒のような武具を手にした様子などが描かれている。死後もなお門の守衛が重要視されていた。古人がいかに鬼神の害を恐れ避けようとしていたかが想像できる。門神についてはとくに王樹村 著『中国年画史』に詳しい。

葦の索：門戸に葦索を掛ける風習は中国ですでに廃れているが、日本の正月飾りの注連《しめ》縄《なわ》に葦索の遺風を見るという指摘もある。注連縄を張った場所には悪鬼は入れない。

※辟邪に用いられたのは穂の

が、もっとも有力と考えられるのは諧音説である。「桃 tao」の字が「逃 tao」や「刀 dao」と諧音であるため、桃には邪鬼が逃げる霊力があると信じられてきた。一見単なるこじつけのようだが、古人にとって言葉とそれが意味する事物とは常に結びつけられ、言霊として解される傾向が強く、今なお言霊に対する信仰は根強いものがある。

じつは日本にも、桃を恐れて鬼が逃げる場面が『古事記※』のなかに出てくる。黄泉の国の住人となってしまった愛妻・イザナミを慕って訪ねたイザナキだったが、もはや変わり果てた姿に恐れと嫌悪から逃げ出す場面で、イザナミの骸《むくろ》にうごめいていた八つのイカヅチどもが集団となって追いかけてくる。黄泉《よも》つ平坂《ひらさか》のふもとにたどり着いたイザナキが、そばに生えていた桃の実を三つ投げつけたところ、怖かったのかみな逃げ去り難を逃れられた。

その直後、イザナキはその桃の実に「オホカムヅミ（偉大な神の実の意）」という名を授けたと記されている。

桃に聖なる力・呪力があるという観念は同源同根、中国からの流れであると考えるのが穏当なようである。

ある「葦 wei」で、「離れる、遠ざかる」の意味がある「違」と諧音。後世の吉祥図案に描かれるのは穂が出ていない蘆 lu＝葭 jia であるが、語呂合わせの都合によるものと考えられる。

桃人：桃の棒をさす。より呪力を高めるために、護門の神のようにこしらえたらしい。「桃木小俑」は『字統』の呪の頁を参照。

桃に関する諸説：桃は柳とともに春を象徴する植物で、陽気を代表するゆえ百鬼の害を防ぐともいわれている。桃のすべての部分に霊力があるが、とくに果実は不老長生の嘉果であり、幹や枝には辟邪の力があると信じられた。

当初は桃の棒を門前に立て掛け、戸に直接神荼と鬱壘の像を描いていたが、やがて桃の棒に代わって、桃符※がつくられるようになった。

のちに紙が発明され、さらに木版印刷が普及すると、印刷された門神画を買ってきたり、紅紙に神名や吉語などを書いて扉の左右に貼るようになった。

唐・宋代になると門神は多様化してきた。佛教の盛行にともない寺廟が数多く建立され、山門には護門の神として金剛力士像（仁王像とも）を置いたり、世俗では武将や文官像を門神とする傾向も現れた。今でも門神の典型としてよく描かれるのは唐代に大きな武功をたてた大将軍で、「※魏徴《ぎちょう》　夢に龍王を斬る」の故事にも登場する秦叔宝《しんしゅくほう》（秦瓊《しんけい》とも）と尉遅恭《うっちきょう》（胡敬徳、俗に黒将軍とも）である。

龍王との約束をたがえた唐の太宗が悪夢に苦しめられていたため、夜間に秦叔宝と尉遅恭の二武将が宮門に立ち妖魔の侵入を防いだという話は、『西遊記』のなかに面白く語られている。それがのちに画師に描かせた二武将の絵姿を門に貼って辟邪とすることが世間にも広まり慣わしとなったという。このほかに鍾馗や関羽の門神もある。

さらに時代が下り文明が発展するにつれ、人びとの鬼神崇拝の心理はしだいに薄れ、辟邪よりも吉祥を求めるようになった。人びとはその心理を反映したためでたい吉祥画を室内の扉や壁面、家具類の扉にまで貼るようになった。

『古事記』：本書では三浦佑之訳注『口語訳 古事記〈完全版〉』を用いた。

桃符：桃の棒が意匠化されるようになり、桃符と称するようになった。板に門神の名を書いて護符の代用とした桃符や、門神像や辟邪物を描いた桃符があった。春節のときに門に貼るめでたい対聯「春聯」はこの桃符が進化したもので、春聯の別名を「桃符」ともいう。桃符の一例を示す絵図は東洋文庫の『清俗紀聞1』に掲載されている。

魏徴　夢に龍王を斬る：ある易者の予言を的中させまいとして、龍王は故意に降雨の時間や量をずらし天上界の掟に背いてしまった。死罪を免れられない龍王は、唐の太宗に直訴し命乞いをすると、太宗はそれでも相変わらず、路上に面した大門には門神が貼られた。門神に護ってもらいたいという気持ちは根強く、勇猛な武将姿であれ福々しい文官姿であれ、門神が辟邪消災の象徴であることに変わりはない。

龍王の首を斬ることになっている宰相の魏徴に囲碁の相手をさせ時間稼ぎをしてやった。ところが碁を打つ最中に居眠りをしながら、魏徴は夢の中で龍王を斬り自らに課せられた任務を完了させたのだった（『西遊記』より）。

上：鳳翔（陝西）年画の「門神」。下：灘頭（湖南）年画の「門神」。左：楊柳青（天津）古版年画「門神」。古版年画とは、中華人民共和国成立の一九四九年以前につくられた木版年画で、おもに明・清代に版木が彫られたものをさす。一八六頁の文門神像に対する武門神像。多色刷りに加えて、顔の表情は手描きによるもの。

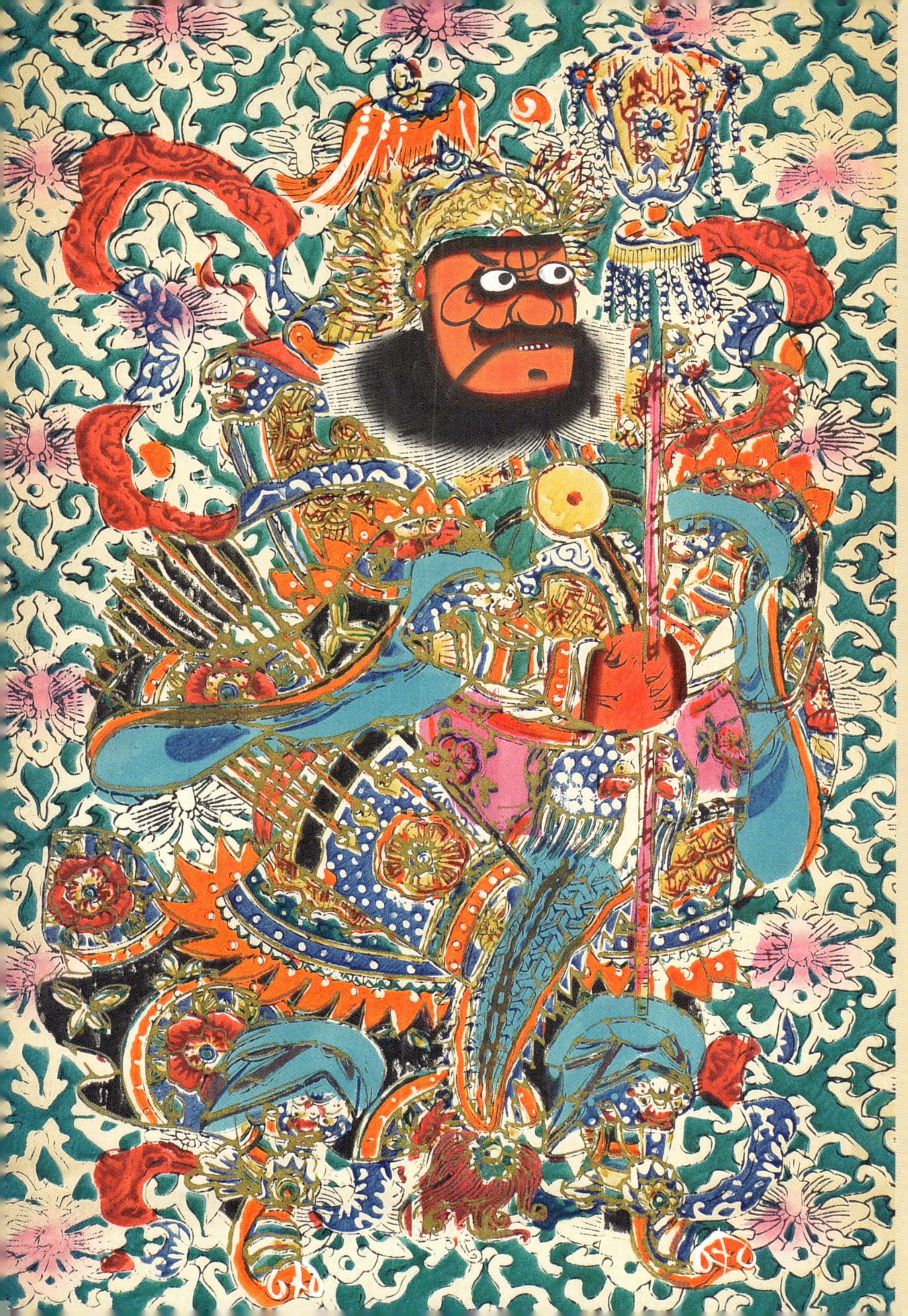

楊柳青（天津）年画「鍾馗《しょうき》」。鍾馗は鬼を捕らえ妖魔を駆除する神として唐代以前より信仰され、年越しに鍾馗像を門に貼ることが盛んに行われた。のちに鍾馗像を病室に掛けたり、毒月の別名をもつ農暦五月の端午節にも飾るようになった。じつは鍾馗の起源もまた桃の木でつくった呪具と深い関係がある。妖魔・邪鬼を追い払うための呪具である桃の木の棍棒は「終葵《しゅうき》 zhong kui」とも称した。終葵と鍾馗は諧音、すなわち呪具の名称が神名へと転化するとともに桃の木の棍棒が神格化され、辟邪神・鍾馗が誕生した。門神の変遷の経過は永尾龍造 著『支那民俗誌』に詳しい。※鍾馗が剣をかざして蝙蝠を振り落とす図は、「鍾馗が福を降ろす」を寓意している。

楊家埠(山東)年画「猛虎山林」。尹飛舟 著『中国古代鬼神文化大観』によると、古代の中国は山林におおわれ野生の虎による被害が多く、虎に食われた死者が化して鬼になるとも信じられた。のちに虎は、よく邪悪を鎮め鬼や妖魔を食らう辟邪物に転じ、民間では魔除けのためにこのような虎の絵図を貼ることがある。虎を描くときは意図的に額に「王」の字をしるすことが多く、これを虎頭王という。虎の発音 hu は護符の「符 fu」や「福 fu」と諧音で、辟邪と吉祥の両方の意味に通じる。

和合二仙

双喜円満

和合二仙（和合二聖とも）を題材とした吉祥画は、みなが仲良く幸福であるよう和睦同心への祈りが込められ二人神が描かれる。これを民間ではふつう夫婦相愛の象徴、婚姻と和合の喜神とみなしているが、和合二仙の前身は唐代に実在した寒山※（寒山子とも）と拾得※といわれている。

　典型的な和合二仙の図案は、双子のようによく似た童子二人のうち、一人が荷（蓮花）を持ち、もう一人が盒《ごう》（盒は蓋物、食盒は弁当箱）を手にして微笑み合っている。二人がそれぞれ手に持つ「荷 he」と「盒 he」は、連ねると「和合 hehe」と諧音で、二人そろって和合二仙となる。

　民間伝説によると、寒山と拾得は子どものときから兄弟のように仲が良く、貧しくとも共に遊んだり寺の残飯を分け合ったりして過ごした。ところが、二人が同じ女性に恋をしてしまい、先にそれを知った寒山はそっと姿を消し、寒山の本心を知った拾得は彼をさがして旅に出たのだった。のちに僧侶となった二人は蘇州で再会を喜ぶことができたという。蓮花と食盒を手に互いに微笑み合う様子は、再会と和睦の喜びを表現しているのである。寒山と拾得は清代雍正年間（一七二二～一七三五）に和聖と合聖に封ぜられ、絵画の題材や工芸品の意匠としても好まれるようになった。

　じつはこの説話とともに和合二仙が定着する以前、すでに和合神のようにみなされていた一人の人物がいた。万回《ばんかい》（万廻、万廻とも）という唐代に実

右：金工小品「和合二仙」。糸で布地に縫いつける帽子飾りであるらしい。二枚の大きな蓮の葉の間で、盒を手にした拾得と蓮根のついた茎を握る寒山が笑い合っている（実寸は幅五・五センチ）。

寒山：民間伝説上の寒山と、寒山の遺した詩三百余首から浮上する寒山像とは印象がかけ離れている。寒山は出身地も生没年も確かではないが、唐時代の人物で、もとは農村生活者として農耕に従事しながら学問で身を立てることを志した教養のある青年だった。しかし科挙に及第することなく、妻や兄弟に疎まれ不遇の放浪者となった。やがて山中に独居し、脱俗的な生活をしながら道を求め、最終的には禅の思想に傾倒していった人物とされる。

在した異僧である。

『太平広記』の異僧類や『宋高僧伝』などに万回の伝記が遺されているが、民間伝説によると、万回は幼いころ、言葉も話せず周囲に痴愚だと思われていた。あるとき万回の兄が遠方へ兵役に派遣されて、その後音信不通になった。もはや帰らぬものとあきらめ家族が祭壇を設けると、突然万回は兄が健在であると断言し、お供え物を兄に届けると告げて家を出た。するとその日の夕方、万回は兄直筆の手紙を携えて戻ったという。

一日に万里を行き戻ってきたことから、万回の号があるといわれている。宋代には庶民の間で祝祭日に万回をまつり、遠方にいる家族が無事に帰宅し一家団圓（団欒、円満）となるよう祈ったところから、万回が「団圓之神」「和合神」とみなされるようになった。

しかし、和合の意味にそうためには二人神でなければ合致しないため、やがて寒山と拾得の説話とともに和合神は二人神へと変化し、同時に男女和合の喜神へと転化していった。

ところで寒山・拾得と万回には、唐代の異僧である以外にも共通点がある。禅画に見る「寒山拾得図」では、二人がぼろをまとった半狂人の姿に描かれることが多い。伸び放題の蓬髪《ほうはつ》に跣足《はだし》の乱れた着衣姿で二人して笑っている様子は、どこか狂人じみた醜怪な姿に映る。しかし、彼らこそ最高の叡智

拾得：拾得の詩は五十余首が伝わる。閭丘胤の序文には「寺には拾得という食堂係がいて、いつも残飯や野菜の余りを竹筒に貯えておき、寒山がやってくるとそれを背負わせてやった。ある時は廊下をゆっくり歩きながら楽しそうに叫んだり、独り言をいったり笑ったりする」などと風変わりな人物として伝えられる。国清寺の豊干和尚に拾われた孤児とも、寒山の分身であろうともいわれるが詳細は不明。

と崇高な品性の象徴であり、美の極限さえも表しているという。

先述の万回にしても、周囲に痴愚だと思われていた一方、予言がことごとく的中しその名声は宮中にまで届いたといわれる。万回、寒山・拾得はみな菩薩の生まれ変わりともいわれているが、達道の悟人（迷いを解き佛心を得た人）が故意に身をやつして人びとを教化していた姿と菩薩が重なるのだろう。老子の考え方を引用すれば「大いなる知恵は無知であるかのよう」であるし「もっとも賢い者は愚者の如し」となる。

吉祥図案上の和合二仙のほうは、深遠な哲学を表現した禅画とは異なり、のんきで愉快な雰囲気に満ちている。笑いには邪気をはらう力があり、和睦の心が幸福を招くと教えてくれる吉祥神である。

桃花塢（蘇州）年画「合門喜慶」。手に蓮の花を持つ童子となかに元宝や銅銭の入った食盒を掲げる童子がうれしそうに小躍りし、足下には喜びを告げる喜鵲《かささぎ》のいる図案である。食盒の財宝からは瑞祥の気が立ちのぼり「歓天喜地」の文字が浮かぶ。縁飾りは、蝙蝠と草花を組み合わせた連鎖文様になっている。和合と子孫繁栄を願う吉祥図案である。

無錫の土人形「阿福と阿喜」。泥をこねてよく乾燥させてから彩色をほどこしている素朴な置物。二人が両手で抱きかかえているのはデフォルメされた獅子。猛獣もおとなしい赤子のような姿で抱かれている。もとは童女に見えるほうの一体だけを「大阿福」と称していた。「笑う門には福来る」の阿福に阿喜が寄り添って、仲睦まじい和合の神になった。

無錫《むしゃく》の和合神「阿福《アフゥ》と阿喜《アシィ》」

もとは一人神であったのが、のちに二人神になったという話は、中国では枚挙に暇《いとま》がない。女媧《じょか》には伏羲《ふくぎ》、西王母には東王公、竈君《そうくん》には竈君夫人、雷公には電母……一説に門神も最初は一人神だったといわれている。男神には女神を、武神には文神をというように配偶神を添える理由について、物の本には中国の人びとが対偶を重んじるとか、シンメトリーを好むからなどと説明されるが、それだけではなさそうだ。

以前、筆者は江蘇省無錫市内で地元の工芸品「阿福」のことをタクシー運転手に訊ねたことがある。無錫の泥娃娃《ニィワァワァ》（土人形）は明代から著名な伝統工芸品で、伝説上の「沙孩児《※シャハアル》」をモデルに誕生した「大阿福」という置物が古くからつくられている。沙孩児が笑いかけるだけで、村人が恐れる猛獣や化け物さえもおとなしく服従してしまう、無敵の存在だったという。この「微笑みが邪気をはらう」をテーマにしたのが吉祥人形「大阿福」である。

そしていつのころからか、「阿福」に「阿喜」が添えられペアでつくられるようになった。そのことをなぜ阿福と阿喜の二人になってしまったのかと訊ねたところ運転手は、「ひとりぼっちじゃ寂しいじゃないか、そうだろう?」と答えた。訊くほうが野暮、理屈というより人情が大切なようだった。

沙孩児：孩児とは幼児のこと。子どもの沙《すな》の精霊か。

第三章

人間万事幸福生活

気の思想と中国人の幸福観

筆者が「気」というものを深く意識したのは中国留学を通してであった。太極拳はもちろんのこと書法、絵画、楽器演奏など実技をともなう課で気のことに言及しない先生は皆無であったように記憶している。それほど気というものが、中国では常に意識の対象として重んじられていることに、ある種の衝撃を覚えたものだ。

古くは『楚辞』の一篇「天問」に「……天の法則は陰陽交わり〈陽気〉が去ればそこで死ぬ……」とあるように、生死は気の集散であると考えられていた。人が生きているのは、生命を構成する気が集合しているからで、離散すれば死となる。

そもそも呼吸という生理現象から気をいうようになった。呼吸が止まれば死に至るように気は生命の活力の象徴であり、孟子の「我よく〈浩然《こうぜん》の気〉を養う」の〈浩然の気〉は、人体にも宇宙にも遍在しているエネルギー〈生命原動力〉のことである。目加田誠著『中国の文芸思想』によると、肉体的・生理的な意味で用いていた「気」の語を観念的に用い「宇宙の生命原動力」ととらえるようになったのは戦国時代ではないかという。

「気の思想」は秦・漢時代にかけて広まり、四季の変化も気で説明された。「人は天より〈気〉をうけて生まれる。そのうけ方のちがいで寿夭を異にする」と説くのは、『論衡』を著した漢の王充である。天地間の活動はすべて気の作用の表れであり、人も例外ではない。すなわち常に変化してやまない森羅万象・宇宙間の万物、人世の禍福・吉凶の運もまた気の作用と関係していると考えられた。

禍福・吉凶の運については、まず「天が決定する」と認識されてきた。五経のひとつ『書経』※の一篇「洪範九疇」に

「君が王道を行えば（善政を施せば）天が〈五福〉を賜い、王道が行われなければ天が〈六極〉を降ろす」

とあるように、禍福は君主の政治の善悪に応じて天から与えられるとされ、この考え方は、後世の天人相関説（五四頁参照）へ受け継がれていった。

五福と六極は吉凶の運命の具体的内容をさし、ここでいう五福とは、寿（長命）・富（富貴）・康寧（健康）・攸好徳《ゆうこうとく》（徳義を重んじ物事を解決すること）・考終命（安らかに天寿を全うすること）をいう。この「洪範九疇」の五福は当時の統治者階級の考える五つの幸福であるため、世俗化の進んだ現在の五福――福・禄・寿・財・喜と内容が少し異なる。現在の五福は天命を意識した精神的・道徳的内容が五福から消失し、代わりに物質面の豊かさを追求する傾向が顕著となっている。ただ一貫して変わらないのは程度の差こそあれ、

※『書経』：秦代以前は単に『書』、漢代から『尚書』とよばれ、宋代以後『書経』と称される儒家の正統思想の源流。「洪範九疇」は天が人間に賦与《ふよ》する根本的な法則を述べたもの。

「禍福・吉凶は天がもたらす」という認識が中国人のなかに根強くあるという点である。

ところで、気と直結した言葉を調べてみると、気の作用と関係のあるものがどういうものかヒントが得られそうである。

「〇〇気」という言葉には、「自然現象と関係のあるもの」以上に「人の精神状態や習癖と関係のあるもの」が目立つ。天気・雲気・香気などはガス状の微粒子のようなもので定まった形状をもたず、勇気・傲気（傲慢さ）・殺気などもどちらかというと感情の起伏にともない生ずるもので一定しているわけではない。すなわち「定まることなく絶えず流動変化している」点が両者に共通している。

「福気（天から定められたその人の福運）」「運気（運勢）」などの語も気と直結した言葉であるが、それらもまた流れる雲のようなイメージがある。きざしが見えたとき積極的に迎え取ろうとしなければ福運は雲のように散じてしまい、仮に運良くつかんだとしてもいつまでも握り続けていられるものではない。幸・不幸の関係は、ちょうど太極図中の陰陽魚（一六五頁参照）の如く、両者は対立しながらも互いを内含しており、極点までゆくと新しい変化がきざす仕組みになっていて、その変化は絶えずくり返され永遠に尽きることはない。

災禍には幸福が寄りそっており、幸福には災禍がひそんでいる。だれがその窮極を知っていようか。そもそも絶対的正常などはないのだ。正常はまた異常になり、善事はまた妖《まがごと》になる。人々がこの相対の道に迷っているのも、まことに久しいことだ。（『老子 道徳経』第五十八章より）

必要以上に禍福に執着せず、不幸のどん底にあるときも悲観しすぎることのない「塞翁が馬」の故事のように達観が大切なのである。その一方で、きざしをうかがいながら積極的にはたらきかけることを重要視し、幸福追求を決しておろそかにはしない。幸福追求をめぐる「吉祥文化」は、めでたいものを喜ぶだけの単純なものではなく、その奥に深遠な哲理が眠っている。

地勢と気の流れを読む「風水術」

「風水術」は古代の天人合一思想、その延長上にある「天人相関説（天人感応説）」を軸に発している。

天も地も人体もすべては「気」という同じものから成り立ち、感応し合っている。それゆえ天で起こる現象は大地にも人間界にも影響を与え、逆に人間界の現象にも感応して天変地異などが起こると考えられていた。

そこで古代の学者たちは天文を観測し異変をとらえ、天啓（天からのメッセージ）を読み解き吉凶を判断した。さらに大地に起こる異変を観察して間接的に天啓を知ろうとした。山脈、丘陵、水流など大地の地勢を観て、気の流れやそのパワー、陰陽五行や方位を考え合わせ、もっとも吉相とみられる地を選び、そこに都城、住居、墳墓をつくることが行われてきた。それが本来の風水術である。

風水術は、大地を巨大な人体になぞらえてとらえ、大地に生きる人びとと環境との相関関係をさぐろうとする学問であり、吉祥をもたらすための術といえる。風水術もまた消災招福の知恵である。

辟邪と吉祥の習俗

吉事を求めることが「吉祥」であり、凶事を避けようとすることは「辟邪」である。幸福追求をめぐって吉祥と辟邪は本質的には一つ――一如《いちにょ》である。太古の時代においては、生活に豊かさを求める以前に身の安全と安寧な暮らしを求めるほうが先決だったため、そういう意味では吉祥より辟邪の起源のほうが古いといえる。

そもそも辟邪の習俗を生んだ背景は、古人の鬼神に対する恐れと超人的力・神霊に対する信仰心が関与していたといわれる。古人にとって原因不明の病死や事故、天災などの不幸はみな鬼神の祟りによる害だと信じられた。邪悪なものが発する邪気は容易に人に感染し禍するため、それを防ぐ辟邪が必要とされた。

そこで辟邪物で護身し、禁忌事項を守り、日頃から行動をつつしんで、必要に応じて辟邪活動（祭祀や祈禱に含まれることが多い）を行ってきた。日本でいえば節分、豆まきが辟邪活動で、柊の枝に焼いた鰯の頭を刺した魔除け「焼嗅《やいかがし》」が辟邪物である。

辟邪の習俗は族霊崇拝とともに始められたと考えられる。族霊を各氏族の守護神として信仰するとともに、族霊のしるしを身におび、あるいは入墨し、身辺の器具類にほどこすことで常に族霊の加護を求めた。第一章〈辟邪吉祥のはじまり――族霊崇拝〉で先述したので省くが、本来辟邪物である族霊のしるしが、のちに吉祥物に転化したものは少なくない。言い換えると、辟邪の心理が吉祥文化を育み発展させたともいえる。

また、古人にとって死後の世界は現世の延長線上にあると考えられていたため、陰宅である墓にも辟邪は不可欠であった。たとえば旧石器時代晩期（紀元前一万年ごろ）の山頂洞人の赤鉄鉱随葬遺跡や新石器時代中期（紀元前二五〇〇〇～紀元前一五〇〇年ごろ）の仰韶《ヤンシャオ》文化や龍山《ロンシャン》文化の墓に、明器の類だけでなく遺骸にも「朱」を塗り込めた例が見つかっており、それは「不死の色」「生命の色」として尊ばれてきた「朱」が、妖魔の害を防ぐ辟邪の呪物（呪力のあるもの）でもあったことを物語っている。

時代が下り春秋戦国時代に至ると、墓には死後も主人を守衛する目的で辟邪物「鎮墓神物※（鎮墓獣とも）」を置くことが盛んに行われた。実在の動物をかたどったもの、想像上の動物、半獣半人、金剛力士のような武人姿へと発展した鎮墓神物は、辟邪文化の豊かさと奥深さを示している。

辟邪に関することは『周礼』『春秋左氏伝』『礼記』などに見え、季節に応じ戸・竈《かまど》・中霤《ちゅうりゅう》（宅地）・門・行（道路）の邪気をはらう「五祀」や年末に行う追儺《ついな》がすでに行われており、農暦（旧暦）の節目に行われてきた辟邪活

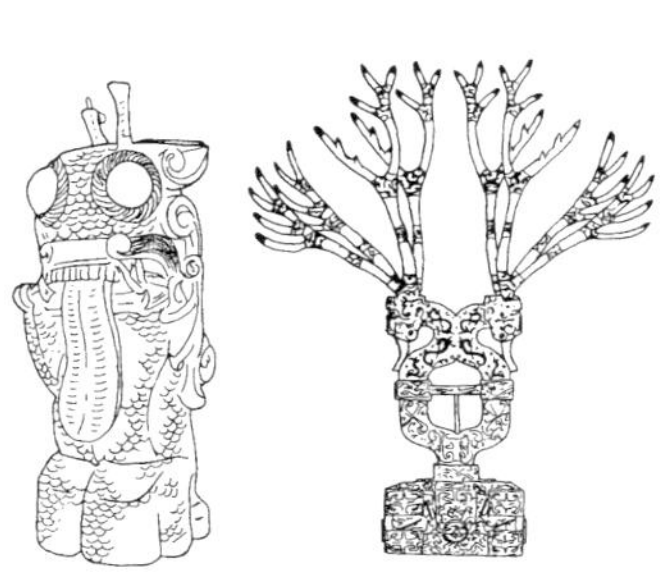

鎮墓神物：墓のなかに置く魔除けの彫像。頭に大きな鹿角のある怪獣や眼を大きく見開いて血のしたたる舌を出す異様な姿につくられることが多い。『字統』の怪の頁にも詳しい。

動は年間の節日行事として定着した。

南北朝時代の長江中流域の風習を記した宗懍撰『荊楚歳時記』は、奈良時代の日本に伝来しその一部が形を変え今なお伝承されている。同書を引くと、年中行事の本来の目的は虫害や疫病を避けるための辟邪活動であったこと、時代が下るにつれ福を求める娯楽性をおびた行事に変わっていったことがわかる。歳時記における辟邪活動は、季節の推移にしたがい、農業をいとなみ自然と共に生きるための古人の知恵であった。参考までに、同書に記載されているおもな辟邪物を列挙すると、

爆音と煙の出る「爆竹」
陽鳥である「鶏」
邪気をはらう呪物「桃」「葦索《あしなわ》」「五色の糸※」
武の象徴で発音が符に通じる「虎」
芳香の強い薬効のある植物「蓬」「蘭」「菖蒲」「菊」
不死の薬と結びつけられた「蟾蜍《せんじょ》※（ヒキガエル）」
色が赤い「呉茱萸《ごしゅゆ》」「赤豆（アズキ）」
鎮宅（家の魔除け）の効能がある「大きな石」
悪鳥とされる「フクロウ」「ミミズク」

五色の糸：五方を代表する五正色（五原色）は辟邪の力があるとし、神聖視された。五月五日に五色の糸で組み上げた紐を腕に掛けて魔除けとしたり、五色の糸を川に投げ入れ水厄を避けるまじないとする習俗があった。その名残が日本の「五色の吹流し」である。詳細は『荊楚歳時記』を参照。

蟾蜍：ヒキガエル（通称ガマ）から分泌される毒には薬効があることが知られている。冬眠から覚め仮死状態から復活する様子は「復活・不死」に通じる。

そのほか追儺に用いる金属製の四つ目の面具などがある。

ただし鄭小江 主編『中国辟邪文化』を参照すると、それらがごく一部の辟邪物にすぎないことがわかる。なぜなら辟邪は年間の節日行事だけでなく、冠婚葬祭、出産・育児など人生の節目にはもちろん、死後の世界そして日々の生活にも欠かせない普遍的なものとして浸透していたからである。辟邪物を大別すると概ね次のようになる。

特定の動物：龍や鳳凰、麒麟などの霊獣／凶猛な虎や獅子の絵図や置物／祭祀に用いる家畜（鶏・猪《ぶた》・牛・羊など）や猫／有毒生物・※五毒（毒蛇・ガマガエル・ムカデ・サソリ・トカゲ）など

特定の植物：薬効のある蓬／強い芳香の菖蒲／桃・柳・桑・コノテガシワなどの枝葉／落雷にあった樹木／赤い呉茱萸やアズキなど

器物・器具：神力が宿るとして祭祀に用いる玉器や青銅器／弓矢／面具／魔物の本当の姿を映すと信じられている鏡／熨斗《ひのし》（アイロン）／金属製（銅・鉄・銀・金）および玉製の武器や装身具／葫蘆《ころ》／目のある籠《かご》や笊《ざる》／漁の網／箒《ほうき》など

図符・文字：太極図／八卦図／鍾馗や門神などさまざまな神像類／呪語（道

五毒：毒蛇・ガマガエル・ムカデ・サソリ・トカゲを組み合わせた図案。ただし地域により五毒の内容に差異があり、ムカデやサソリの代わりにヤスデ・クモ・ゲジゲジの場合もある。毒は毒をもって制すの発想で、子どもの衣裳に五毒を刺繍したり、寝室などに五毒図を貼って虫害を避けた。

教の護り札）／「善」「福」などの吉祥文字
自然物：石／雄黄《ゆうおう》（天然の硫化砒素の一種）など
その他：五色の糸、赤いもの（火や光、太陽、爆竹、血を含む）、葦・麻の縄、塩、穀物、茶葉、佛典・経典、銅銭、汚物など

これらの辟邪物をさらにこまかく見てゆくと「辟邪の題材」と「辟邪の素材」あるいは「両方を兼ねているもの」とに分けられる。

辟邪を題材とした文様・図案・文字などは、衣服や装身具、さまざまな道具類、身辺のほとんどの品々にほどこされた。

一方、玉や金属は素材そのものに難を逃れる呪力があると信じられた。刀剣などは、素材が金属の先が尖った武器であることに加え、柄《つか》や鞘《さや》に辟邪の文様がほどこされていることが多いため、辟邪の要素を複数兼ね備えていることになる。

一見関係のなさそうな意匠であっても、巧みな「語呂合わせ」により辟邪や吉祥の意味を暗示している場合もある。中国における創作の原動力は、何よりも辟邪と吉祥なのではないかとさえ思わせる。

科学の進歩にしたがい、それまで未知だったものが未知でなくなり、畏敬の念で見ていたものが畏れの対象でなくなると、すでに色褪せ忘れ去られた

辟邪物や、辟邪物が吉祥物へ転化したものもある。それでも人知を超えた天災や説明のつかないさまざまな事象を目の前にしたとき、辟邪の心理が完全に失われたわけではないことに気づかされる。人びとが難を逃れ、幸せをつかもうと祈り続けるかぎり、辟邪と吉祥の文化が消失することはない。

唐代の鎮墓神獣のひとつ（河南省鄭州《ていしゅう》市博物館 蔵）。歯をむきだしにした獣面、頭頂部に枝状の角、肩から翼が伸びている。実物は素焼きの胎に紅と黒の彩色がわずかに残っている。

数字と吉祥の関係

中国人の数に対する観念といえば、北京オリンピック開会式の日時選定が印象深い。二〇〇八年八月八日午後八時と、「八」という数字に対し執念ともいえる強いこだわりを示していた。これは「八 ba」の発音が、発財（儲かる）や発達の「発 fa」に通じる吉数として中国でたいへん好まれているためである。

しかし、このように発音から特定の数字を吉祥または不祥とみなす傾向はそれほど古くからの習慣ではない。時代をさかのぼるほど、数字の一つひとつが尊い神秘の存在とみなされていた。

古代の数字に対する観念は、「天人合一思想」が根底を成している。自然界の秩序は人間社会の理想の投影であり模範であるとする天人合一思想は、古来根強い中国の伝統思想である。『礼記』にも「聖人は人間の法則を作るのに必ず天地を基本とし万物を律し」「日や星の運行をよく観て事をなす順序を知らせ」「人間が在るべき在りかたは天地によって示されている」などとある。この思想は漢代に入って戦国時代から流行していた陰陽五行説と結びつき「天人相関説」として展開した。

たとえば漢代の劉安 著『淮南子《えなんじ》』にも、「天に四時・五行・九野・三百六十日あり、人にもまた四肢・五臓・九竅《きゅうきょう》（九つの孔）・三百六十節あり」などと天と人との関連性が説かれているが、これも陰陽五行説の影響である。

天地万物を観察してゆくと、みな数理的な構造をそなえており、事物事象の変化は数の変化をともなうことが多い。運命には数をもとにした法則があり、人の運命も天から定められた数に左右されると考えられた。それゆえ数は神聖であり、数を極めてゆけば未来の吉凶も予知することができ、数というものがある程度まで自然や社会を支配していると信じられてきた。

中国では古来、三徳、五行、六気、八音、九経……のように事物を列挙して記すことが少なくない。とくに聖数とみなされる特定の数字に合わせ事物を配当したうえで道理を説く傾向も多く見られ、数に対する独特の観念がうかがえる。吉祥図案における数字の役割を、以下のとおり一から十までの数字に与えられた意味について述べてみようと思う。

【一】

易の思想において一は、両儀（天と地、陰と陽など）が生じる以前の天地が分かれず混沌とした宇宙「太極」に相当する。そこで、一には物のきざす始まりを意味する「最初の」「第一」という意味のほかに、満・全・大・無限・天下の意味が含まれる。数量的にはごくわずかという意味で用いられる一だが、「万物一切」「全世界」を象徴することができる。一のつく吉祥図案には、「一※団和気（なごやかな気分に満ちている→笑う門には福来る）」のほか、「一品当朝（官界の最高位につく）」「一路栄華」「一帆風順（順風満帆）」などのように出世や事業の成功に関連する題材がある。

【二】

易の思想は、物事には陰陽相反する二つの側面があることを教えているが、二にも善悪両方の意味が含まれる。中国では概ね「好事成双（好い事が二つ重なる）」を願い、慶事の日取りや贈り物の数を偶数にする傾向がある。その一方で、「二番手」や「二心」など、二が好ましくない意味に用いられる場合もある。吉祥図案では「二龍戯珠」「双喜臨門」「双鳳朝陽」「和合二聖」のように婚姻や円満に関連する題材が多い。

【三】

『老子（老子道徳経）』に「道は一を生じ、一は二を生じ、二は三を生じ、三は万物を生ず」とあり、二分された陰陽が統一共生に向かい万物の繁殖成長の始まる状態が三である。また三は天地人の三才をさす場合もある。三は聖なる数とみなされており、吉祥図案には「三星（福禄寿）高照」「三※陽開泰（万象更新の意）」「三多九久（多福・

「一団和気」図は二五八頁参照。
「三陽開泰」図は一一七頁参照。

多寿・多子の幸福が永遠に続く）」「三元及第※（三段階の官僚試験をすべて主席合格）」などの題材がある。

【四】

香港、台湾、日本、韓国などではその発音から「死 si」を連想させる不吉な数字として四を忌む傾向がある。近年は中国でも同様の傾向が見られるが、中国ではもともと四は聖なる数である。易にいう四象は金・木・水・火、または太陽・太陰・少陽・少陰をさすほか、一年でいう四季、東西南北の四方の意味を含む。中国の作詩法とくに絶句は起承転結の四句から成り、諺の多くは四字成語である。四は全体、全面、宇宙という概念に結びつくとともに、平穏・安定・繁栄の意味を連想させる数字である。吉祥図案には、「四季平安」「四時吉慶」「四海昇平（天下泰平）」「四喜人（巧みに連鎖させ二人の童子が四人に見える図案で子孫繁栄を寓意）」などの題材がある。

【五】

日常生活に欠かせない五つの要素（木・火・土・金・水）によって自然現象の状態や性質を解釈する五行思想は、陰陽説と結びつき陰陽五行として展開した。五行の間では流行循環をくり返しながら調和が保たれている。そこで五は聖なる数とみなされ、五色、五音、

※「三元及第（喜報三元）」図は二八六頁参照。

五味……あらゆる領域の事物が五に当てはめられることが多い。また東西南北の四点に中心点を加えた五点は、四点と中心点を結ぶと十字形を成し、この図形は易の基礎となったといわれる神秘的な「河図洛書」の中央部の図形と一致する。吉祥図案には、「五福捧寿（多福多寿）」「五福和合（幸福円満）」「五穀豊登」「五子登科※（五人の子がそろって科挙に合格、転じて万事順調の意）」などの題材がある。

※「五子登科（五子奪魁《だっかい》）」図は二五九頁参照。

【六】

古くは六十甲子（十干十二支を組み合わせたひと回り六十）のなかの六壬を用いて月・日・時に当てはめて吉凶を定める占いがあった。『周礼』では六義、六楽、六芸というように六を慣用。『易経』では六を老陰と称し、老陽である九とともに聖なる数とみなされる。六合といえば天地四方の六方向を含む空間、すなわち天下をいう。「六 liu」の発音は「禄 lu」や「利 li」に通じることから吉数として愛好する人も多い。吉祥図案には「六合同春※（普天同慶）」「六六大順（お金に困らず順調）」「六畜興旺」などの題材がある。

※「六合同春」図は九一頁参照。

【七】

回族など少数民族の間で七が聖なる数とみなされている。『史記』には北斗七星が日月五星の運行を正す役割を担っているとある。死後七日目ごとに七七（四十九日）まで祭祀を続ける習慣、七字を一句とする七言詩などは七をひと区切りとしている。にもかかわらず、七にちなんだ吉祥図案は、一族の繁栄を描いた「七子団圓」「七子八婿」以外にほとんどない。宴席に座興を添えるための猜拳《さいけん》という遊びで唱える掛け声も、七の場合は「七星」「七巧（七夕）」などで、ほかの数字に比べると印象が薄いようだ。

【八】

「八 ba」という発音が、発財、発達の「発 fa」と諧音であることから吉数とみなされる。「一八 yao ba」ならば「要発 yaofa（必ず儲かる）」に通じるという。このように八を吉数として喜ぶ風は、もともと香港など広東語圏内で生じ流行していったといわれている。八卦が基礎となる易において八は聖なる数で、八卦図および太極八卦図は辟邪の護符としても用いられる。八音、八宝、八仙など八にちなむものが多く、吉祥図案では「八仙過海」「八仙上寿」※「暗八仙」のように八仙に関連した題材が多い。

【九】

九の字形は身を折り曲げている龍といわれ、その発音は「久 jiu」と諧音で永遠なるものを象徴する。易において最大の陽数九は、老陽

※「八仙上寿（八仙が長寿を祝う）」図は二二三頁の「蟠桃《ばんとう》大会」を参照。

とも称し重んじられる聖数である。総じて神話や神仙に関する語に用いられることの多い九という数字に対し、日本のように不吉として忌む観念はない。吉祥図案には「九世同居（子孫繁栄）」「山河九鼎※（天下統一）」「九連銭（孔のあいた古銭は辟邪物であるとともに九という数字にあやかり隆盛を寓意）」などの題材がある。

【十】

いわゆる十干（甲《こう》・乙《おつ》・丙《へい》・丁《てい》・戊《ぼ》・己《き》・庚《こう》・辛《しん》・壬《じん》・癸《き》）は、すでに殷代に考案された。一ヶ月を三分した十日を一旬とする数え方は、もともと十日間の吉凶を占う際にその順序符号として十干が用いられていた。十は完全無欠、円満を象徴することから、欠点がないことを「十全十美」などと表現する。吉祥図案には「十全図（十枚の古銭の表面に吉語を刻み円形に並べた図案で、諸事吉利を寓意）」「一多十余※（一羽の鷺が魚を食べる図案で、その発音から余裕のある生活を寓意）」があるものの、十にちなむ題材は少ない。不特定多数を示す場合は十の倍数である百や万が、語呂に合わせて用いられることが多い。総じて数量の多いこと、円満であることは中国人の好むところである。

「山河九鼎」図は四九頁参照。

一多十余：多は鷺の古音と、十は食、余は魚と諧音。

吉祥の色どり

【赤】

赤と紅

あか系の色をふつう中国では「紅色 hongse 」というが、なぜ赤でも朱でもなく紅なのだろうか。

まず、「赤」は火や太陽と結びつく最古の「あか」、自然界にそのまま存在する天然の赤である。当初はあか系の色を広く総称して赤とよんだ。大と火からなる字形の赤には、火のもつ穢れをはらう意味が含まれている。ゆえに「赤心」「赤誠」「赤胆」は火によって清められた如き純一な真心をいう。五正色（原色）のひとつである赤を染色で出す場合はおもに茜※を用いて複数回くり返し染める必要がある。

これに対し、「朱」は「丹」とほぼ同質の「あか」で、もとは朱砂（赤鉄鉱、丹砂、辰砂とも）を燻蒸し水銀を分離する方法で採取される水銀朱、鉱物から得られる「人工のあか」のことである。変色することのない朱・丹は古人にとって「不死の色」「生命の色」として尊ばれ、墓に納める明器・聖器の類に塗り込むこともあった。朱を染色で出す場合は赤以上に染めをくり返す

茜：あかの染料として茜《あかね》の使用は古く、藍同様に周代にさかのぼるとされる。茜の根による染色方法は『四民月令』に詳しい。

必要があった。

「紅」は周代の色彩観念においては卑賤の色だった。染めをくり返すことで再現される鮮やかな赤や朱・丹にくらべ、紅は一回で染まる桃色のような「浅いあか」であった。ゆえに正色の赤とは異なり、間色（中間色）の紅は低く見られていた。君主から賜与《しよ》された赤い膝掛けや朱弓、公子《わかさま》のためにつくられる朱の裳《も》（はかま）などとうたわれた「あか」はみな色鮮やかで、誇らしくめでたい祝賀の気分を象徴しているが、間色の紅は礼服など正式な衣裳には用いず、なかに着込む内衣や平民服の色とされた。そのためか『詩経』にうたわれた「あか」に紅は含まれていない。

にもかかわらず、後世「紅」があか系を総称するという、赤と紅の逆転現象が生じた。「あか」を意味する糸偏から成る漢字ならば紅のほかにも濃紅色の「緋」や「絳《こう》」があるが、紅が一世を風靡するに至った理由とは何であろうか。この理由について言及している資料が見当たらないため推測の域を出ないが、次のような可能性があると考えられる。

一つは「紅 hong」の発音が「洪（大きいの意）」「宏（広大である）」と同じである点、喜びが大きければなお喜ばしいとする気分に添うことが理由のひとつではないかと考えられる。また「豊 feng」の発音にも近い。縁起のよい語と諧音であることは好ましいことであるとともに、漢字を読めない人にとって耳から伝わる音の役割は、はかり知れないものがある。「赤 chi」と諧音の語には「熾《し》 chi（勢い盛んなさま）」があるものの、「叱（しかる、ののしる）」「斥（せめる、とがめる）」などめでたさが半減するような語が含まれる。「緋 fei」からすぐに連想される語は非または飛、「絳 jiang」は降、「朱 zhu」は猪《ぶた》などである。

もう一つは紅が華やかさを連想させる、とくに女性の装いと直結した色彩でもあるからだ。女性の装いは国の豊かさを象徴するものであり、めでたく好ましい、ときに情熱的で色っぽいイメージとも重なる。

紅があか系の色を総称する語として現在とほぼ同等の意味に定着したのは概ね唐代からで、ちょうど吉祥文化の大衆化が進んだ時代とも符合する。紅の語は赤いという意味のほかに、「運がよい」「商売が繁昌する」「人気が出る」などの意味でも使われるようになり、慶事は「紅事」、祝儀袋は「紅包《ホンバオ》」でなくてはならないというのが暗黙の決まり事になっている。吉祥の色どりに不可欠な「あか」については、いくつか話題を変えながらもう少し述べたい。

紅い封筒にめでたい金文字がほどこされた紅包。

左：紅い紐を編み結んで作られる中国伝統の手工芸品〈中国結〉。

有
富

朱肉はなぜあかい

印章を押すときに用いる「朱肉」。中国語では「印泥（朱色印泥）」または「印色」と称し、中国語の辞書に朱肉の語はない。方金秋 編著『書法知識小百科』を参照すると、印泥の名称は「封泥」の名残だと書かれている。紙が普及する以前は、竹簡や木札を縄で縛り結び目を粘土で封じ押印した。もともと印章の多くは封泥用だったが、やがて顔料を用い紙帛《しはく》（帛は絹織物の総称）に押印するようになり、その顔料を印泥または印色と称するようになったという。

印泥は、朱砂の粉末と蓖麻子油《ひまし》（唐胡麻とも）などの植物油、艾《もぐさ》や綿などの繊維を一定の割合で混ぜ合わせてつくられる。油性の印泥が主流となる前は水性の水印を使用していたとされるが、主原料はやはり朱砂である。

朱砂といえば血液と直結した「生命の色」、それも変色することのない「不死の色」として尊ばれてきた「あか」の原料である。じつは朱砂や鮮血の「あか」には古来独特の用途があった。「器物などを神聖化し呪力を保持」「妖魔の害を防ぐ」「生命の代用」の三つである。

まず、墓に納める明器の類に朱を塗り込む習慣があったことは先述したが、顔料ではなく鮮血が用いられる場合もあった。また、祭祀に用いる礼器は鋳造されたあとに犠牲の血を器物に塗る「釁《きん》」によって神聖化されていた。こ

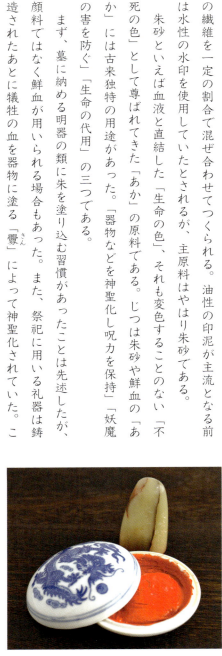

れは朱砂や鮮血のもつ「あか」に「器物などを神聖化し呪力を保持できる」、同時に「妖魔の害を防ぐ」辟邪の効用があると信じられたからである。

古人にとって血液は生命そのものの色であるとともに、霊魂が宿るものとして畏怖の対象でもあったと考えられている。それゆえ朱砂や鮮血の「あか」に「妖魔の害を防ぐ」効能があると信じられた。この観念は旧時の習俗「※天《てん》灸《きゅう》」や現代でも広く行われている厄除けの「あか」にも受け継がれている。中国では年男年女にあたる本命年が厄年とされているため、本命年の人は意識して「あか」を肌身につけ魔除けとする習慣がある。

「生命の代用」については李京 主編『中国風俗大辞典』の〈歃血《そうけつ》〉の項に詳しい。同書によると、古代の締盟（同盟・条約を結ぶ）の際は、誓いを立て血をすすり酒を飲む儀式が行われた。血を口に含み誓うことは生命を懸けており、血は「生命の代用」で、もとは人の血を用いていた。

※書画作品に押す落款であれ、重要書類の印であれ、あかい印影はどちらも署名した本人であることを証明する、血判に準ずる大切なものであることは疑いのないことに思われる。「あか」でなければ証明にはならないのだ。とくに落款の場合は、印影が作者本人による作品であることの証しである上に、作者の意が表現された芸術様式のひとつとして作品の一部を成している。もちろん印影の「あか」には紙面にひときわ映える差し色の効果もある。

天灸：『荊楚歳時記』によると、農暦八月十四日に子どもの額に朱を点じ百病をはらったとされる。

書画作品に押す落款：厳密にいう場合、落款（落成款識の略）は印そのものではなく、先に姓名、雅号（別名）、年月、識語（作品の来歴など）、詩文などを記して押す印を含めていう。中国では書画作品に押す印を書画款印と称し、伝世品としては北宋時代のものが古く、元代以降盛んにつくられ、明代以降は篆刻が文人の嗜みとみなされるようになった。落款は作品に対する作者の自意識の表れであると同時に、「画龍点睛」の龍の瞳に相当するもので、欠けば未完成品のように映るという。

参考までにDIC（大日本インキ化学）の色見本帖で、日本と中国の伝統色のなかから「あか」を探して比較してみるとさらに興味深いものがある。日本には中国から伝えられた「※猩猩緋《しょうじょうひ》」以外に血を連想させる色名がない。しかも、総じて「あか系」より「ピンク系」の色名がはるかに充実している。

これに対し中国には猩紅《シンホン》（腥紅とも）のほかにも、血と直結した色「血紅《シュエホン》」「殷紅《イエンホン》」があるうえ、圧倒的に「あか」の種類が豊富なのである。艶やかな慶びの色「大紅《ダーホン》（象牙紅《シァンヤーホン》）とも）」、状元（科挙の殿試の首位合格者）の着用する誉れの朱赤「艶紅《イエンホン》」、富貴栄華の象徴「牡丹紅《ムーダンホン》」、乾いた煉瓦のあか「磚紅《ジュアンホン》」、吉祥の色「榴花紅《リウホアホン》」、大地の赤褐色「赭紅《チョーホン》」、寺廟や宮殿の壁色「土紅《トゥホン》」、崇高な太陽の色「曙紅《シューホン》」……その奥深い「あか」を眺めているだけでも、「あか」が単にめでたいに終始する色でないことがわかる。

猩猩緋：猩猩は現在ではオランウータンをさすが、もとは想像的要素の濃い謎の動物である。猩猩の血は毛織物を真紅に染めることができ、長く変色しないという伝説がある。猩血、猩紅は真紅を意味する。

【中国の赤】

あかい糸の話

以前、杭州市内の和田玉《※ホータンぎょく》専門店で白玉を購入したときのことである。葫蘆《ころ》形の玉に色糸を通してもらい首に掛けて帰ることにした。糸の色を選ぶ段になって地味な茶色を所望すると、朱糸を選ばないことに店の主人は怪訝な表情を見せながら、替え糸に使うようにと朱糸をもたせてくれた。玉を結ぶ紐は朱糸でなければいけない、そのこだわりはどこにあったのだろうか。

ずっと後になってから興味深い本を見つけた。江頭廣 著『古代中国の民俗と日本――「春秋左氏伝」に見る民俗資料から』である。そのなかの「朱糸と〆縄の神聖な威力」によれば、朱糸にはおもに「内の気を封じ外にもらさない」「妖の害を防ぐ」という、〆縄と同等の威力があると考えられていた。

使い方の例に「黄河を渡る際、河伯（黄河の神）に戦勝を祈って対の玉を朱糸で結び河に投じた」「神聖な社の周囲を朱糸で十周なわばりした」「日食の際に朱糸で脅し妖を防いだ」などとある。古代中国では血の色を連想させる神聖な朱糸に呪力があると信じられていたのだ。

また同書には、古人の玉（石の美なるもの）に対する価値観および使い方についても述べられている。

古代中国では玉が神と人との交流のための重要な媒介物・呪物であるとと

和田玉《ホータンぎょく》：新疆ウイグル自治区のチベット寄り崑崙山脈の北麓をホータン川が流れている。その一帯は中央アジアのオアシス都市、現在の和田県で、古来「崑崙の玉」と称された良質の軟玉（ネフライト）の産地として名高い。なかでも砂礫とともに川底にある、光

もに、稀有で高価ゆえに権力者の象徴でもあった。玉にほどこされる意匠によって用途もさまざまであるが、神秘的な用途のひとつが含玉である。すなわち死者再生の呪術として、死者の口に玉を含ませることが行われていた。玉には遺体の腐敗を防ぐ力があると信じられていたのだ。ダイヤモンドのようなきらめきを外部に発散する石ではないが、半透明の玉には奥ゆかしい光と神秘的な魔力が内含され、今なお多くの人びとを魅了してやまない。

改めて、白玉に通す朱糸に強いこだわりを示していた店の主人のことが思い出される。玉が内に蔵している力を保持し、邪気の侵入を防ぐために朱糸で結び身におびる。それは中国人の間で数千年にわたって継承されてきた暗黙の了解なのだろう。

朱糸にちなんだ話といえばもう一つ、「運命の赤い糸」である。

将来結ばれる相手とは目に見えない赤い糸でつながっているという話は、日本でもおなじみであるが、出所は唐代の伝奇のなかにあった。李復言 著『続玄怪録』に収録されている短編小説「定婚店」である。

主人公の若者 韋固《ウェイグゥ》が、ある晩、月の下で老人に出逢った。老人は現世の人びとの婚姻を司る冥界の役人だという。老人は読めない文字で書か

沢が羊脂に喩えられる乳白色の玉は中国でとくに珍重される。徐珂 撰『清稗類鈔』には、軟玉は輝石類で火中で溶解するとある。宋應星 撰『天工開物』下巻十八には「玉の母岩は川の源が急流となっている所で激しくもまれてできる」「玉は月精の光を受けてできる」などと書かれ、その神秘的な様子は光を内包している白玉の出自にふさわしい。

れた書物を手にしており、傍らには男女の足首に結ぶ赤縄《せきじょう》（紅絲、紅線、赤絲線とも。赤い糸の意）の入った袋が置かれている。孤児として育ち苦学した韋固は、旅の途中で宋城という町にたどり着き南店という宿屋に滞在している。宿で知り合った地元の人が、彼の身の上話を聞いて縁談をすすめてくれることになっていた。韋固は将来の自分の結婚相手が誰なのかを知りたくなり、翌日老人のあとについて行った。すると老人は市場のなかで歩みを止め、韋固に指で示した。見ると、身なりの貧しい盲目の老婆のそばに幼い少女がいて野菜を売っている。韋固は老人の話などとても信じる気になれずその場を去ったのだった。

それから十四年後、ようやく良縁に恵まれた韋固だったが、新妻の口から意外な話を打ち明けられた。じつは叔父に引き取られて娘として育ててもらい嫁に出してもらったのだという。両親や兄に相次いで先立たれたのち、盲目の乳母を頼り南店付近の市場で野菜を売って生計を立てていた時期があったと語った。韋固は娶った妻がかつての老人の告げた相手であることを知った。

（管梅芬 主編『民間吉祥図像故事』「月下老人」より抜粋し要約）

「千里姻縁一線牽」――遠く離れた者同士の姻縁（夫婦の縁）もたったひ

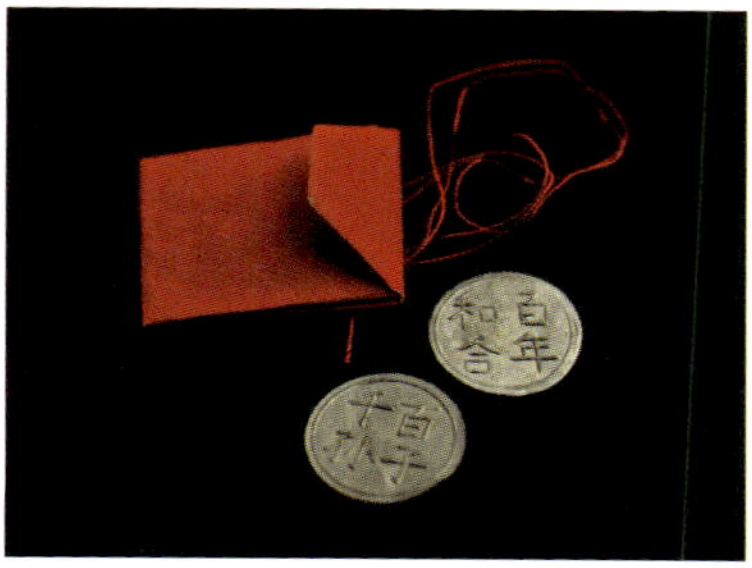

赤い糸：月下老人で有名な台北市内の霞海城隍廟《シアハイチェンホアンミャオ》にて、参拝が終わると授与される赤絲線と鉛銭（「百年和合」「百子千孫」）。天公《てんのかみ》と月下老人、町の守り神・城隍ほか道教の諸神に簡単な自己紹介と住所、年齢、好きな人のタイプを心で念じ伝えること。念願成就の際はお礼参りを忘れてはいけない。ちなみに糸は相思相愛の「思 si」と諧音である。

と筋の糸によってつながれているという話の一例なのだが、距離や境遇に隔たりがあろうと運命に抗おうと、月下老人に赤縄を結ばれた二人は将来結ばれる運命なのである。この説話にちなんで媒酌人を月下老人（月老とも）と称したり、月下老人を縁結びの神として信仰するようになったほか、旧時は婚礼の儀式で赤縄に通じる色絹が象徴的に用いられた。紅と緑の反物を同心結び（けまん結び）にして、新郎新婦が互いに両端をもって登場したことが北宋時代の都 汴京（現 開封市）の繁昌記『東京夢華録』に記されている。

〆縄と同等の威力があると信じられた朱糸といい、男女の縁を象徴する赤縄といい、あかい糸には今なお人びとを引きつける呪力があるようだ。

急須の赤い紐：どの急須にもぴたりと合う蓋がついている。当然ながら別の蓋では具合が悪い。だから離ればなれにならぬよう、こんなふうに蓋の鈕《つまみ》と柄のところを赤い紐でつないでおくのは好ましい。

【青】

青と藍

現在は中国であお系の色の総称は「藍色 langse」であるが、もとは五正色のひとつ「青」が根本である。青の字は生の字と井戸の形から成り、丹を取るための深い井戸から青い石・丹青が取れたことを示す字形であるという。丹青は丹朱同様に鉱物質の顔料で変色せず腐敗を防ぐ力があると信じられ、古くから神明のことに用いられたとされる。

　青を染色で出す場合は藍草（蓼藍《たであい》）を用いるが、周代にはすでに藍草の栽培が始められていた。

　三千年以上の歴史を有する藍染めの青は、長い間中国でもっとも普及した日常着の色、庶民階級を代表する色だった。

　青は『詩経』鄭風の「子衿《しきん》」に見られ、「青青子衿（青い色した主のえり）」とうたわれる。衿に青い縁を付けるのは若者、学生の服装だった。若者を青年と称すのもそれと関係があるかどうかは不明だが、青は若さや希望と結びつく色であったようだ。

　それがおよそ漢代から隋・唐代にかけて「青衣《※チンイ》」といえば卑女をさす言葉を意味するようになった（前漢の成帝のときには社会的に奢侈《しゃし》の風を禁じ、

青衣：青衣には複数の意味がある。①青い色の衣。②身分の低い者の着る服、またその服を着ている人。転じて下女などの意味。③黒色の衣服をはばかっていう（死や不吉を連想させる黒色を忌み、黒髪を青絲と書くのも同じ）。④古代の帝王と皇后の春服（祭祀の際に着用）。⑤芝居の女形で、賢母や節婦《せっぷ》などに扮する主役。（『漢語林』『中国服装史』『中国顔色』より）

庶民の日常服の色を青と緑に規定した時期があった）。ただし「青衫《せいさん》（藍衫とも）」は、同じ藍染めの服でありながら文人らもふだん着用する単衣の上着であるため、青衣のような侮蔑的な響きはない。ただいずれにせよ青い衣服といえば、贅沢品ではない質素で謙虚な印象である。

藍が青から分離し正式な色名として定着したのは概ね唐代からといわれる。また深青に紅を帯びた同系色の紺（蔵藍、蔵青とも）は、間色であることから見下された時代もあったが、秦・漢代以降は藍とほとんど区別なく好まれたようだ。

元代に至ると、自らを蒼き狼の末裔と誇る蒙古人の影響により、一躍藍が崇高な色として認識されるようになった。たとえば白地に青藍色の染付け文様が美しい磁器・青花《※チンホア》は元代に大成され発展した。藍色はまた佛教において明浄聖源を代表する色で、とくにチベット佛教徒によって神聖視される色でもある。ラマ僧が皇帝のために祈禱を行っていた紫禁城の雨華閣の屋根瓦は藍色である。

青鳥・青狐・青龍の語はいずれも『瑞応図記』に見られる青にちなんだ吉祥動物である。易思羽 主編『中国符号』によると、青松、青蛇などのように青が動植物の名称につく場合は霊異のものを表していることが多い。名称に青の字は付かないが、『瑞応図記』に記載される麒麟の項目に「五色主青」

青花：青花は青い文様という意味。元代の青花は、絵付けに用いる顔料の酸化コバルトをペルシア方面から輸入していた。蘇麻離青《そまりせい》とよばれる顔料は青藍色の発色がとくに美しいことで知られる。明代初期に顔料の輸入が途絶え、国内産の顔料を用いたところ青が暗くにごり、明代中期に再び輸入顔料がもたらされ、これを回青という。

とあり、吉祥図案上に青を基本色に用いた麒麟が描かれることがある。同様に吉祥画において背が青い獅子なども見受けられるほか、旧時の文人らの信仰を集めた禄神「魁星」は、青面朱髪の鬼になぞらえた姿に描かれる。体毛や皮膚が青色であることは本来ありえぬこと、誰も見たことのない神秘的な存在であるとともに、霊験を表現している。

五正色の青に極端な良し悪しの意味はない。そもそも自然界の青は、天空や大海の色、石青《ラピスラズリ》などの宝石を連想させる清浄で穏やかな色である。五行思想の影響下で「青」と東・春・木が結びつけられるようになり、往々にして青色には「永恒・希望・若者」の意味が込められている。

【黄】

黄と黄金

「天地玄黄（天は黒く地は黄色い）」といえば『千字文』の冒頭句である。黄色は万物を育み繁栄させる大地の色であり、黄土は古人にとって畏敬崇拝の対象ともなった。もともと天・地・東・西・南・北の六方を玄・黄・青・白・赤・黒の六色で表していたが、五行説において五色で表すにあたって地の色である黄色が中央（中心）の色に配当された。漢民族は古くから中央こそが最高権力者の所在地であり、中央にいる者が大きな権限と土地空間を所有するという観念をもっていて、「中土」「中原」「中国」の語も中央を意識している言葉である。さらに陰陽五行と政治思想が結びつき、黄色は五正色の首位、至高無上の色とみなされ、皇帝を象徴する色となった。しかも「皇帝」と「黄帝」は発音がまったく同じである。

一方、『周礼』の春官宗伯に属す役職のひとつに「望気の術」をなす職があり、雲気を望んで妖祥吉凶を判断できたという。その際に雲の色が黄色であれば豊作のきざしとされたことから、黄色は吉祥色とみなされた。実際に稔りの時期を迎えた大地は穀物の黄一色に染まることから、黄色と豊作の結びつきはごく自然な成りゆきのようである。また黄色い大地には一面を黄色い花でおおわれる場合もあっただろう。『詩経』小雅の「裳裳者華《しょうしょうしゃか》」では、黄色い花の大地が諸侯の輝かしさを言祝ぐ興《きょう》の効果を果たしている。

黄色を染色で出す場合、古くは梔子《くちなし》の実や柘《しゃ》（野桑）の樹皮などが用いられていた。

黄色が高貴な色とみなされる理由に、もっとも黄金に近い色であることが挙げられる。黄金は永遠不易の色、佛教では黄色を脱俗※の色とみなし、黄金は佛光の色として尊ばれる。柘で染めた柘黄袍を皇帝の御用袍とした最初は

脱俗の色：やや濁った黄色を「香色」といい、僧侶の袈裟本来の色をいう。袈裟は糞掃衣《ふんぞうえ》といって、使い尽くされた末に捨てられたぼろ布を拾い集め縫い合わせて利用したものだった。そうしてつくられた袈裟の色は、本来無一物の精神・脱俗の境地を象徴する。

隋代の文帝楊堅（五八一～六〇四）だったという。そして唐代において、太陽の色に近い黄色が皇帝を代表する色とされ、僧侶を除き服飾に黄色を用いることは禁じられた。黄色を至高無上の権勢を象徴する色、華麗で高貴な色として重んじる伝統は清朝滅亡まで続いた。

しかしながら黄色にまつわる言葉には良からぬ意味も含まれ興味深い。黄色電影（ピンク映画）、黄口（未熟者、青二才）、黄臉婆（年取った女）、黄落（草木が黄ばみ葉が落ちる、物事がダメになる）、黄牛（ダフ屋）などは黄色がマイナスの表現に使われる例である。また古くは嬰児を黄、処女を黄花女児などといった一方、高齢者を黄髪と称した。一見矛盾しているようだが、自然界の黄色に目を向けてみると、堅いつぼみに熟した果実、草木の朽ち葉のそれぞれが固有の黄色をもっている。黄のつく慣用語が多い分、それだけ中国人にとって古来関わりの深い色だったといえるだろう。

【白】

白を尊崇した殷代からのちの漢代にかけて、染色しない白（生成＝素色）は一般人の衣服の色としてもっとも基本的な色だった。ただし全身白装束というのではなく、基本色の白（生成）に別の色を配していた。たとえば『詩経』鄭風の「出其東門《しゅつきとうもん》」には白い衣に青い佩巾《ひれ》をつけた若い女性が、唐風の「揚之水《ようしすい》」には白い衣に朱の衿をつけた身分のある男性がうたわれている。いずれも想う相手の好ましい姿で、白い服が純粋さを表しているようでもある。

のちの陰陽の観念において、陰は黒、陽は白で表された。『論語』の孔子の言葉に「白いといわずにおれようか、黒土にまぶしても黒くならないものを（悪いものに染まらずにいることもできる）」とあるように、白は陽・善・純潔の象徴である。

一方、白は喪服の色、不幸を表す色ともみなされるようになり、現在も中国で「白事」といえば喪事（葬式）をいう。※凶事に白服を着る風習の由来はたいへん古いもので、まず周代の五服が素色の麻製だった。五服とは死者との遠近親疎により五等の差がある喪服で、近親者ほど裾を縫わず断ち切りのままというような粗い作りの服を着用する。冠・衣・裳とも素色を着用することで、喪に服す者の心情、虚しさや喪失感を表し、御霊に哀悼の意を尽くした。この風習は徐々に定着し、漢代に書かれた『史記』の刺客列伝にも「白い喪服を着用して秦に発つ※荊軻《けいか》を見送った」などとある。

凶事に白服を着る風習：詳細は秋田成明 編訳『中国社会風俗史』の「喪礼」を参照。

荊軻：戦国時代の刺客。燕の太子から秦王 政（のちの始皇帝）の刺殺を依頼された人物。

ほかにも死を連想させる白といえば風化した骨の色である。『字統』を引くと白の字形は、風雨にさらされて白骨化した髑髏であり、その白さから白の意味になったという。この解釈は『説文解字』にはない白川氏の説であるが、白と「喪（しぬ、うしなう）」の結びつきが自然のことに思われる。

しかしながら、白を吉祥とみなす観念もまた古くから存在した。『瑞応図記』を参照すると、色名のつく吉祥物のなかで白が最多である。赤が九件、黄が八件（うち半数は金）、青が四件、黒が二件であるのに対し、白は十四件である。白泉、白玉なども含まれるが、ほとんどは白象、白鹿、白烏、白狼、白狐などの動物である。突然変異により稀に誕生する白い動物の存在は珍貴な上に、自然風景のなかに際立って高潔で神聖な印象であることから吉祥物とみなされるようになったのだろう。『詩経』小雅の「白駒」に白馬が賢者の象徴としてうたわれているが、殷人が尊んだ白とはそのような純白の動物だったのかもしれない。また白い毛は老齢・長寿を想起させ、「物老成精（たいへん高齢に達したものは霊物になる）」という発想にもつながる。

白は善なるもの・陽・純潔の象徴であり、天よりもたらされる瑞応・吉祥動物の典型的な色、そして哀悼を尽くすにふさわしい色でもある。吉祥図案とりわけ彩色の美しい年画を見るとき、桃の実のような頬の童子や美人の顔は額の色が磁器のような白で、桃色を際立たせる効果として用いられている。

【黒】

黒と幽玄

奥深くはかり知れないことを「幽玄」というが、これは黒を表す言葉でもある。古人の黒に対する造詣は深く、まず文字の上から知ることができる。囊《ふくろ》のなかのものを燻蒸する字形の「黒」は煤《すす》の黒色をいい、「幽」は糸の束を並べて燻染し黒くすることで、「玄」は黒く染めた糸をいう。ただし玄は燻染の回数を重ねさえすれば出るという色ではなく、赤黄から次第に赤の度を加えてゆき、赤みを帯びた黒とも紫に類する黒ともいわれる奥深い色で、どこか練羊羹の切り口を想起させる色である。

『詩経』小雅の「何草不黄《かそうふこう》」では玄は草の枯れる色であり、「天地玄黄」のように天上の色をいう場合もある。

天の形容しがたい深い色合いの玄は、幽深微妙な「道」の世界・宇宙観を表しているといわれる。道教において、老子の言葉「知其白守其黒」は、白の明晰さと賢明を知りながら黒の混濁と暗愚を守るという態度を表し、玄妙なる黒は道の象徴である。

玄のほかに、燻染を七回重ねて染まる「緇《し》」、サイカチの実で染まる黄みを帯びた黒「皁《そう》」、やや青みがかった黒土の色「黝《ゆう》」、日焼けした浅黒い色

「黔《けん》」、緑がかった眉墨の色「黛《たい》」などもみな黒色に属す。

　このように古人の生活の場面にさまざまな黒があり、黒は決して忌み嫌われる色ではなかった。むしろありふれた色であり、ときに高貴な色であった。たとえば「黒き御衣の似合わしき」で始まる『詩経』鄭風の「緇衣《しい》」でも黒は好ましい色としてうたわれている。

　歴史上では、秦の始皇帝が五徳終始説※にしたがい水徳の黒を重んじたことはよく知られ、のちの漢から晋にかけても文官※の服装は玄端と称す黒衣で、黒が重んじられていたことがわかる。では、現在のように黒に邪悪な意味が含まれるようになったのはなぜだろうか。

　その理由として、王朝が改まったときに賤業者の服装が黒衣に限られたことがあったという説がある。しかし黒を邪悪とみなすもっとも自然な考え方は、闇夜に対する畏怖心である。闇夜は鬼神が活動する陰の時間帯と直結している。暗闇が恐怖だった環境下で、黒は死を意味するものだった。その記憶は古来連綿と続いており、黒が凶兆、喪服、犯罪など負のイメージと結びつくようになったと考えられる。現在も中国では喪事でないかぎり、一般には全身黒装束姿というのは避ける傾向がある。ファッションでモノトーンを取り入れる場合でも、別の色を配色使いにしていることが多い。

　吉祥文化において黒はもちろん負のイメージはなく、沈着・安定・長久の

五徳終始説：王朝の交替、歴史の変遷を五徳（土・木・金・火・水）の循環によって説明するもの。黄帝の次に木徳に当たる夏王朝が興り、夏王朝の次には金徳に当たる殷王朝が興り、殷王朝の次には火徳に当たる周王朝が興り、周に代わって天下を統一するのは水徳の秦であると説かれた。

文官の服装は玄端：漢代の文官・儒家の服装については『漢語林』付録中国服飾図参照。緇色の冠・皁色の衣・烏黒色の履《くつ》と黒尽くめであった。

イメージである。黒は吉祥図案の輪郭線や人物画に欠かせない色であり、吉祥対聯の紅紙の上にはやはり堂々とした墨書きがふさわしい。

【緑】

「緑」は青と黄色を混合させてできる間色である。

『詩経』小雅の「采緑」は、黄の染料となる刈安《かりやす》と藍を摘み、遠く離れた夫の帰りを待つ女の心情を詠んだ歌であるが、当時すでに刈安と藍により糸を緑色に染めていたことが知られる。同書の邶風《はいふう》「緑衣」には、「緑なる衣　緑の衣に黄の裏　心の憂いはいつか已《や》む　緑なる衣　緑の衣に黄の裳《もすそ》……」とうたわれる。

これは間色である緑を上衣とし正色の黄を裏とする句に対し、賤妾が表に現れ逆に正妻が裏に隠れ勢力を失ったことの比喩と解釈されてきた。これに対し白川静氏は、緑衣は亡き妻の遺した形見であると説く。秋田成明 編訳『中国社会風俗史』の「女性の服装」の項を参照すると、「上衣が緑色で裏が黄色かつ裳の色も黄色」の服装を周の貴婦人の装いであるとし、緑色を賤しい色とは述べておらず、白川氏の解釈のほうが説得力がありそうだ。

時代は下って唐の貞観年間（六二六～六四九）に、服の色によって官吏の等級を区分する礼制が定められた。従来は二色だった服制を三品以上が紫、四・五品が朱、六・七品が緑、八・九品が青と規定された。以後、時代によって区分や色の変更はあるが、緑は概ね中・下級官吏の服色に用いられた。ちなみに緑は「禄 lu」と諧音でもあり、緑にはこれといって悪い印象はないようだ。

ただ一つ、現在でも好まれないものに「緑帽子《リュイマオズ》」というのがある。唐代において、比較的軽度の犯罪者に緑色の頭巾をかぶらせ恥辱を受けさせたことから、以来緑帽子には負のイメージがついて離れない。緑色の頭巾はまた、妓楼で使用人として働く男がかぶりその職業を明示することが義務づけられていたため、民間ではタブー視されたという。

緑色の頭巾姿は即座に亀の頭を連想させる上、後世「妻や娘を妓楼で働かせる男」とが結びつけられたために「戴緑帽子」が侮蔑の意味で使われ、転じて「寝取られ男」の意味になった。そのためどうしても緑帽子が不潔で賤しい、あるいは不甲斐ないイメージで定着してしまったのだ。

亀はその昔、腹甲が占いに用いられた神霊の生き物で、鶴とともに長寿を象徴する吉祥動物である。「亀 gui」と「貴 gui」は諧音であることから亀甲文様には富貴と長寿の願いが込められている。さらに民間説話のなかでは「亀の恩返し」のように感恩動物として登場することが少なくない。にもかかわらず亀は緑帽子のおかげで「忘八《ワンバ》（王八とも。恥知らず。相手を罵るときの文句にも用いられる）」などと蔑称されることもある。

ただし、この緑帽子を除けば緑色と穢らわしさは無縁である。緑は大自然の生命の色であり、緑の恩恵なくして万物は生命をつないでゆくことはできない。

五行説の色彩観念下で青に属す緑は、方位は東方、性質は木、季節でいえば春である。詩にうたわれる「春色」とは、花の色というより柳の芽のような明るい新緑の緑である。また緑は、吉祥図案上にたびたび描かれる婦女子の装いに欠かせない色でもあり、関羽を神格化した協天大帝像も赤い顔で緑衣をまとっていることが多い。緑はたびたび窓枠の色に用いられ緑窗《りょくそう》と称したほか、寺院や宮殿の瑠璃瓦の色にも用いられた。見る者に安らぎを感じさせる緑色は、平和・若々しさ・活力を象徴する色なのである。

【紫】

暖色の赤と寒色の青を混合することで生まれる「紫」。古くは紫草の根（紫根）を染料に用いこの色を生み出していた。日本でも紫根で染めた紫は、古代紫（京紫）・江戸紫ともに高貴な色として重んじられてきた。日本人で紫を至高の色としてイメージする人は多いが、その源流はやはり中国と無縁ではない。

中国で紫が文献上に登場するのは比較的遅く『詩経』にも見られない。正色でない紫は、春秋時代以前は賤色とみなされ、おもに女性の服色に用いられていたという。ところが春秋時代の斉の君主・桓公（在位：前六八五〜前六四三）が紫の服を好んだことから、一変して斉国で紫が大流行した。『論語』陽貨篇の「紫が朱を奪うのを悪《にく》む」という孔子（前五五一〜前四七九）の言葉は、正色である赤（周の尊ぶ色）の座を奪い、赤とも青ともとれるような間色の紫が人気なのはよくないと、社会のあり方や人の本質を色に喩えて表している。これは紫がすでに人気の色であったことを物語っている。

紫を天子の服色として用いた最初の人は漢代の武帝（前一四一〜前八七）だった。秋田成明 編訳『中国社会風俗史』は、武帝の話に言及していないが、漢代の貴族の間で「青紫」※がもっとも貴ばれていたと記している。また黄能馥 著『中国服装史』によると、漢代の官服は袍（長い着物、深衣とも）を着用し組紐（綬）を通した官印をおびるが、組紐の色が身分の上下を示したという。金印に紫の組紐を通した金印紫綬（印綬）は、のちに高位高官、富貴

青紫：青みの強い青紫が、高貴な色としてもてはやされたのは漢の一時期だった。青や緑が民間の日常服の色と規定されたのち、混同されやすい青紫は高貴な色とみなされなくなった。

栄華の象徴となった。このように漢代においてすでに紫が重んじられるようになっていた。

紫は道教と縁の深い色でもある。道教において紫は至高無上の境界と結びつく色である。それは地平線に沈むことのない天の極北の色である。夜空の方角の指針とされてきた不動の北極星（紫皇、太一とも）は天の中心、すなわち天帝の星（天皇天帝）である。この天帝の星を取り巻く淡い紫色をおびた星座群（北斗の北、こぐま座を含む）を紫微垣《しびえん》と称し、天帝の居所とみなしてきた。紫霞《しか》、紫宮、紫庭、紫極などはみな天帝や神仙の居所を表す語で、紫宸殿《ししんでん》（長安）や紫禁城（北京）の名は天上の帝居・紫微垣になぞらえたものである。

ほかにも紫にちなんだ言葉に「紫気」と「紫衣《しい》」がある。

紫気（紫煙とも）とは、宝物や神聖なものから発せられる神秘的な気「瑞祥の気」をいうが、聖人の出現にともない予兆として現れると考えられていた。「紫気東来」の語は、瑞祥の気と賢者出現の予兆をいう。

紫衣は、漢代以来天子や高官の着用する高貴な服をいう。とくに唐代においては三品以上の高官の服色を紫と規定したことから、紫衣に金玉の帯姿といえば最高権力者の象徴である。この影響を受けて僧服も紫衣を尊んだ。中国の律令制と色彩観の影響は日本にもおよび、大化の改新後の位階制では紫が

［付記］古代中国では政治思想の影響が強く、色彩が尊卑の

最高位を示した。紫衣を尊ぶ流れはのちの宋・元代まで続き、宋代において貴い色である赤紫と黝紫《ゆうし》（黒みをおびた紫）は民間での使用が禁じられた。

　このように紫は春秋時代から徐々に格が上がり、千年以上にわたり高貴な色であり続け、唐代においては正色の赤の地位を凌ぐに至ったが、明代になって一変した。

　太祖・朱元璋の姓が「朱」であることから、朱の地位を奪う紫は疎まれ官服の色から排除し朱を重んじるようになった。以来、中国を代表する色といえば赤と黄の二色に占められ、紫は表舞台から去った感がある。

　とはいえ、やはり紫の人気は根強い。肉眼で見たときに紫色とも褐色ともとれる微妙な色調である場合、その名称に紫を冠していることが多いようである。重厚な調度品の素材に用いられる「紫檀」、文人墨客に愛好されてきた宜興産陶器の「紫砂」などがその例である。紫は瑞祥・神秘・荘重・高貴な色として好まれる色である。

区分や階級の識別に用いられた。統治者と被統治者との識別はもちろん、統治者の位の高低によって服装の色までも厳格に規定されていた。正色は高貴な色で礼服に用いられる正統の色、間色は卑賤な色で日常着や内衣、婦女や平民の服色という意識が根づいた。五行思想が確立したのち、五正色は五方に対する五つの色彩として配当された。五正色に相当する五方は、青＝東、赤＝南、黄＝中央、白＝西、黒＝北である。間色とは、五方の間の色（中間色）を意味し、青＝東に準ずる「緑」、赤＝南に準ずる「紅」、黄＝中央に準ずる「騮黄《りゅうこう》（栗毛色と黄色の中間色、黄金に通じる色か）」、白＝西に準ずる「碧（青緑の玉石の色）」、黒＝北に準ずる「紫」と規定された。

三教と吉祥観念

吉祥図案の発展において無視できないものに、三教すなわち道教・儒教・佛教の影響がある。古来、中国の人びとは生活環境や日常のさまざまな用品に吉祥図案をほどこしてきたが、秦・漢時代になると辟邪と吉祥の心理が、豊かな精神世界や信仰心と結びつき宗教的な題材の吉祥画が多く出現した。

まず、三教のなかで内容の豊富さで抜きん出ているのは道教である。これは道教が原始信仰をはじめあらゆる思想を吸収していったためで、民間の俗神（佛教や儒教の聖賢・人物を含む）や神仙を題材とした吉祥画はみな道教の範疇に含まれる。佛教の観音菩薩でさえ、中国では道教神と変わらない位置づけにあり、「送子観音《そうしかんのん》（子授け観音）」は庶民にとって福や子宝を祈る対象である。

古代神話の諸神から実在した人物を神格化した神仙まで、道教神は多彩を極めている。なかでも長寿を象徴する寿星（南極老人とも）、仙女・麻姑《まこ》、西王母と八仙などを題材とした吉祥画は人気が高い。金銭に困らないよう現世主義のお守りとして福禄寿・三星、財神、劉海などがあるほか、各職業に応じてまつるべき神像があり、あらゆる願望に対応しうるだけの神が用意されている。これら尊崇の対象は吉祥画として日常的に飾ることで、信仰心を深められると同時に生活を彩る趣がある。

道教と直結した「動植物」「自然風景」などを題材とした吉祥画もある。

動植物は神仙にともなう瑞祥物として描かれることが多い。霊芝や松、桃、鶴や鹿などはみな長寿の象徴で、道教の本望「得道成仙（道に適い仙人になる）」の気分をよく表している。

自然風景は画の内容や見る側の受け取り方によっても差異があろうが、世俗を離脱し自然に回帰しようとする〈万物同根〉※〈天人合一〉の境地が表現されているものや、〈不老不死〉に結びつく図案が多い。「寿比南山　福如東海」という寿福を言祝ぐ句にちなんだ吉祥画「寿山福海」図は、大海の波濤のなかに盤石（大きな岩）がそびえ蝙蝠が飛来する様子に描かれる。その構図は伝説上の仙山・蓬莱島になぞらえ、不老不死の仙人世界――道教の理想郷を暗示している。

これに対し儒教の影響を受けた吉祥画は、道徳の教化を目的とした教訓的で合理的な内容をおびているものが多い。その典型は「白頭偕老図※（夫婦ともに白髪になるまで添いとげるの意）」「二十四孝図」などである。五帝のひとりである舜から宋代の黄庭堅まで二十四人の人格者の故事を図案化した二十四孝図は、孝道の模範としてくり返し描かれてきた。


〈万物同根〉〈天人合一〉の境地：人は自然と一体になることで永遠性を獲得できるという考え方がある。

白頭偕老図：夫婦がともに白髪になるまで長生きであるという願いは、吉祥図案では白頭翁（別名を長寿鳥）という鳥に託して描かれる。頭頂部の白いつがいの白頭翁が寿石や牡丹に憩う絵図がある。

また、動植物を描いて儒家の〈三綱五常（君臣・父子・夫婦の道と仁・義・礼・智・信）〉の大切さを説くものもある。「跪《ひざまず》いて乳を飲む子羊――礼」や「主従関係のある蜂――義」、「成長したのち母に餌を食べさせる烏※――孝」などは、動物の習性のなかに人間に通じる倫理品格――善なるものがあるとみなして題材にした例である。さらに、吉祥物である雄鶏や蟬をそれぞれ〈五徳〉をそなえるとして好んで題材とする向きもある。

このほかに仕官（官僚になり君主に仕える）という儒家の本望を託した吉祥画がある。

男子の誕生を祈る「麒麟送子」、立身出世への願いを託す「魚跳龍門」図はその典型である。さらに首位での試験合格を望む人には「魁星」という青面朱髪の鬼神像まで用意されている。

佛教の影響は、吉祥図案上に配される吉祥モチーフに見受けられる。たとえば忍冬蔓草（唐草文様）、宝相華《ほうそうげ》（宝相花とも）などの植物文様、白象や孔雀などの吉獣祥禽、「法螺・法輪・宝傘・白盖（白蓋）・蓮花・宝瓶・双魚・盤長※（吉祥結）」という佛家の法物八種を組み合わせて図案化した八※宝、万字※（卍）、摩尼宝珠、如意などはその典型である。佛教と関係の深い意匠が、中国で吉祥物として定着したものは少なくない。

烏：ここではハシボソカラスをさす。ハシボソカラスには孝鳥の異名あり。

盤長《ばんちょう》：佛家八宝のひとつで、切れ目のない呪術的な組紐文様。チベット佛教（ラマ教）の象徴である。民間では無限・永遠性を象徴する吉祥符号として「吉祥結（宝結び）」とも称す。

八宝：八吉祥ともいうチベット佛教のシンボル。のちに世俗化し、吉祥の符号とみなされるようになった。

白象は、佛教でもっとも神聖視されている動物のひとつであるが、中国では『瑞応図記』に「王者の政治と教化が四方に行われると、白象が不死の薬を背負って現れる」と記されている吉祥動物である。吉祥図案の「太平有象」図は、背に宝瓶（佛家の法物のひとつ）をのせた白象を描いたものである。宝瓶の「瓶 ping」は太平の「平 ping」に、「象 xiang」は「祥 xiang」に通じ、「太平の世に象（祥）有り」を巧みな語呂合わせと暗示により表現している。

佛具のひとつ如意は、「意のままに」という名称ゆえに吉祥物とみなされ、吉祥図案上で如意の意匠が意のままに叶うという意味の符号として多用されるようになった。

以上をまとめると、道教に縁のある吉祥画は現世利益と神仙へのあこがれに直結した内容が多く、儒教関連の吉祥画は道徳と出世につながる内容がほとんどである。佛教と関係の深い意匠のいくつかは中国で吉祥物として定着した。これら道教・儒教・佛教の吉祥題材を吸収することで、吉祥図案上の意象表現は多彩で豊かなものになり、人びとのあらゆる願いを具現化できるようになった。

万字：万字に「万徳円満」「万寿」という解釈が結びついたのは、佛教伝来以後であるが、万字のカタチそのものは中国にも古くから存在していた。

雅俗一如の吉祥文化

中国には「雅俗※」という概念がある。雅（高雅）に対する語は俗（通俗）。とくに芸術方面で雅と俗という要素をもって、作品が比較・品評されることが少なくない。

まず雅とはどのようなことをさしているのだろうか。

雅にはそもそも「正しい・正統なもの」という意味があり、貴族的、都会的（都雅）、上品なものをさす。上品さとは、精神の高さや創作者の個性が作品などに風格として表れるもので、作者の育った環境や身分とも無関係ではない。長い間、学問や文芸は社会の上層階級の特権であったが、学識教養を身につけた文人（士大夫、在野の学者を含む）の生み出す芸術が雅である。

古くは〈俗人者・俗儒者・雅儒者・大儒者〉という言葉が『荀子』のなかに見られ、戦国時代すでに雅俗の概念があったことをうかがわせる。のちの南朝時代には貴族と庶民の別がうるさくいわれるようになったが、当時の貴族が面目を保ちづらい状況下に置かれていたことが、雅であることを誇り、拠りどころとする生き方に向かわせたようだ。

仮に、文人の手による吉祥画を「文人吉祥画」とよぶならば、その一例に、水墨で表現した牡丹の画がある。一見したところ、墨のかすれや滲みの妙と

※**「雅俗」という概念**：詳細は目加田誠 著『中国の文芸思想』を参照。

いい墨筆に気の発露を託した作品のように見えながら、吉祥物を題材（牡丹は富貴栄華の象徴）としている吉祥画である場合がある。テーマが等しくとも、文人吉祥画の場合は世俗的な作風と一線を画す「超俗」という意識が作品上に現れ、自ずと画の意趣は俗画と異なる。花木鳥獣を題材にし吉祥を寓意しながら、個性的表現に力点が置かれた作品である。文人吉祥画はあくまでも吉祥画の基礎上に発展したもので、およそ宋代以降大量に出現し始めた。

これに対し俗は、庶民による庶民のための芸術で、担い手の多くは民間の職人や職業画家などである。俗画・吉祥画の代表ともいえるのが民間版画の「年画」である。年画の詳細は次の第四章で述べるが、ひと言でいえば、庶民のさまざまな祈りが結実した絵画表現である。

その典型的な特徴は、充実・対称・均衡といった構図の取り方にある。図案上に余白を残すことは稀で、吉祥物で埋め尽くされた画面はこれでもかというほどに充実している。また左右対称で均衡が保たれていることが多く、二枚一組で完成品である場合も均衡につながる。さらに描かれる吉祥物は完全な形を保っていることが望ましい。吉祥画において不完全さ、欠陥は不祥であり、暗黙のうちに禁忌事項とみなされるためだ。こうした充実・対称・均衡・完全は健全美につながり、子子孫孫一人として欠けることなくそろった円満な家族を反映しているようでもある。ゆえに見る者に安心感を与え、幸福を予感させる効果もあるのだろう。

注目に値するのは、吉祥画のなかに文人吉祥画の影響が見受けられる点である。「美善一致」「比徳」の思想が表現された吉祥画である。美善一致や比徳という考え方はそもそも儒家の道徳教化と結びついている。吉祥図案の歳寒三友（松・竹・梅）や四君子（竹・蘭・菊・梅）、泥のなかに生じ泥に染まらない蓮花などはみな文人にとって高潔な人品の化身であり、徳になぞらえる性質をそなえた「善なるもの＝美」である。これは古来中国人が抱いてきた「天意に適う有徳者に福が降りる」「善なるもの＝吉祥」という観念と無関係ではない。

このように吉祥文化において雅と俗は、長い歴史のなかで互いに複雑に作用し続け、対立する関係ばかりではなく、ときとして影響し合い融合する対待の関係にある。

年画とはもともと正月に福を迎えるために貼る絵図で、その多くは農民の副業としてつくられていた。とくに蘇州※で育まれた桃花塢年画※は、専門の職人による分業化が進み木版多色刷りの技術は高水準に達し、毎年貼り替えられる消費物としての役割を超えた、鑑賞用の特産工芸品としての性質をおびていた。

東京・町田市立国際版画美術館 図録『中国古代版画展』を参照すると、書

蘇州：古くから経済・文化の街として発展した蘇州は、十五世紀後半から十六世紀に文芸界の黄金期を迎え出版文化の中心地として栄えた。呉中の四才子として名高い文徴明・唐寅《とういん》・祝允明《しゅくいんめい》・徐禎卿《じょていきょう》を輩出したことでも知られる。

桃花塢《とうかお》年画：かつては天津・楊柳青、山東・楊家埠、四川・綿竹に並ぶ名高い年画の産地だったが、現在蘇州ではいわゆる消費物としての年画生産は行われていない。実在品が極めて少ない黄金期の蘇州版画は、美術書『蘇州版画 中国年画の源流』（絶版）や東京・太田記念美術館 図録『錦絵と中国版画展 錦絵はこうして生まれた』などに見ることができる。

物の挿絵など出版物としての木版画と年画を中心とした民間版画の違いを比較することができる。技法などの専門的なことはさておき、前者は一様に上品かつ端正、計算の行き届いた構図でやや堅い印象であるのに対し、後者は型にとらわれない自由さもあり色数豊富で、とくに人物画に人情味のある表現が多い。
蘇州の桃花塢年画には往々にして知性と遊び心が感じられ、多くの人が芸術を娯楽として楽しめる――雅俗一如を体現している。

桃花塢年画を代表する作品に「一団和気」図がある。
一団和気図は蘇州年画の影響を受けた揚州年画にも見受けられるが、一見したところ、温顔の童子が円のなかにぴたりと納まる姿に変形されており、いかにも幸福円満の象徴である。しかし一団和気の語にはもっと深いメッセージが込められている。管梅芬主編『民間吉祥図像故事』によると、一団和気は北宋時代の哲学者程顥《ていこう》（字は伯淳、号は明道／一〇三二～一〇八五）にまつわる伝説に由来する。

政治家としての立場を失脚させられ失意のなかにいた程氏が、あるとき寺で過ごしているうちに不思議な体験をする。何かに導かれるようにして佛像の腹部に納められていた巻物を取り出し、内容を写して持ち帰った。巻物には修練法が講述してあり、以来程氏はその指示にしたがって過ごしていた。すると程氏を訪ねた弟子が師の変わりように驚いた。以前の苦悶する姿とは無縁、座した姿は塑像の如し、人に接する様子は「一団和気（ひとかたまりの和らいだ空気）」に包まれたようになごやかな気分に満ちている。のちに程氏のなでた銀器が金器に変わったという伝説さえ生まれた。この伝説に基づいてつくられたのが吉祥図案一団和気図だという。円のなかにぴたりと納まっているのは童子のような姿の程氏である。温顔で首に長命鎖を掛け、「和気吉祥」や「和気生財」などと書かれた軸を広げている。この絵図は家内円満の和気が富や幸福をもたらすと教えている。構図そのものは明代の一団和気図※がもとになっているといわれる。いずれにせよ、一見単純な絵図のなかにも深い意味が込められていたのだ。

もう一つは「※五子奪魁《ごしだっかい》」図である。「五子登科」「教子登科」「五子高昇」と称す図案もほぼ同じ意味で、雄鶏が巣の上から五羽の雛を呼ぶ様子で表現されることが多い。図案に託される意味は、南宋時代に成立したとされる児童用の識字教科書『三字経』に、「竇燕山《とうえんざん》　有義方《ぎほうあり》　教五子《ごしをおしえ》　名倶揚《なをともにあぐ》」とあるのに由来する。竇燕山とは五代

明代の一団和気図：明朝第九代皇帝・成化帝（朱見深）が自ら描いた作品に「一団和気図（一四六五）」（故宮博物院蔵）がある。その作品は「※虎渓三笑の故事」をモチーフとし、佛教・儒教・道教の調和を表現したもので、東晋時代の三人の高士——浄土教の祖師・慧遠《えおん》（三三四～四一六）、儒家の詩人・陶淵明（三六五～四二七）、道教の教理を体系化した道士・陸修静（四〇六～四七七）が肩を抱き身を寄せ合う姿を描いている。視点を変えて見ると、三人が一人の福々しい人物に見える絵である。

※虎渓三笑の故事：廬山に隠棲していた慧遠が、あるとき陶淵明と陸修静との話に夢中になり、世俗との境界として越すまいと決めていた虎渓の橋をつい渡っていた

末の人で、あるときを境に学問に精を出し修身積善を心がけ、のちに授かった五人の息子を自ら教育し相次いで科挙に合格させ大いに名をあげたといわれる。この竇氏五龍の故事は子弟教育の大切さを示すとともに、五人の子どもがみな科挙に合格するという快挙はまさに奇跡である。そのめでたさを巧みな語呂合わせによって表現したのが、雄鶏と五羽の雛からなる図案である。図版「五子奪魁」では、可愛い盛りの五人の男児が無邪気に盔《かぶと》を奪い合っている。これは科挙の合格に加えてさらにハードルを上げ、みなで首位の座をねらうという意味が託されている。「盔」の発音が科挙の首位合格者を意味する「魁 kui」と諧音で、語呂合わせで成立している吉祥図案である。

　しかもこの絵図は、右上に付された題字を見なければ、一見したところ吉祥図案らしく見えない。構図は左右非対称で画面に十分な余白を残しており、フレームデザインをほどこしているところがあか抜けた都会的な印象で一般的な吉祥年画と趣が異なる。むしろ書物の挿絵を思わせる作品であろう。また当時のファッションを女性や男児といった人物画表現のなかに取り入れている点も見のがせない。盔のおもちゃを奪い合う子どもらと、それに手を焼く若い子守りの声まで聞こえてきそうな描写力は、日本の浮世絵に影響を与えたという蘇州版画のセンスをうかがわせる。

　このほかにも蘇州年画に限らず、吉祥物を題材とした静物画（一五〇頁参

ことに気づき、三人して大笑いしたという故事。ただし史実ではない。

五子奪魁図：五人の子どもらが一つの盔を奪い合っている五子奪魁図には、もう一つ別の解釈がある。一説に、五経（易・書・詩・春秋・礼記）の試験ですべて首位になれるようにという願いが込められているという。

照）や袋文字と絵画を融合させた吉祥文字図などがあり、雅俗一如の吉祥図案は豊富である。雅俗一如の作品はどこかひねりが利いていて、見る人の素養に差異があってもその人なりの角度で楽しむことができる。それは文人であれ庶民であれ中国人に絶え間なく底流する幸福祈求の精神の表れ――吉祥文化なのである。

上：桃花塢年画「一団和気」。
左：桃花塢年画「五子奪魁」。

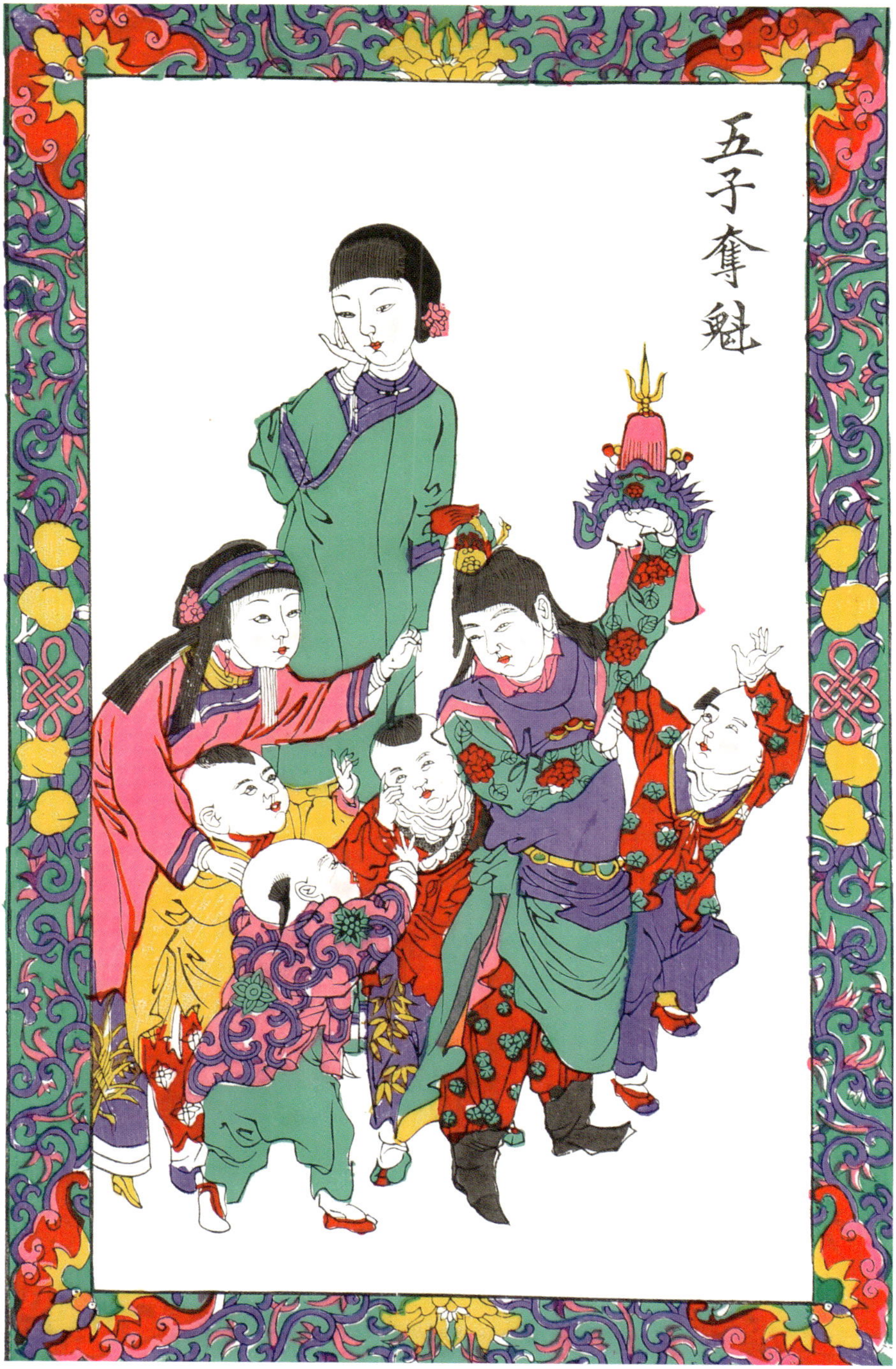
五子奪魁

第四章

新吉祥図案解題

上：風俗年画のひとつ「過新年」（山東 楊家埠年画）。人びとの願いを託した旧時の年越しの様子が描かれている。中庭に神がみをお迎えするための供物や線香をのせた長机が置かれ、紙銭を燃やしたり爆竹をする子どももいる。画面右上に雲に乗る天官が現れ、肥えた猪《ぶた》が門を押し入ってくる様子「肥猪拱門《ひちょきょうもん》」は、日本でいう鴨がネギを背負ってくる縁起のよいイメージである。
下：窓画「年年発財」（湖南灘頭《だんとう》年画）。窓辺を飾るためのやや小さい木版年画で、「年年発財（毎年儲かる）」の吉祥語が装飾品を兼ねた吉祥物として成り立っている。

「春牛図」（天津　楊柳青年画）。旧時の中国には立春に張り子の牛を鞭で打つ習慣があった。牛が耕作に励み豊作となるよう予祝の意味が込められている。この絵図は、童子の胸に「春」の字、竹竿の鞭に鞋《くつ》が掛けてあることから、「鞭春和鞋（鞭、春と鞋）」である。「鞭春」は「立春」に通じ、「和鞋」の発音から「和諧」の語が導かれ、「立春和諧（立春を迎え和らぐ）」の意味に解釈できる。立春を過ぎると寒さが徐々に和らいでくる。

故事年画のひとつ「老鼠娶親《ろうそしゅしん》（老鼠嫁女とも）」（山東 楊家埠年画）。鼠の嫁入りの行列は、花嫁の乗る輿を担ぎ、鳴り物入りで練り歩く様子が描かれることが多い。擬人化された鼠の絵にはユーモアがあり、子ども部屋の装飾にふさわしい。美しく成長した娘を最強の権力者に嫁がせたいと願った結果、花婿に鼠の天敵である猫を選んでしまう。またこの絵には鼠駆除の呪いの意味も込められている。※中国語では鼠や虎に老の字を冠して二音で発音するのが慣わし。

吉祥図案の集大成――中国年画

吉祥を題材とした絵画のなかでも、極めて豊富な内容を含んでいるのが中国民間版画を代表する「年画」である。日本では年画は一般的な名称ではないが、『平凡社大百科事典』を引くと、「正月に民家の門や室内に飾る中国独特の民間絵画」と説明している。新年を迎えるために、毎年さまざまな祈りを託し予祝の意味を込めて貼る絵図である。旧年中の年画を取り払うことは厄払いに通じ、新年に新しい年画を貼ることにめでたさがあるとして行われてきた習俗でもある。

すでに第二章の〈門神〉の項で、門神や竈神の信仰が鬼神崇拝を起源としていると述べたように、年画の背景には鬼神崇拝の心理がひそんでいる。年画は辟邪と吉祥を祈る心情が反映されているとともに、中国の人びとの日常生活を彩る芸術品でもある。

歳暮に近づくと、町の至る所で門神・鐘馗・桃板・桃符などを印刷したのを売り出し、除夜の用に備える。（孟元老 著『東京夢華録』より）

北宋時代の都 汴京《べんけい》（現 開封市）の繁昌記『東京夢華録』に、年画のことが書かれている。門の扉に直接門神像を描いたり、対聯《ついれん》のようにこしらえた桃符（一九一頁参照）を門の左右に掛けることもあったが、木版印刷の技術で一枚の肉筆画をもとに多量に複製することで年画を急速に普及させることができたのは北宋時代である。

宋代は都市経済が繁栄し、芸術文化の成熟と市民文化の台頭がもたらされた時代である。佛教の経典や儒教の経書、著書や絵画などが印刷・販売されるマスコミ時代が到来し、民間信仰の対象である神像の画を木版印刷技術を用いて商品化し流通させる基礎が成立していた。神像類のほかにも仕女娃娃《しじょあいあい》画《が》（娃娃は幼子。美人や子どもを描いた風俗画に吉祥の意味が込められている）や芝居の名場面などを描いた風俗画もあった。社会のあらゆる階層に浸透していた年画はすでに年越しの必需品であった。

北宋が金に攻められると、年画生産の担い手を含む多くの人が活路を求めて四散したことで、移住先の江南を中心に木版印刷技術は多くの地域へ伝播した。それまでは出版業者、印刷職人が行っていた木版年画生産は、おもに各地の農村で行われるようになった。また四川省成都（紙幣を刷っていた）のように、木版印刷の技術においては汴京《べんけい》より先進を誇る地域も存在していた。過去、年画の産地は中国各地に相当数点在していたと考えられる。

栃木・那須野が原博物館 図録『春節の祈り 中国・年画と紙馬の世界』に

よると、文献などでわかっているだけでも年画の産地は過去、二十省四直轄市の八十八の地域におよんでいる。なかには年画生産が村ぐるみで行われ、分業制で専門的に従事する例も現れた。その代表が四大年画として名高い天津の楊柳青《ようりゅうせい》（ヤンリウチン）、山東の楊家埠《ようかふ》（ヤンジヤブゥ）、蘇州の桃花塢《とうかお》（タオホアウ）、四川の綿竹《めんちく》（ミエンジュウ）または河南の朱仙鎮《しゅせんちん》（ジュシエンジェン）で、およそ明代末から清代中期にかけて最盛期を迎えた。そして民間での需要、時代のニーズに沿って年画を含む民間版画の内容を充実させていった。

　門神や竈神を含む宗教年画をはじめ、風俗（仕女娃娃、雑技など）・戯曲（神話や歴史小説の場面）・行業（職業神・祖師の像）・寓教（故事教訓）・農事（農耕儀礼、暦）・時事・芸術・商業（広告宣伝含む）など内容は極めて豊富である。そのため何を年画と称すか、年画の範疇にはどういうものが含まれるかが課題となっている。

　たとえば王樹村 主編『中国年画発展史』には、門神と竈神（竈神は三〇六頁を参照）は最古の年画形式、いわば年画の二大題材で、年画の起源や発展は民間信仰と切り離せないと述べられている。しかしながら、門神などの神像画を年画の範疇に含むか否かは研究者の間で見解が異なっている。

そもそも年画※という名称は清代末になって使われ始めた比較的新しい用語で、一般に通用するようになったのは民国時代の始まる一九一一年以降といわれる。それまで各地で独自に呼び慣わしていた。

しかも辟邪と吉祥を求める心理が不可分であるように、年画もまた辟邪と吉祥の両方の要素を含みながら多様化していった経緯がある。第二章の〈門神〉の項でも述べたが、当初は邪気を追い払う目的で凶猛な虎や神話の神を描いたが、時代が下ると福を招く画材が喜ばれるようになった。辟邪のための武門神に富貴の象徴である官僚姿の文門神を組み合わせるようになるなど、時代のニーズとともに門神にも流行があった。また年画とはいえ実際には、毎年新しく貼り替える「消費される年画」と、芸術作品として扱われる「鑑賞用年画」とがある。

このように、意味合いや用途が多面的であるものを単純に線引きすることには無理がある。そのため門神類について調べる際には、少なくとも年画のほかに語義の範囲が広い※「中国民間版画」というキーワードでも検索する必要があるというのが現状である（※ただし中国書籍を検索する場合は、「年画」をキーワードに検索するほうが該当件数が多い）。

本書では、人びとの幸福への願い「辟邪と吉祥」の要素を含んでいる木版画を対象とし、邪を避け福を招く神像類をも吉祥年画の範疇に入れている。

年画という名称：年画には長い間一定の名称はなかった。「紙画」「喜画」「歓楽紙」など産地や時代によって呼び名が異なっていたが、清代末に新聞を介して徐々に一般名称化した。風俗画の一種とみなされるにとどまり、あまり顧みられることのなかった年画が民間伝統芸術として見直され、各時代の風俗や歴史を映す資料的価値を認められるようになったのは一九五〇年代以降である。なお、王樹村 主編『中国美術全集 絵画編21 民間年画』の序文に、年画の核心にふれる記述がある。すでに一千年以上の歴史をもつ年画づくりは、中国の農耕文化の産物であるという。穀物が一年に一度稔ることをもって年を数えたともいわれ、中国は農業生産を経済の基盤としていすでに述べてきたように辟邪と吉祥の要素は古来、什器類・服飾品・建築などあらゆる方面に展開し人びとの意識のなかに定着している。ただどちらかというと実用品の上にほどこされる吉祥図案は、工芸技術や装飾的効果のほうに重きが置かれているようだ。

これに対し年画は、純粋に吉祥平安を祈願するために生み出された絵画表現で、装飾効果や図案の洗練は二次的なもので、瑞気と稚気にあふれた素朴さが年画の魅力である。年画は、普遍的テーマが法則性をもって改版をくり返しながら脈々と受け継がれている。その具体的な表現方法については次項で述べるが、ほとんどの吉祥題材は年画上に表現されてきた。

また世俗の需要に応じ商品として生み出されてきた年画は、世俗生活と直結した芸術で、見る者を楽しませる効果もあり、時代を映し出す鏡でもある。そして何よりも、年画の起源から隆盛までの発展史そのものが吉祥文化の歩んだ過程である。年画芸術に結実した人びとの祈りのカタチは、まさに吉祥文化の集大成といえるだろう。

次頁の中国地図には、本書に登場する年画の産地を中心に示した。

た歴史が長く、豊作か凶作かが人びとの禍福を左右するといっても過言ではない。そこで豊作祈願と直結した「年」の字を冠した年画という名称は意義深いものであるという。

中国民間版画：中国民間版画には、祭祀の対象である「神像画」・門扉に貼る護符としての「門画」・おもに室内装飾用の「年画」・祈願内容に応じ用意されている儀式の終了とともに燃やす「紙馬」などが含まれる。

黒龍江省
ンゴル
吉林省
遼寧省
内モンゴル自治区
北京
天津
◎大沽口《だいここう》(ダーグゥコウ)
◎楊柳青《ようりゅうせい》(ヤンリウチン)
朝鮮半島
河北省
寧夏回族自治区
山西省
山東省
◎楊家埠《ようかふ》(ヤンジヤブゥ)
黄河
泰山《たいざん》
曲阜《きょくふ》
開封《かいほう》(カイフォン)
◎兗州《えんしゅう》(イエンジョウ)
甘粛省
◎鳳翔《ほうしょう》(フォンシアン)
◎朱仙鎮《しゅせんちん》(ジュシエンジェン)
陝西省
河南省
江蘇省
揚州《ようしゅう》(ヤンジョウ)
無錫《むしゃく》(ウーシィ)
蘇州◎桃花塢《とうかお》(タオホアウ)
◎綿竹《めんちく》(ミエンジュウ)
長江(揚子江)
湖北省
安徽省
上海
成都《せいと》(チェンドゥ)
太湖《たいこ》
宜興《ぎこう》(イーシン)
省
重慶
杭州《こうしゅう》(ハンジョウ)
浙江省
湖南省
江西省
◎灘頭《だんとう》(タントゥ)
貴州省
福建省
台北
南省
広西チワン族自治区
広東省
汕頭《スワトウ》
台湾
台南
ベトナム
ス
海南省

中国地図
◎は本書に登場する年画の産地
カザフスタン
キルギス
新疆ウイグル自治区
•和田（ホータン）
青海省
チベット自治区
ネパール
ブータン
インド
バングラデシュ
ミャンマー
タイ

吉祥図案の表現手法――象徴・諧音・寓意

長い歴史のなかでくり返し表現されてきた吉祥図案は、中国の人びとが共通認識できる普遍的な存在である。多くの吉祥図案は「吉祥画題」すなわち「吉祥語」をもとに、複数の意象を組み合わせて表現される一幅の絵画に等しいものである。

この場合の意象とは、主観的な心情や意味を託して表現するための具体的な物象をさし、実際は花鳥虫魚など実在する動植物をはじめ、日常生活で用いる器物類、龍鳳麒麟など観念上の霊獣、符号類※などさまざまな有形物が含まれる。これらのなかからふさわしい意象を選び出し組み合わせて吉祥語をつくる過程は言語表現に近いもので、いわば吉祥図案とは絵図に託す「隠し言葉」であるといえる。

具体的には、一つの意象は漢字一字または独立した単語に相当する。この発想自体は、江戸時代の歌舞伎役者が流行らせた浴衣や手拭いの語呂合わせ文様にも見受けられる。たとえば、「鎌の絵」「輪を意味する○」「ぬ（平仮名）」を組み合わせて「かまわぬ」と読ませるのはその一例だが、巧妙な中国の吉祥図案の場合は自然を描写した風景や静物画のように見えて、一見したところ吉祥画とわからないものもある。

符号類：ここでは、ある吉祥物を抽象化し符号のような形式にしたものをさす。如意を抽象化した「如意頭」のほか、八仙それぞれの人物を象徴する持ち物で表す「暗八仙」、佛教と関係の深い八吉祥や卍などがある。

そもそも単音節語からなる中国語は語呂合わせの宝庫というべき言語である。音節の数が少なく同音異義語の数が多い。一音で数十の言葉をもつ例も少なくないため、基本的に一つの言葉に一つの文字、一字・一音・一義が三位一体として成り立っている。「麻媽媽罵馬（マー母さん馬をののしる）」のように ma の一音（四声の区別はつける）を五つ連ねただけで文章になるのはその一例である。同音の字が多数存在する上に、近似音まで含むとさらにその数がふくらむ。自ずと同音および近似音による語呂合わせは日常化した。中国人が数字を連ねた車両ナンバーや電話番号にさえ強いこだわりを示すのは好例で、語呂がめでたいかどうかに尽きる。

吉祥図案において、語呂合わせの常套手段といえるのが「象徴」「諧音」「寓意」である。図案上の意象は概ねそのいずれかに該当しており、それが図案を構成する上での法則でもある。

まず象徴は、その意象のもつ性質や形態、習性などの特徴から特定の意味を表現するものである。意象の示す意味を解読するためには、その有形物の背後にあるものを連想する必要がある。神話伝説や故事成語、宗教的観念や習俗、歴史、文学といった文化的背景をある程度理解していなければ連想は容易ではない。しかし逆をいえば、長く中国の伝統文化に親しみ生活していると習慣として自然と理解できるものでもある。

たとえば「桃」は辟邪と長寿の象徴であるが、なぜ辟邪と長寿を象徴するようになったかは古い伝説（※度朔山伝説は門神の項を参照）が関与している。桃には古来強い辟邪の力がそなわると信じられ呪物として利用されてきた一方、桃は長寿の象徴として知られる。不老不死の桃の話は、神仙説と結びついた西王母の伝説とともに広まった。のちに小説『西遊記』に西王母の蟠桃園の桃の話が書かれて以来、桃は辟邪物というよりむしろ長寿の象徴として広く知られている。

次に諧音は、その意象の発音を用いる語呂合わせのことである。吉祥図案に託された「隠し言葉」は諧音を用いて成り立っていることが多い。諧音とは字音が同じか近いことで、極端にいえば発音が似てさえいれば有形物はみな文字または語彙の代用として利用できるということになる。これにより蝙蝠の意象は「福」、鹿の意象は「禄」または「六」、戟《げき》（ほこ）や鶏の意象は「吉」の字の代用として用いられる。しかしここでも無視できないことは、意象の組み合わせ一つにも伝統があるかどうかが大切である。長期にわたり普遍的に伝承され一定の集団が共通認識していること、加えて視覚的にも好ましい内容であることが重要である。方言の違いなどにより、諧音によって成り立つ吉祥図案には地域性が生じることもある。

そして寓意（暗示とも）は、その意象に対し願望や理想を託して表現することである。先の象徴と異なる点は、託したい内容が先に存在していて、喩えにふさわしい意象を探し引用することである。そもそも寓意表現は、直接表現がはばかれる政治・哲学・文学に欠かせない表現法である。意象そのものの形態や習性によらず、神話伝説や故事成語などをもとに事理（物事の道理）を意象になぞらえて表す。

たとえば「巣から糸を引きながら降りてくる蜘蛛の図」は、「喜従天降（慶事は天よりくだる）」を寓意している。蜘蛛の降りてくるのを吉兆とする故事伝説は中国に複数存在することから、多くの人は蟢蛛※に「うれしい知らせがある」「会いたい人に会える」という願いが託された図案であることを理解できる。また、吉祥図案表現の多くは、象徴と諧音を用いて図案に託された深意を寓意する手法に基づいている。

このように中国伝統の吉祥図案は、図案を構成する具体的な物象をもって抽象的な吉祥概念を表現する手法が用いられる。吉祥図案が読むことのできる絵、すなわち隠し言葉であることの本質は、吉祥または辟邪への祈りが託された言霊であり、予祝の意味が込められている。

以上のことは二七七頁の表【図画による吉祥表現】にまとめた。これらをふまえて、次の項では実際にいくつかの年画作品を参照し、絵図に託された「隠し言葉」を読み解いてみたい。

蟢蛛：蜘蛛のなかでも、喜子の別名でよばれるのはアシダカグモである。

【文字による吉祥表現】

吉祥の文字や言葉はそれ自体が吉祥物として成立するが、文字を構成する点や線に意匠を加えることで、書画一如となり表現は豊かになる。変形・改造し符号化された文字には、言霊の呪力を強化しようというねらいもうかがえる。

文字そのもの	吉祥の文字や言葉は、商品パッケージから店舗の看板、手紙の結びの言葉、家々の門扉など中国のさまざまな場面に見受けられる。 例）吉字　「福」「寿」の字など 吉語　「万事如意」「長命富貴」など 対聯《ついれん》　「四時吉慶　八節安康」など
装飾（意匠）文字	文字を構成する点や線に意匠を加えて装飾化された文字。中国では古くからさまざまなスタイルの装飾文字がつくられ、その多くは吉祥の意味が込められている。 例）修飾化された篆書「鳥虫篆」 絵で形づくられた文字「花鳥字」 刷毛などで描く絵文字「板書」など
特殊文字	変形または改造することにより符号化された文字。四文字を一字のようにこしらえる組み合わせ文字、道教の護符なども含まれる。 例） 「双喜」　 「招財進宝」　 「五福」

【図画による吉祥表現】

吉祥画に描かれた一つひとつの絵（意象）は、吉祥画の主題・深意である「吉語」を構成する文字や言葉に置き換えることができる。吉祥画に託された「吉語=隠し言葉」を読み解く法則は、象徴・諧音・寓意（暗示）である。

象徴	絵のもつ性質や形態、習性などの特徴から特定の意味を象徴する。神話伝説・故事成語・宗教的観念・歴史・文学などに由来し、一定の集団が共通認識できるものである。 例）桃──→辟邪、長寿 鴛鴦──→夫婦円満 牡丹──→富貴・繁栄
諧音	吉祥画に託された「隠し言葉」は、絵のもつ発音を用いて成り立っていることが多い。その場合、絵の発音と同音か近似音の文字または言葉が吉祥画の主題「吉語=隠し言葉」を構成している。 例）五匹の蝙蝠──→五福 wufu 大きい鶏──→大吉 daji 白菜──→百財 baicai
寓意（暗示）	絵に対し願望や理想を託して表現する。おもに神話伝説・故事成語・文学をもとに物事の道理を絵になぞらえて表す。また、吉祥画表現の多くは象徴と諧音によって託された深意を寓意する手法に基づいている。 例）巣から降りてくる蜘蛛（喜子）──→うれしい知らせ 波に洗われる盤石──→恒久、多寿 松竹梅──→歳寒三友（苦難時代の友、忍耐）

年画のなかの隠し言葉を読む

中国年画を代表する楊柳青年画と楊家埠年画を中心に筆者が任意に選出した十一の題材を例に、絵図に託された「隠し言葉」を実際に読み解いてみたいと思う。解読の手引書としては、野崎誠近《のぶちか》著『吉祥図案解題――支那風俗の一研究』を基本に、海南出版社の『中国吉祥符』、東方出版社の『中国伝統紋様図鑑』、張道一主編『中国民間美術辞典』などを用いた。

『吉祥図案解題――支那風俗の一研究』は、一九二八（昭和三）年に著者自ら中国土産公司より出版した吉祥文化の研究書である。当時の中国でもっともふつうに用いられていた吉祥図案百八十五例を選出し、その起源および成り立ちを概説している。

「吉祥図案」という言葉を最初に用いた点でも画期的な書であるが、四百種におよぶ画材を網羅し、用例の豊富さと趣のある絵図、解説内容の周到さにおいて他の追随を許さない一書である。海南出版社の『中国吉祥符』や人民美術出版社の『中国祥瑞象徴図説』など中国で出版された吉祥関連の書籍の多くが同書を底本とした復刻改訂本の類であることからも、この書の価値の高さが知られる。さらに同書の序文を読むと、漢字は我われ日本人にとって目で見て理解できる文字であるが、中国人は耳で聞くべき文字としても扱っていると指摘している。漢字の発音が中国文学史上看過できない要素であり、とくに吉祥図案の材料という点において、いかに異字同音が重視されているかに着目し解説している。なお、敬意を表して本章のタイトルは野崎氏の書名にあやかった。

天津 楊柳青古版年画「富貴満門」。中央の童子が腰掛けているのは、富を象徴する巨大な元宝(昔のお金。馬蹄銀とも)。

福寿三多——福と寿さらに多子多福多寿を願う図

楊柳青年画（木版刷に肉筆で彩色）

桃の実の精の如き童子が芭蕉の葉の敷物の上で佛手柑《ぶっしゅかん》を枕にして身をまかせ、桃を脇に抱え傍らに石榴が転がっている。童子が片手で蝙蝠をとらえるそばを鶴が飛来する様子に描かれている。まず幸福の象徴・蝙蝠と長寿の象徴・鶴で「福寿」を表している。佛手柑はインド原産の柑橘で分厚い果皮が変形し手指のように見えることからこの名がある。人びとの願いをかなえてくれる佛様の手に通じる佛手柑は、吉祥図案では佛と福が諧音でもあることから福の代用で、ここでは多福を意味する。桃の実は三千年に一度実を結ぶという仙桃（西王母の蟠桃）にあやかり祝寿・多寿を寓意する。種の多い石榴は多子（多男子）を寓意し、多福の佛手柑・多寿の仙桃・多子の石榴をそろえて「三多」の願いが託されている。なお芭蕉の葉は古くは辟邪物、のちに吉祥物に転化したとみられる。

丹鳳朝陽――天下太平を願う図

楊柳青年画（木版刷に肉筆で彩色）

一般には「丹鳳朝陽」図の場合、太陽と梧桐《あおぎり》に鳳凰を組み合わせた図に描かれることが多い（七七頁の「丹鳳朝陽」の図版参照）。丹鳳と称すのは『山海経』のなかの「鳳凰は南極の丹穴（朝陽の谷）に生まれる」という伝説にちなんでいる。鳳凰に梧桐を配すのは、百鳥の王である鳳凰が聖なる梧桐の木でなければ棲まないという伝説による。気高く美しい鳳凰が太陽の方角に向いて鳴く様子は、「天下太平」「吉祥」「高位にして吉運あり」を寓意する。

ただしこの絵図の場合は、見て楽しめるよう伝統的な題材に新しい解釈を加えた表現にしている。童子が霊芝を手に鳳凰を招きよせている図である。寿石の上に静かにたたずむ鳳凰が優雅な様子で、童子らのほうを向き祝福しているようにも見える。まだあどけない童子らの表情や仕草が愛らしく、仙寿の象徴である霊芝を餌に鳳凰の気を引こうとしている様子が思わず笑いを誘う。

金魚満堂——富貴を願う図

楊家埠年画（木版刷り）

金魚は「金玉」「金余」と諧音であることから、金魚鉢のなかに数匹の金魚が泳ぐ図案は「金玉満堂（金や玉などの財宝が家のなかに満ちる）」を寓意している。こまかいことをいうと、金魚鉢の水は深い淵「潭 tan」を寓意しているとともに「潭（奥深いという意味が転じて〈あなたのお宅〉の意）」と「堂 tang」が諧音である。この絵図では、童子が無邪気に金魚鉢に手を入れて、金魚を我が物にしようと戯れているように見える。福福しい童子そのものが福の化身である。

囍
紅福临门
囍
堂
满

喜報三元——三元及第の如き幸運を願う図

楊家埠年画（木版刷り）

吉祥図案「喜報三元」はもともと喜鵲《かささぎ》に三つの桂圓（ライチに似た果物、龍眼とも）を組み合わせた絵図で表現される。さえずる喜鵲は「喜報」、すなわち喜ばしい知らせが告げられることを意味する。三元は旧時の文官採用のための三段階試験でそれぞれの首位合格者を解元・会元・状元と称し、まとめて三元といった。喜報三元とは三元及第の吉報が届くことを暗示しているが、実際には不可能に等しい難事。一般庶民には関係なさそうな題材ではあるが、不可能が可能になる話ほどめでたいことはない。

この年画は左右対称の対になっており、さえずる喜鵲を指に止まらせ宝物を載せた車を引く童子と、喜鵲の気を引こうと果実をつけた枝を担ぎ餌をかざす童子とが描かれている。画面に描かれた果実には、多子多産を象徴する石榴、形が丸く発音が吉に通じる柑橘、長寿を象徴する桃がある。宝車を引いて無邪気に遊ぶ子どもの姿にも、幸福への願いが託されている。

喜報三元

掛印封侯——出世栄達を願う図　楊家埠年画（木版刷り）

封侯掛印とも書き、猴《さる》が印綬を楓《かえで》の木の枝に掛ける図に描かれることが多い。この年画では、松の枝に掛けられた印綬、その右に蜂の巣、その下で猴が小枝を手に様子をうかがっている。印綬とは官職を示す印とそれに結んである組紐のことで転じて官職を寓意し、猴は侯爵に通じ、蜂（または楓）は封の字の代用である。これらをまとめると、「掛印すなわち印綬をおび、侯爵に封ぜられる」という意味になり、名誉と権力の両方を手にできる栄達への願いが込められている。ただし画面をよく見ると、猴が小枝を手に気にしているのは甘い蜂蜜のほうで、印綬は眼中にないようだ。一度官職に就いたら甘い蜜を欲しがるという意味を暗示する風刺画にも見え、あるいは猴の習性をユーモラスに表現しているようでもある。なお印綬（官印）を袱紗《ふくさ》で包んだカタチは、紫砂茶壺の様式にも取り入れられ「印包壺（二一一頁の写真参照）」と称す。

挂印封侯

梅花開五福——五福を願う図

楊家埠年画（木版刷り）

五枚の花びらを福・禄・寿・財・喜の五福になぞらえ、「梅の花が五つの幸福を開く」とする吉祥画。厳しい寒さのなかで先がけて開花し清《すが》しい香りを放つ梅の花は「歳寒三友（一四四頁参照）」のひとつとして尊ばれてきた。日本では梅といえば鶯なのに対し、中国では梅には喜鵲、鶯（※厳密には中国でいう黄鶯は朝鮮ウグイスをいう）は柳に配すものというのが暗黙の了解になっている。自然界での事情はさておき、梅の梢に喜鵲の止まった図案は、その語呂合わせ（梅と眉が諧音）から「喜上眉梢」、すなわち喜びが顔の表情（眉の上）に出ているというめでたい意味になる。また同様の図案を「喜報早春」として、迎春を祝う画ととらえることもできる。さらに喜鵲がつがいであるなら、結婚祝いや子宝にめぐまれるきざしをも暗示している。

梅花開五福

戟磬有魚――多くの吉祥を願う図

鳳翔年画（木版刷り）

大きな魚を抱きかかえる童子と傍らに戟《げき》（ほこ）と磬《けい》（鳴る石）を配した「戟磬有魚」は、その発音が「吉慶有余」に通じる吉祥図案である。「めでたいことが有り余る」と前途を祝福する気分が表現されている。それぞれの字の発音から、戟は吉、板状の石を打ち鳴らして用いる楽器の磬は慶、魚は余の字の代用である。戟・磬・魚の三要素を組み合わせていれば「吉慶有余」が成り立つことから、磬を打つ童子と張り子の魚を持つ童子が戯れ舞う絵図も同じ意味を成す吉祥図案である。また花瓶に戟を挿し、戟に魚の飾りのついた磬を掛けた古風な室内装飾品として描かれていることもある。

戟磬有魚

五福今天来　双喜即日到——五福と双喜の到来を予祝する図

楊家埠年画（木版刷り）

「五福今天来」の絵図は、五匹の蝙蝠が飛来し、そのうちの大きい蝙蝠が吉祥符を口にくわえている。仙桃と富貴花を担いだ童子が蝙蝠を捉え、宝物でいっぱいの籠を提げた美女が、「ほらね、福が来たでしょ」といわんばかりに蝙蝠のほうをさしている。孔のあいた古銭と壽の字、盤長（二五〇頁参照）が暗示する吉祥の意味とは、壽の字と盤長を連ねて寿命が永遠なること、銭は前の字と諧音で孔を眼に見立てると「眼前」となる。そこで五匹の蝙蝠と合わせて「五福は目の前に、寿命は永遠に」と読み解くことができる。

これと対を成す「双喜即日到」では、喜鵲が吉祥符を口にくわえている。磬と双喜を合わせると「慶（賀）双喜」と読むことができ、双喜は「めでたいことが重なる」という意味と「（両家の慶事である）結婚祝い」の意味がある。画面をよく見ると、美女が餌のあるのを示して喜鵲を招き寄せ、童子の手のなかでもう一羽の喜鵲が鳴いて、すでに喜ばしい知らせが告げられているようだ。画面中央の下方にさりげなく一匹の蝶が飛んでいる。蝴蝶 hudie は「福 fu」と「耋《てつ》 die（七十、八十歳の老人）」の字と諧音であることから、幸福と長寿への願いも忘れずに託されていることがわかる。

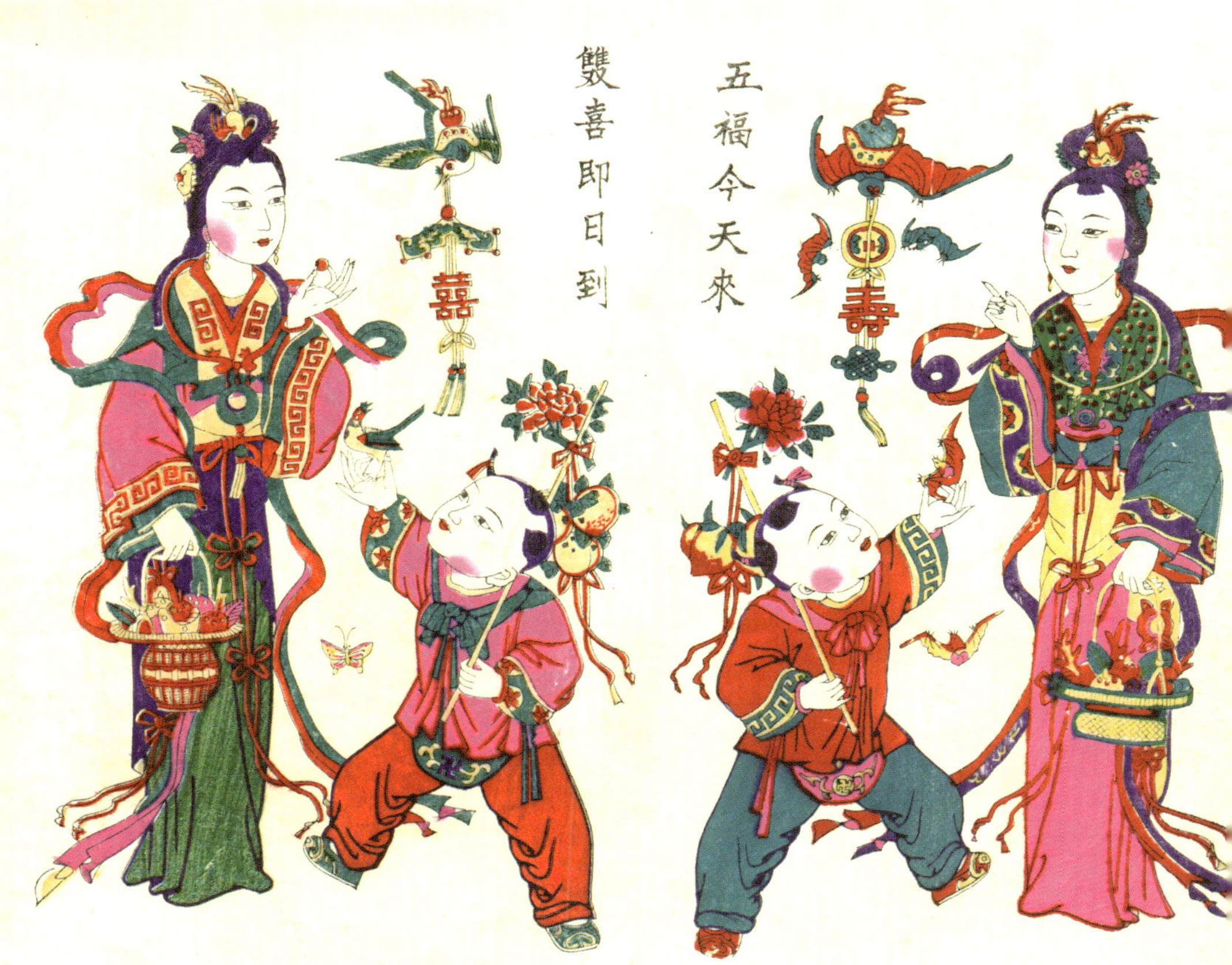
五福今天來
雙喜即日到

榴開百子図　桃献千年寿――多子多福と不老長寿を願う図

楊家埠年画（木版刷り）

桃と石榴の大樹が並び立ち、たわわに実を結んでいる。その二本の木を取り囲むように大勢の童子らが戯れている。相撲を取ったり木登りをしたり、果実をもいだり、みずみずしい果実のような子どもたちの無心に遊ぶ姿こそ幸福の象徴である。童子・仙桃・石榴のモチーフは、ほかの年画作品にもたびたび登場しているため、改めて紹介する必要があるかどうか迷ったが、やはりこの絵図には捨てがたいものがある。多子多福と不老長寿という二大テーマ以上に、童子らの放つ「生命礼讃」のパワーが圧巻である。髪型に特徴のある中国の童子をモチーフとした図案は、日本に伝来したのち唐子《からこ》文様などと称し親しまれてきた。

※左の画題の**烑**は桃の俗字

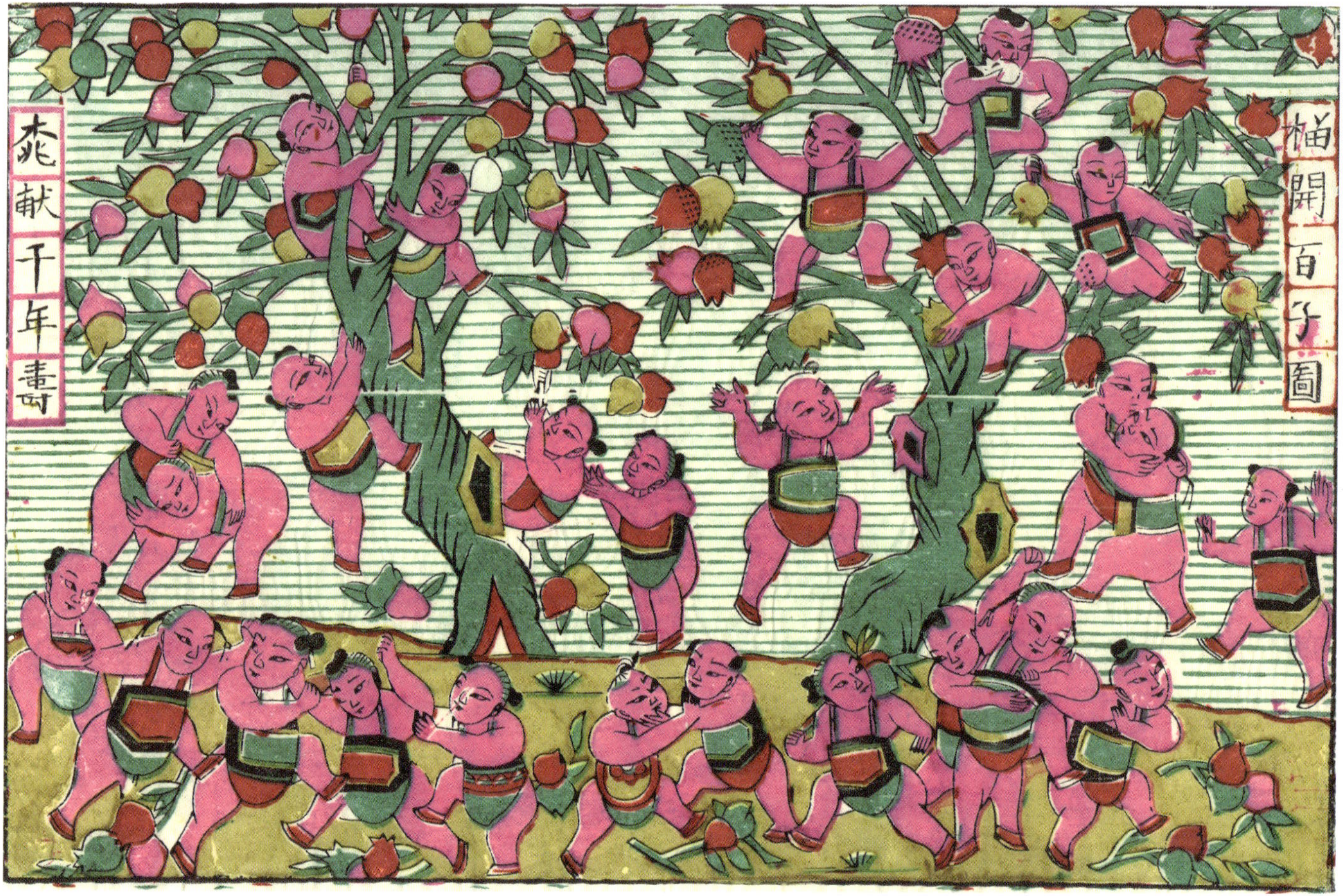
榴開百子圖
桃献千年壽

歓天喜地――富貴栄華を願う図

楊家埠年画（木版刷り）

天上と地上における究極的な楽しみを満喫できること、それが「歓天喜地」である。これを語呂合わせにより、地上にアナグマ、空中に喜鵲のいる絵図で表現する例もあるが、誰もが見て楽しめるという点ではこの年画におよばないようだ。まず画面右手に銅鑼《どら》を打ち鳴らす童子がいて、銅鑼の音に合わせ二人の童子がブランコを回転させている。ブランコ遊びの連続運動は、生と滅の営みが繰り返される自然界の永遠性に通じ永久・長寿を寓意。空中ブランコで遊ぶ二匹の猴は侯爵を寓意している。冠を片手に山羊を引く童子の姿もあり、これは高位高官の座とまばゆい陽光（羊冠と諧音）の如き栄華を手中に納めることを暗示している。山羊を引く童子の背後には鶏冠花（ケイトウ）の鉢植えが置かれているが、名前に冠の字のつくケイトウも高位高官の象徴である。傍らに戯れ舞うつがいの蝶が、相思相愛と長命への願いを寓意している。一見無心に遊ぶ子どもたちの楽園図のように見えて、じつは大人たちの富貴栄華への願望が託されている吉祥絵図である。

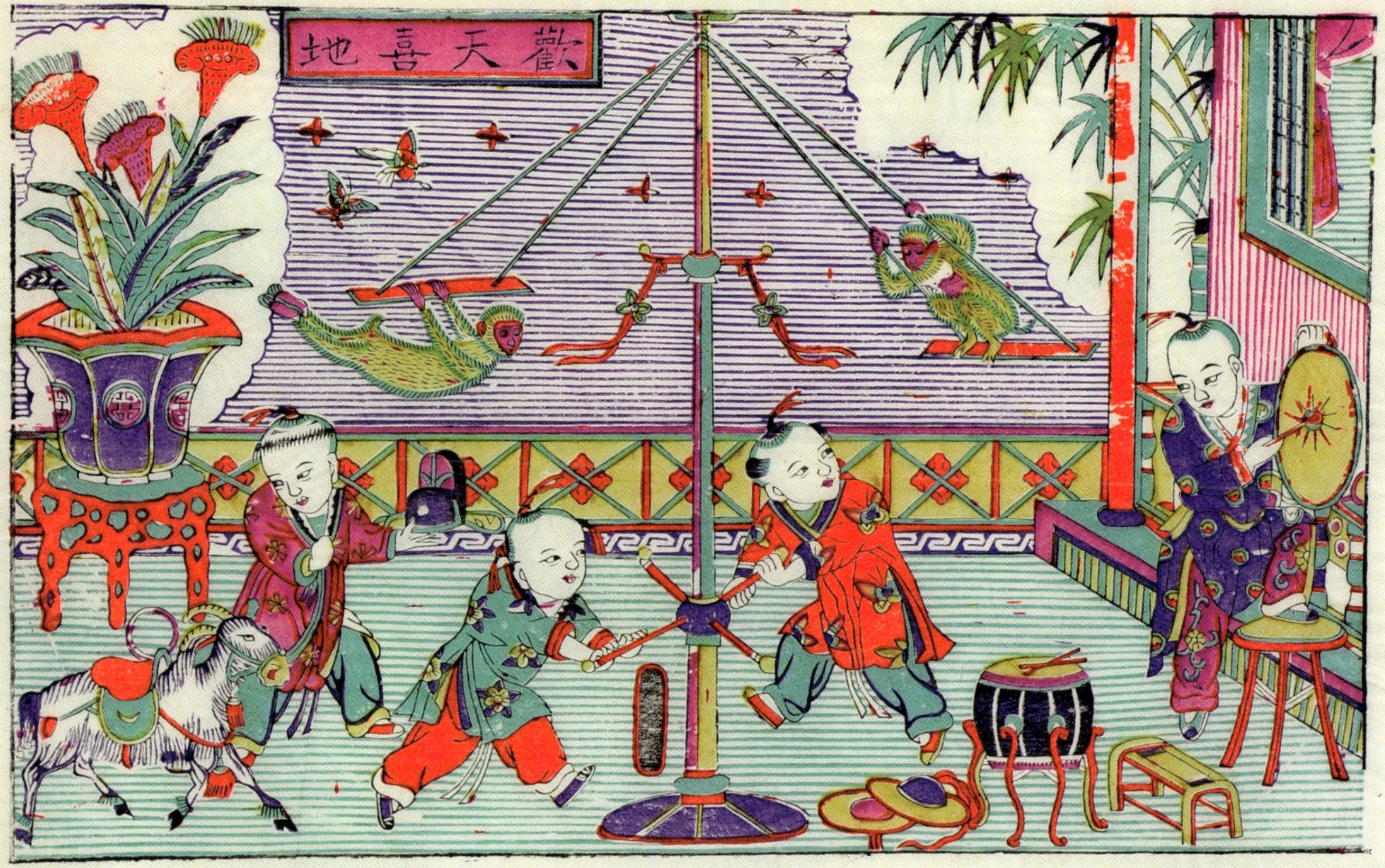
歡天喜地

連生貴子　長命富貴――子孫繁栄と長命富貴を願う図

楊家埠年画（木版刷り）

二枚一組の縦に細長いこの絵図は窓用の装飾年画で、窓旁、窓飾などと称す。その多くは四季の草花と花瓶を描いたもので、「四季平安」「連年富貴」などを題材とした吉祥画である。

この絵図も典型的な窓飾のひとつで花瓶に草花が挿してあるが、辟邪鎮宅（家の魔除け）の獅子が花瓶（和平と諧音）を背負う構図である。花と実を同時に生じることから「連生貴子（続いて男児が生まれるの意）」を寓意する蓮花は向かって左の花瓶に挿してあり、富貴花の牡丹は右の花瓶に挿してある。花の間から童子が顔を出し、喜びを告げる喜鵲、長寿をもたらす延年菊、発音が官（guanr）に通じる蟈蟈《きりぎりす》（guoguor）、獅子の足下に宝珠、芭蕉の葉なども描かれている。

壽
長命富貴
北新成店
壽
連生貴子

以上の年画を通して、概ね次のようなことが理解できる。

吉祥図案は、四字ないし五字で表記されることの多い吉祥語を複数の意象を組み合わせて成立している。そこで「意象の示す象徴的内容」あるいは「連想される寓意内容」、「言葉に置き換えたときの発音」が何であるかを考慮した上で順に組み合わせてみる。絵図に託された「隠し言葉」のなぞかけを解く過程は、言葉さがしの連想ゲームに似ている。

年画の場合、多くの人が画意を理解し見て楽しめるよう、あらかじめ画題を付していることが少なくない。そのため画題を手がかりとして、描かれている意象を文字または言葉に変換し画題に当てはめてみることで、改めて画に託された意味を発見し楽しむこともできる。また画中には往々にして、吉祥画題を表現した語呂合わせ以外の吉祥物もふんだんに描き込まれている。余白を残すことなく画面を埋め尽くすような吉祥尽くしの傾向はとくに年画に顕著である。邪気のない色彩豊かな年画はただながめるだけでも楽しいし、子細に見て玩味するのも愉しい。

第五章

五福の求め方

すでに第三章の〈気の思想と中国人の幸福観〉で述べたが、「五福」の語の初見は『書経』の「洪範九疇《こうはんきゅうちゅう》」で「寿（長命）・富（富貴）・康寧（健康）・攸好徳《ゆうこうとく》（徳義を重んじ物事を解決すること）・考終命（安らかに天寿を全うすること）」をさす。これに対し現在、五福をいう場合は福・禄・寿・財・喜をさすことが多く、精神面よりも物質面の豊かさを求める傾向が強い。この世の幸福が福・禄・寿・財・喜の五福に該当するなら、実際にそれぞれの願いを託す祈りの対象とは何か。具体的な幸福の求め方と年中行事との関係、さらに吉祥図案上の表現について述べたい。

福の神

中国において祈福の対象となる神は人それぞれにあるようだが、吉祥図案とくに年画に多く描かれる福の神は、おもに歳星（木星の古代中国名）を擬人化した「福星」、道教の「天官」、民間信仰の「竈神」が中心である。

【福星】

黄道上を約十二年周期で移動する歳星は、古来その位置によって年を数えることや運行を観測して吉凶を判断することが行われ重要視されてきた。いつしか福運をもたらすよう人びとが願いを託すようになり福星の名がついたといわれる。十二の倍数にあたる年齢すなわち本命年（年男、年女）に厄払い・祈寿を行うことも歳星崇拝と無関係ではないようだ。のちに擬人化された歳星は福星という人のような姿に描かれると、しばしば道教の天官と混同されるようになった。

【天官】

天官は地官、水官とともに「三官」と称す道教の神である。三官は人びとの日頃の態度によって、天官が福を授け、地官が罪を許し、水官が困難から解放してくれるという。なかでも福を授ける天官の人気は高く、吉祥図案にも天官の神像はより多く描かれる。その姿は、冠をかぶり如意を手に持ち、官服を着用した高級官僚そのままである。長い鬚をたくわえた慈眉悦目の表情で栄華富貴の福気に満ちているのは、人びとの想い描く理想像でもあるだろう。

吉祥図案上で福星と天官のちがいを見分ける場合、福星は福禄寿三人神のひとりとして描かれるのに対し、天官は一人神で「天官賜福」や「指日高昇（升）」と書かれた軸を広げていることが多い。

【竈神】

竈神は、門神と並ぶ年画の二大題材のひとつで、その信仰は門神同様に道教成立よりはるかに古い。毎日の炊事に欠かせない竈は、五祀のひとつとして定期的に祭祀を行うべき神聖な場所である。各家庭の竈に宿るという竈神は、一家の行いを監督して天神に報告するため、その家の吉凶禍福および寿命の長短まで竈神の報告次第と信じられた。

人びとの生活にもっとも密接な竈神は、貴賤を問わず重視されてきた神である。毎年農暦十二月二十三または二十四日に竈神の祭祀を行い、一年間貼ってあった竈馬※を取り外して紙銭とともに焚いて神を送る（およそ一週間後の大晦日の夜半に八百万の神がみと共に下界に降りるので、元日の夜明け前に神迎えの儀式を行う）。

福星、天官、竈神のほかに、通天の霊獣で農業神としても信奉されている龍（龍王）も幸福を祈る対象に含まれるだろう。これらに共通していることはみな「天と地をつなぐ――通天」の存在である。

農業を根本とする中国で、「人間の運命をにぎるのは天」「福気は天よりうけるもの」という観念が生じた。天候や暦を把握するため重視されてきた星は、農業の収穫と密接な関係があるだけでなく、人の運命とも何らかの関係があると信じられた。

竈馬：竈神の像が印刷されたものを竈馬というが、地域により呼称や解釈は異なる。神佛の印刷されたものは総称して紙馬（神福、神馬とも）といい、神がみを祭祀するときに用いる。馬は天上と人間世界を往来する神佛の乗りもので、馬に乗るが如く神佛が憑依する「依《よ》り代《しろ》」と解されている。紙馬の類は燃やして煙にすることで、異界へ送り届けることができるという。

左：紙馬のひとつで、神迎え・神送りの際に用いる天地三界の全神像。中国人が信じる天地間のあらゆる諸神佛を集めた画像。最高位の神佛から俗神に至るまで一堂に描かれている。

天地三界九佛諸神總聖

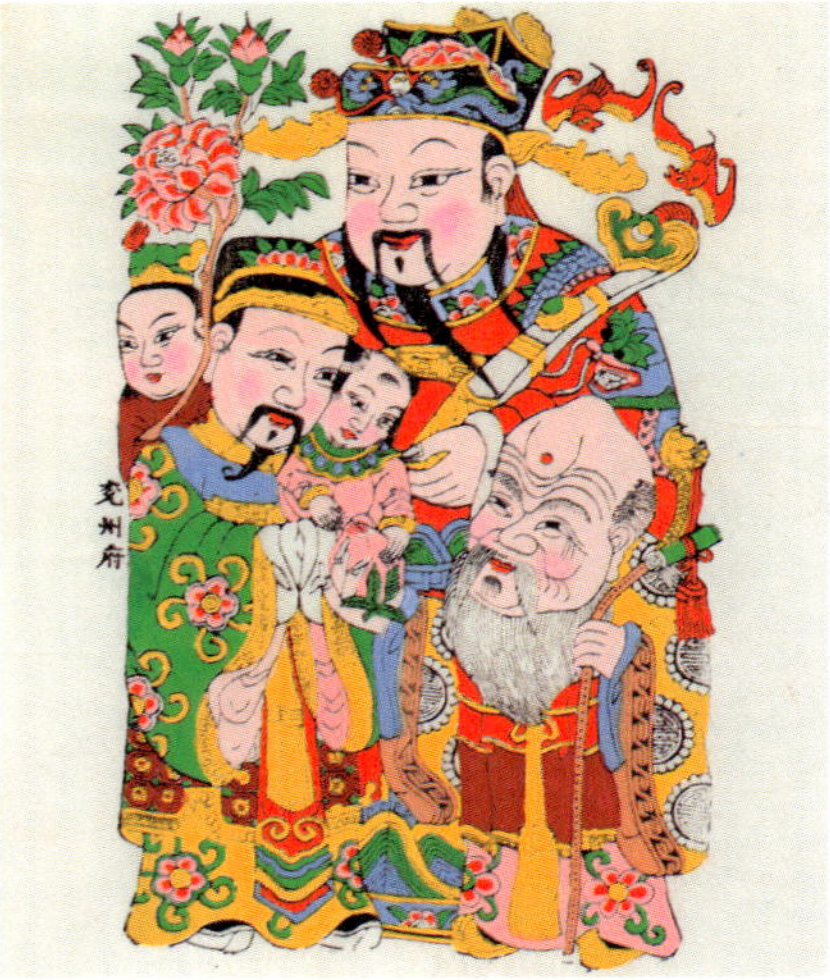

上：朱仙鎮年画「三星図」。
下：兗州《イエンジョウ》（山東）年画「三星図」。
左：楊柳青古版年画「三星図」。
如意を手にした福星を中心として、嬰児を抱く禄星と長頭短身の寿星、童子らが描かれている。産地や制作年代は異なるが、全体の構図、とくに福星を中央に配し大柄に描くことが共通している。福の字そのものがあらゆる幸福を総括しているように、福星にも大きな願いが託されていると見ることができる。

上：鳳翔（陝西）年画「福星」。福禄寿三人神のひとりとして描かれることの多い福星の単身像。二枚一組で「風調雨順」と「民安国泰」の対聯《ついれん》とともに対称を成し、古人が歳星に託していたように農業の順調と豊作への願いが託されている。この神像と三三六頁の喜神像の特徴が似ていることにも注目したい。

左頁右：「竈神」（産地は河北省の武強または保定あたりと思うが確証はない）。森三樹三郎 著『支那の古代神話』によると、最古の竈神は炊事を教えた老婦だったが、母系氏族社会から父系氏族社会へ移行するにしたがい竈神も男神に転じたという。画面中央の竈君府の祭壇前に座す鬚の男神が竈神。

左上：楊家埠年画「竈神」。中央に竈君、竈君夫人の夫婦二神が鎮座している絵図である。竈神は俗に竈王爺、竈君、東厨司命ともいい、男神のみと夫婦二神の神像がある。竈神の像はこのようにシンプルなものから、財神や八仙まで登場する込み入った構図のものまでバリエーションに富む。

左下：楊家埠年画「天官」。民間では上元すなわち農暦の正月十五日は、天官が福を賜る日とされる。天官は如意を手に持つか、「天官賜福」「指日高昇」と書かれた軸を広げていることが多い。天官の顔が赤いのは関羽同様に真心の表れである。衣冠束帯姿の天官には出世栄達への願いが託されている。

福を迎えるための厄払い

辟邪の行為により悪いものが追い払われたあとに福が残る、福を招くことにつながると考えられた。除夜（除夕）の除は祓除《ふつじょ》のことで、もとは新年を迎える大晦日の夜に追儺《ついな》を行い、穢れを祓い除いたことに由来する。※追儺の儀式はすでに周代には形成され四季にこれを行っていたという。また孔子の時代、村に悪疫が流行すると爆竹を燃やして悪疫の元凶である悪鬼の退散をはかったが、爆竹の使用も追儺と同様の目的であった。

このほかに、悪鬼を門口に近づけまいとして歳末に門神などの画像や春聯《しゅんれん》を貼ることも、厄払いのために始められたことである。春聯は、ふつう紅い紙に墨文字で書かれる対句で左右の柱に相対して貼る。対句の内容は家々の願いが反映された吉祥に富む表現が多い（春聯については三五頁参照）。やがて一切の願いを福の一字に託し扉に逆さに貼りつけて、「福倒了↓福到了」の語呂合わせから福の到来を予祝することも多く見られるようになった。

年越しに次いで厄払いが重視されたのは、疫病や中毒の発生しやすい農暦五月である。この時季に五毒図（二一二頁参照）や※鍾馗図、さまざまな符呪《まじないふだ》を貼ったり、子どもの腕に五色の糸で組み上げた紐（二一一頁五色の糸を参照）を結ぶなどして祟りや禍を避けた。しかし時代が下るにつれ辟邪の観念は薄れ、

追儺の儀式：詳細は東洋文庫の『中国社会風俗史』を参照。

鍾馗図：『中国民間美術辞典』によると、端午節に鍾馗像を掛けるようになったのは宋代以降とされる。鍾馗については一九四頁を参照。

そうした古来の習俗※は過去の風習となりつつある。追儺の儀式は遊戯化あるいは娯楽化し、爆竹のもつイメージも慶事のにぎやかな気分をかもし出すものに変わっていった。年画や春聯も厄除けや護符のイメージというよりむしろ、今では、めでたい吉祥のシンボルである。とはいえ、辟邪と吉祥は一如であることに変わりはない。めでたいものは不祥を遠ざけ福を招くと信じられている。

禄の神

福と同様に「禄」はもともと天上に存在するものだと考えられていた。『詩経』三百余編のなかに禄と福禄の語はほぼ同数使用されているが、いずれも「幸い・めでたく喜ばしいこと」を意味する。

一方、『論語』では「子張、禄を干《もと》めんことを学ぶ」のように、禄は俸給の意味で使われている。

福・禄・寿・財・喜の五福では、福や財と区別するためもあり、禄の意味は、役人が出仕して得られる俸給およびその身分をさす。人びとが禄を求める理由は、官位と厚禄すなわち名声と高給の両方を得たいがためで、旧時の科挙制度の下ではその機会が広く与えられていた。寒門※の出であっても官吏登用

古来の習俗：詳細は清代の『清嘉録』および『燕京歳時記』を参照。

寒門：貧しい家。頼れるコネ、ツテがない。

のための資格試験に及第すれば高級官僚も夢ではない。官位が上がればその分厚禄を受け、一族の安泰と富貴栄華の生活が確保される。ただし、極めて狭き門ゆえ難関を突破するのは至難の業だった。そこで文運・出世運を司る禄の神が尊崇を集めた。

禄の神はおもに「禄星（文昌帝君とも）」と「魁星」の二神あり、その本体はともに星座である。

【禄星】

禄星は北斗七星上の六つの星・文昌宮に対する尊崇から生まれた。

文昌宮とは、柄杓形をした北斗七星の升《ます》形の頭部（魁）から柄（斗）に向かって第一から第六までの星をさす。人の世に序列があるように星座にも尊卑や役割があると考えられ、六つの星のそれぞれに名称と役職がある。なかでも第四星（司命）と第五星（司中）は、人間の寿夭運命を司る畏敬の神と信じられ信仰を集めたが、科挙の受験者数が増加するにつれて第六星（司禄）が人気となった（諸説あり）※。司禄は人が官吏として出世するためにはなくてはならない神として、文昌宮六星のなかでもっとも有力な神に位置づけられ、元代以降は文昌帝君、さらに梓潼帝君《しどうていくん》とも称されて試験の神・文学の神として広く崇敬されている。

諸説あり：たとえば『和漢三才図会』では、第四星が司禄となっている。

吉祥図案では、禄星の単身像は少なくほとんど福禄寿の三人神で描かれる。禄星の姿は、冠をかぶり官服姿の堂々たる福星に比べて衣裳はややひかえめで、子どもを抱く子煩悩な父親のような印象である。子宝には将来禄をもたらす財産の意味が託されている。

【魁星】

魁星は、十六の星から成る星座・奎宿《けいしゅく》（西方白虎に含まれる二十八宿のひとつ。アンドロメダ座の上部と魚座に相当）が神格化されたものである。『史記』の天官書に記される奎は文運・官運と何の関係もないのだが、いつしか文運を司るとして信仰の対象になった。その理由は、星座の形状が古代文字のようだとも、奎宿は地上の魯国（孔子や孟子の輩出した文教の地）に相当するからともいわれるが定かではない。ただ、奎の字形は、貴人が圭※を身にそえているようであり、発音が「魁 kui」の字と諧音であることは有力な理由のようだ。なんとしても首位で合格したいと願う人にとって、魁(さきがけ、一番）は縁起がよい。

奎宿は魁星とよばれ信仰されるようになるが、特異なのはその神像※である。魁の字を分解して絵図に表現され、鬼が斗《ます》を蹴り上げる姿、あるいは鬼が斗

圭：古代の中国で天子が諸侯を封ずるとき信任のしるしとして与えた玉。細長い板状で上が三角に尖っている。

特異なのはその神像：魁星の神像は、国内では泉屋博古館《せんおくはくこかん》に明代の鍍金魁星像が所蔵されている。また学業成就を祈願して訪れる人の多い台南の孔子廟にも魁星像がまつられている。

と筆を手に鼇《ごう》（伝説上の大海亀）の頭を踏みつけて立つ姿に描かれることが多い。このスタイルは殿試で首位合格した状元だけに許される栄誉、宮廷入りの際に鼇の石彫りのそばに立つ資格のあることを象徴している。どこか奇怪で滑稽な雰囲気の神像図ではあるが、漢字を創出したセンスの賜物というべきだろう。

寿の神

『字統』によると、もともと「寿」には豊穣を祈る意味があったが、のちに寿康（長生きで健康）を祈る意味になり、さらに長寿の意味になった。祈《き》禱《とう》の禱の字は長寿を祈ることであったという。古人が長生きできるよう天に祈る理由は、往々にして社会の安泰を保つためでもあった。とくに一族を束ねる王の死去は、一族の分裂や凋落の原因にもなりかねないことから、王本人およびその子孫が少しでも長命であることを願った。中国には古来、「眉《めい》寿《じゅ》無《む》疆《きょう》（眉寿＝長寿）」「万歳」「長命百歳」「延年益寿」のように君主の長寿を言祝ぐ吉祥語が豊富で、長寿の動植物や自然物になぞらえ相手を祝福する表現も少なくない。

文字の組み合わせにより表現された魁星。筆を持つ魁星が鼇《ごう》を踏まえ、斗《ます》を蹴り上げている。鰲《ごう》は鼇の俗字である（『漢聲雑誌八七　美哉漢字―伝統民間文字』より転載）。

南山：南山は西安の南方にそびえる終南山の別称で「不動のもの」「ゆったりと落ち着いたもの」「威厳に満ちたもの」の意象である。

「南山※の寿の如く　騫《か》けず崩れず」の句で知られる『詩経』小雅の「天保《てんぽう》」は、君主の万寿を祝福する歌で九つの比喩がうたい込まれている。山・阜《おか》・岡・陵《おか》・川・月・日・南山・松柏の九つはみな永久不変を象徴する自然物で、これを吉祥図案化したものに「天保九如※」がある。

注目したいのは『書経』の「洪範九疇《こうはんきゅうちゅう》」のなかで、寿がすでに五福の第一に数えられていること、そこに「善人長寿」の観念に通じるものが見出せることである。『書経』の五福とは、徳による善政が行われたときに天より賜わる幸福である。のちに伝わった佛教の因果応報や積善行徳などの影響以前に、「仁者寿（仁の人は長生きをする）」といった孔子※の言葉もある。

言い換えると、長寿は「徳の賜物」ということになる。さらに孝を徳目の第一として重んじる儒家の伝統に支えられ、中国には尊老敬祖の文化が形成された。そしてついには老人を描いた画が吉祥のシンボルにまでなった。林語堂は次のように書いている。

> この世を眺めわたして、浮世のいく山河を越えて来た人らしく、やさしい声で人生について語る健康で智恵ぶかい年寄りほどりっぱなものはない。中国人はよくこれを知っている。だからいつも年寄りの絵を描かせれば「地上の究極的幸福のシンボル」として豊頬白鬚《ほうきょうはくしゅ》の老人を描くの

天保九如：野崎誠近 著『吉祥図案解題—支那風俗の一研究』に、左の「天保九如」が収録されている。

孔子の言葉：『論語』巻第三雍也第六に「知者は水を楽しみ、仁者は山を楽しむ。知者は動き、仁者は静かである。知者は楽しみ、仁者は寿」とある。仁の人は常に公明正大で心配事がないため、怖れず恥じず楽しくいられて天寿を全うできるという。

である……額が長くて顔の色艶がよく白鬚を蓄えにっこり笑っている中国の福禄寿神。平和と満足の面差しで胸のあたりまで薄く垂れ下がる白鬚を撫でている姿、尊敬のなかにいるから品格そなわり、何人もその地位を疑うものはないから悠然自若《ゆうぜんじじゃく》、衆生の涙を知るがゆえに慈愛にあふれている。

（林語堂 著『人生をいかに生きるか』より）

寿の神は長頭白鬚でおなじみの「寿星」のほかに、中国では「西王母」「八仙」「麻姑《まこ》」が人気である。以下に順を追って紹介したい。

【寿星】

寿星が理想の人間像として中国人にいかに愛されているかは、林語堂の述べたとおりだと思う。

では寿星の本体はというと二説ある。『爾雅』には寿星は角亢（二十八宿の長）であるのに対し、『史記』の天官書には狼（シリウス・大犬座のα星）の下方にある南極老人星（カノープス）をさすとある。同書の封禅書によると秦・漢代は南極老人星を祭祀していた。ただ寿星が角亢であれ南極老人星であれ、それが暦を知る上で遠古の時代より重視されてきた夜空の星であることには変わりない。

道教では南斗六星を寿星とみなしており、人間の寿夭に関わるという北斗星と南斗星の伝説は干宝の『捜神記《そうじんき》』にも見える。寿星は南宋時代に擬人化され、やがて明代に至って長頭白鬚の老人像が長寿と善良のシンボルとなった。そのキャラクターは『西遊記』や『白蛇伝』にも登場する。吉祥図案上の寿星は、長頭白鬚姿で杖をつき鹿をともない、仙桃や葫蘆《ころ》なども描かれる。三月三日に開かれるという西王母の誕生祝いの宴「蟠桃会《ばんとうえ》」に赴く南極仙翁として鶴に乗る姿に描かれることもある。

日本でおなじみの七福神に含まれる「福禄寿」と「寿老人」はじつは同一なのである。喜田貞吉 編著『福神』の〈福禄寿・寿老人考〉によると、「福禄寿も寿老人ももとは一つの瑞星、すなわち寿星の精であった。それが一方では普通の老仙に描出されて寿老人の名を得て、一方では長頭短身に描出されて福禄寿の名を得、これが世間に並行して伝わるうちに別仙のように誤解された。そして双方が七福神の仲間入りをした」という。道教の神がみについては異説や重複はつきもので複雑さを極めている。寿星・老人星・南極仙翁などと名称が一つでないことに加え、時代によって描かれ方に差異があったために誤解が生じても無理はない。

【西王母】

西王母が文献に見え始めるのは戦国時代以降で、『山海経』の〈西山経〉に、「人のようで豹の尾と虎の歯をもちよく吠える。おどろ髪に勝（かみかざり）をのせ、天のわざわいと五刑を司る」などと記され、半人半獣の天界の至高神かと思わせる職能を有している。さらに、昆侖※の丘の彼方にある、物を投げ入れると燃え上がる炎火山の穴に住むとも、玉山に住むともある。

それがのちに「日月の没する西の果てにある昆侖山（崑崙山）→天上世界と地上世界の通路にあたる神仙境」「始まりも終わりもない不死の世界に生きる神人（『荘子』大宗師第六より）」「人の寿命を延ばす」といった要素に神仙説の影響が作用し、いつしか西王母は半獣神から不※老長寿の気高い女神に姿を変えた。

とくに西周の穆王《ぼくおう》や漢の武帝などの帝王との直接的なやりとりがまことしやかに語られる物語『穆天子伝』や『漢武帝内伝』には、すでに道教の核心である長生信仰のきざしが芽生えており、西王母は物語の一部とともに民間にも広く伝播した。

道教成立後、道教神のなかに組み込まれていった西王母は、女仙人の祖・元締めと位置づけられるが、時代が下るにつれ信仰の対象というよりも詩や絵画、小説の題材として登場することが多い。伝説「嫦娥奔月《じょうがほんげつ》（こうが とも）」

昆侖の丘：『山海経』の〈西山経〉には、昆侖の丘は「帝の下界の都」で、人面虎身の神・陸吾《りくご》がこれを司ると書かれている。一方、同書の〈海内西経〉には昆侖の虚《おか》には九つの井戸と九つの門があり人面八頭に虎身の開明獣が門を護るとある。さらに〈大荒西経〉には、昆侖の丘には人面虎身の全身が白い神が住んでいるという。このように昆侖一帯は神話の宝庫であるらしく、いつしか昆侖という地名が特別視されるとともに、西王母と昆侖の神がみが混同されるようになったようだ。ちなみに、『穆《ぼく》天子伝』では昆侖は仙人の住む西方の霊山とされ、そこに産する珍しい動植物や玉石などを宝物として中国に持ち帰ったという。

では、西王母は不死の薬の持ち主である。西王母の薬を盗み飲んだばかりに、嫦娥は昇天し月のなかで永遠に生きるようになった。永遠に満ち欠けをくり返す月の神秘と長生信仰が結びついた伝説であろう。

また、漢の武帝に仕えた東方朔や『西遊記』の孫悟空が盗んだという西王母の桃は、三千年に一度しか実を結ばない不老長寿のシンボルである。吉祥図案では、※西王母の蟠桃会を題材にした絵図が長寿・祝寿の象徴である。その吉祥画に、たびたび登場するのが八仙である。

【八仙】

八仙は民間伝説中の人物で、実在の人もあればさまざまな伝説が結びついた架空の人も含まれる。八仙それぞれが生きたとされる時代や年齢・性別・身分も異なるが、共通してみな道教の仙人で神通力をもっている。八仙として定着するのはおよそ元代末から明代にかけてで、人びとに無病息災と延年益寿をもたらすとして信仰された。ただ八仙は宗教的尊崇の対象というよりも、神仙世界へのあこがれを満たしてくれる親しみのある存在といえるだろう。

吉祥図案の題材にある「八仙過海」は、八仙が西王母の誕生祝いに赴くため舟で海を渡る様子を描いたもので延寿万年・仙寿同慶を寓意している。八

不老長寿の気高い女神：長生信仰を反映した漢代の画像石の典型的な構図は、西王母を中心に蟾蜍《せんじょ》（ヒキガエル）、九尾狐、玉兎《ぎょくと》（月にいるという兎）、金烏《きんう》（太陽にいるという三本足のカラス）、伏羲《ふくぎ》と女媧《じょか》、羽人（天空を飛べる仙人）など長生の意象が描かれている。西王母という神格がどのように生まれたかについては、森三樹三郎 著『支那古代神話』に、代（現 山西省大同市付近）の地方で日月の出る東方を王父、没する西方を王母とよぶ習慣があったという（『爾雅』の〈釈地〉には西の果てにある国の名として西王母を挙げている）。西王母とはもともと日の没する西方にいる女神という意味で、後漢ごろから西王母に並んで東王公が崇拝されるようになった。

仙過海の故事では、西王母の誕生祝いの帰りに酔った八仙が海中の仙女をからかったために、仙女の怒りを買い海は荒らされ戦いになった。八仙は神通力をもつ法具を駆使し力を合わせ困難を乗り越えられたという物語である。

【麻姑】

麻姑については、葛洪の『神仙伝』のなかに記述がある。妙齢の美しい女性であるが、すでに東海が三度も桑田に変わったのを見てきたという仙寿の人で、彼女が撒《ま》いた米が真珠に変わるとか、爪が鳥の爪のように長いなどの伝説もある。

麻姑を題材とした吉祥図案に「麻姑献寿」がある。西王母の蟠桃会に麻姑も祝いの品を持参し祝賀する。鹿か童子をともない、霊芝で醸した酒や仙果を盛った籠などを捧げ持つ姿に描かれる。『神仙伝』のなかには麻姑以外にも長寿や霊異の人は多いが、老いを知らない永遠の美人・麻姑は誰もが願ってやまない理想像であろう。

左頁上：楊家埠年画「蟠桃大会」。中央に座している女性が西王母。八仙と寿星が祝福の宴に参上している。神仙の世界は吉祥的表現の延長上にある。

下：楊家埠年画「酒酔八仙図」。八仙はふつう、呂洞賓《りょどうひん》・李鉄《りてっ》拐《かい》・漢鍾離《かんしょうり》（鍾離権とも）・藍《らん》采和《さいわ》・張果老《ちょうかろう》・曹国舅《そうこくきゅう》・韓湘《かんしょう》子《し》・何仙姑《かせんこ》をいう。

蟠桃大會

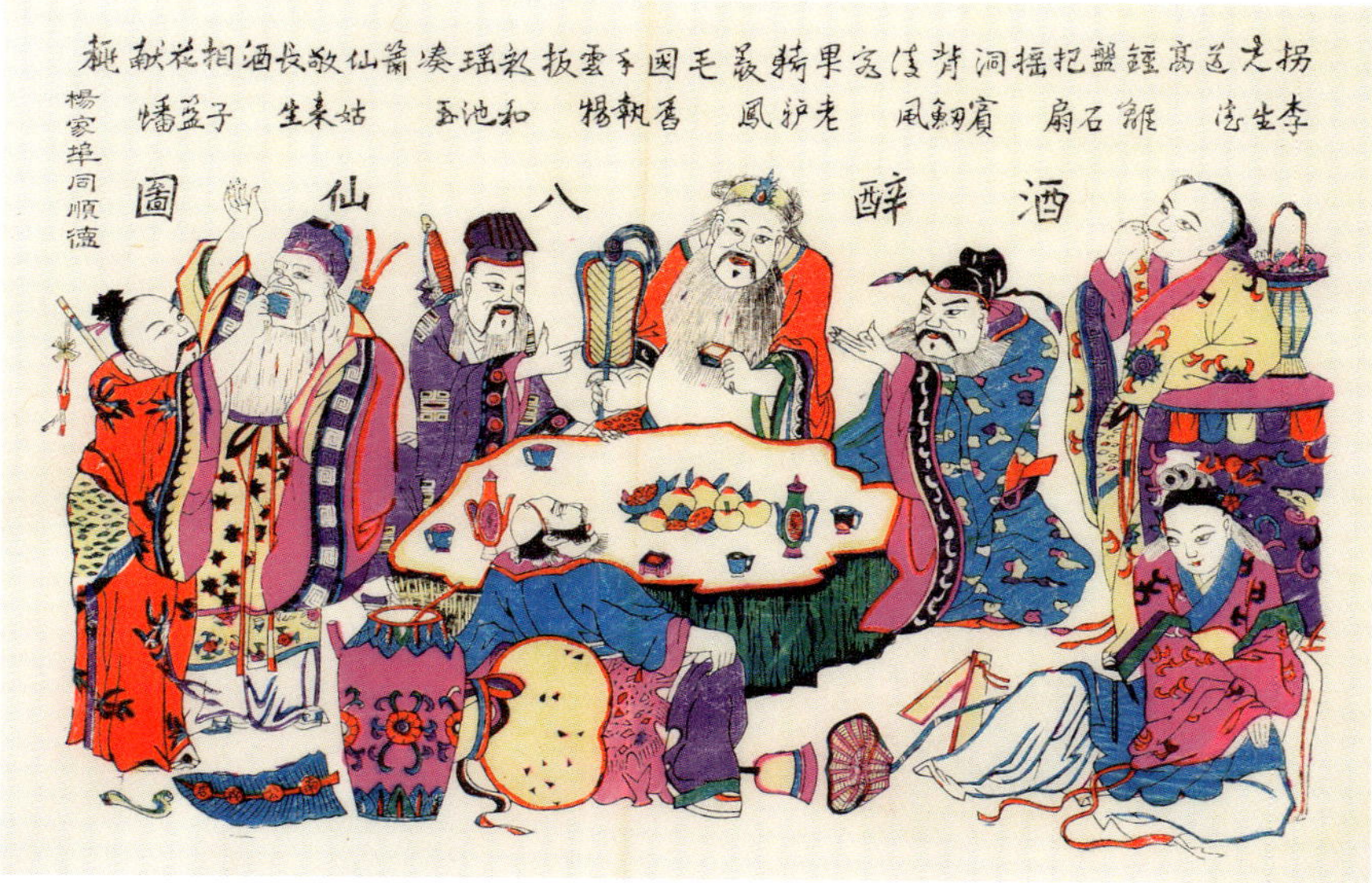
酒醉八仙圖
楊家埠同順德

折にふれて祈寿・祝寿

中国人はこの世に生を受けて三日目（産湯を使う洗三）に祈寿の洗礼を受け、生後満一ヶ月目に満月礼、百日目に百日礼を行う。儀式の詳細は省くが、いずれも子どもの健やかな成長と長命を願って行われてきた。旧時は満一歳を迎えた子どもに錠前形のペンダント「長命鎖」を身につけさせてお守りとした。そして満十二または十六歳でこれを外す円鎖礼を行う。円鎖を迎えた子どもはすでに成人し、容易に魂を盗られ命を落とすような心配はいらなくなったことを意味する。

その後は十二の倍数にあたる年齢の本命年（年男、年女）ごとに厄払い・祈寿を行うのが一般的である。

二十四、三十六、四十八……という本命年はちょうど人生の節目の年とも重なり、満六十歳の還暦（花甲寿とも）を迎えると、無事に周期を全うし第二の生命周期が始まるとして大いに祝う。その後は七十、八十、……と十年ごとに迎える誕生日を「過大寿」として祝寿を盛大に行うことが多い。これは漢代から元代まで歴代の統治者が実施してきた敬老活動（高齢者とその家族を表彰するなど）と無縁ではないようにも思われる。

そして祝寿の席に欠かせないものといえば「寿酒」「長寿麵」「寿桃」である。

酒は長久の「久 jiǔ 」と諧音であることから慶事の祝酒は「祝久」に通じ、長い麺に延年益寿の願いを託す。桃（桃の饅頭など）には西王母の仙寿にあやかりたいという願いが込められており、この三点セットは誕生祝いの定番である。

こうした祈寿・祝寿の習俗は人生の節目に限られたものではなく、年中行事のなかにも含まれている。地域により風習は異なる上、現在はすでに消失または本来の意味が失われている場合も少なくないが、語呂合わせで縁起をかつぐ正月の飾り物や料理、端午節の辟邪活動、重陽節の延命酒や登高（高所に登ること）、除夜の守歳（寝ずに新年を迎える）などはみな祈寿につながる風習である。清代の蘇州と北京の年中行事を記した『清嘉録』および『燕京歳時記』は興味深い内容を伝えている。

中国に伝わる祈寿・祝寿の習俗は、生き抜くことが決して容易ではなかった時代の知恵であり、生命礼讃に通じる行為である。林語堂のいう「地上の究極的幸福のシンボル」としての豊頰白鬚の老人像に、多くの中国人が理想の人生を見ている。長寿は精神修養の賜物であり、それこそが求めてやまない理想であるという考えが根づいているといえよう。

寿星

財の神

中国で新年のあいさつといえば、以前は「恭喜発財《ゴンシィファーツァイ》（おめでとうございます）！」だった。この四文字には「お金持ちになりますように」という予祝の意が込められている。年頭に景気のよい言葉を発し合うのはいかにもめでたく、現在一般的にいう「新年好《シンニエンハオ》（A happy new year! の漢語訳）！」よりも一層新年を祝う気分が表れているようだ。

「財」は目に見える現実的で具体的な福の表れで、子どもらにとっては紅包《ホンバオ》に入っているお年玉を連想するかもしれない。

財を追求する観念が貴賤を問わずあらゆる階層に顕著に表れるようになるのはおよそ宋代からとされ、ちょうど木版年画が普及した時代と重なる。財富を司る専門の神が広く崇拝されるようになるのは明代からで、それまでは福の神や禄の神に願いを託していた。自給自足の農業を根本としてきた中国では一部の特権階級を除き、どちらかというと財富の追求には淡白で豊作と平安を祈願することが主流だった。また、鬼神の存在を信じ畏怖していた時代は、豊かさを求める以前に辟邪の心理のほうが強くはたらいていたとも考えられる。

清代末に多様化した財の神は、民間説話や小説の類から生じたものが多い。

その上地域により呼称や解釈に差異があるため、同じ神が多形多伝により複雑化をきたしている。そこで本書では、木版年画に登場する人気の高い財神「趙公明《ちょうこうめい》」「五路財神《ごろざいしん》」「関帝」「劉海蟾《りゅうかいせん》」を紹介したい。

【趙公明】

さまざまな財神のなかでも代表格とされている趙公明は、古くは晋の干宝著『捜神記』の〈赤い筆〉という話に見える。この話のなかの趙公明は、天帝の命により幽鬼どもに下界の人の命を奪わせる冥土の将軍である。のちに趙公明はさまざまな伝説と結びつき辟邪神から財神へと転化していった。とくに明代の神怪小説『※封神演義《ほうしんえんぎ》（封神伝）』の影響は大きく、五路財神の中路を統率する財神として描かれることもある。趙公明の姿は黒い顔に立派な鬚を生やし甲冑を身につけた武将で、鉄鞭と元宝《ユエンバオ》（三三二頁参照）を持ち虎に跨がる武財神に描かれる。この黒面黒鬚から胡人ないし回教の神と結びつけられ、焼酒《しょうちゅう》と牛肉を供える人が多いという。

【五路財神】

五路財神とは、五顕神《ごけんしん》、五通神などとも称し五人の義賊を神としてまつったもので、吉祥図案上には童子の姿に描かれることもある。諸説あるが、五

封神演義（封神伝）：小説のなかでの趙公明は、峨嵋山の道仙として殷の暴君・紂王《ちゅうおう》を助けたことから、周の武王の軍師・姜子牙《きょうしが》（呂尚、太公望）と戦うことになる。戦には数多くの仙人や佛者が秘術を尽くして助勢し、最終的には姜子牙が趙公明を呪い殺し、戦で亡くなった多くの忠魂を慰め神に封じた。その際に趙公明は玄壇真君に封ぜられ、配下の四神（招宝・納珍・招財・利市）を統率して悪者を罰し幸福をもたらす神とみなされるようになった。最後に勝利した姜子牙のほうはあらゆるものに打ち勝つと信じられ、「姜太公在此　百無禁忌（ここには姜太公がおられるので災厄に遇うことはない）」と書いたお札が辟邪に用いられる。

路財神の起源は門神や竈神同様に古く、五祀のひとつ「行」すなわち道路に宿る神とされる。行商する人などが旅の安全と行商による利益を祈った神で、東西南北と中央の五方それぞれに五神を認め祈るようになった。のちに道路の神としての意味は失われ、経済的な利益を授ける財神として信仰する風習が広まった。

【関帝】

関帝といえば中華街の関帝廟は有名で、おなじみ『三国志』の武将関羽が神としてまつられている。じつは玉皇大帝を除く道教神のなかでもっとも信仰を集めているのが関羽で、協天大帝、関聖大帝、伏魔大帝とも称す。忠義のために身を捨て犠牲になった人物であることから、後世尊崇の対象になった。信義を重んじる商売の保護神、財神としてだけでなく、雨乞い、治病除災、子授けや受験合格などあらゆる願いが託され、関羽はもはや全能の守護神といえる存在である。木版年画には、赤い顔に長い黒鬚をたくわえた緑衣姿の関羽に描かれることが少なくない。

【劉海蟾】

劉海蟾は、五代から北宋時代にかけて宰相《さいしょう》にまで昇りつめたが、その栄誉

楊家埠年画「武財神」。関羽を描いた典型的な絵図である。赤い顔で長い鬚をいじっている人物が関羽。赤い顔に描かれるのは忠義心、真心を表現している。背後には刀を持った武将・周倉と関羽の養子・関平が控えている。

も財産も手放し道教の仙人になったと伝えられている。本名を劉操（字を元英）、号を海蟾子と称したことから劉海蟾とよばれ、吉祥図案「劉海戯金蟾（りゅうかい きんせんに たわむれる）」として親しまれている。図案には髪を下ろした仙童の劉海が、紐に通した銅銭を手に金蟾をともなう姿に描かれる。金蟾とは仙界の霊物・三足の大ガマガエルで、金蟾（金銭と諧音）を得られたら裕福になれるという。

『吉祥図案解題』によると、ある道士が鶏卵と銅銭を交互に積み上げ劉操に示したところ、栄華の座のいかに危ういかを大悟する契機になった。その逸話のなかで道士が銭を投げ捨てるようにして去る様子が、のちに劉海が銭を撒き散らすと解釈され、ついには財神とみなされるようになったという。また、交合崇拝の観点から金蟾を女神、劉海を男神とみなし「劉海戯金蟾」図を子授けの吉祥図案と解されることもある。

　このほかにも、文官姿の文財神（増福財神）や土地の神・土地公（福徳正神）、各職業ごとに守護神としてまつっている神霊なども財神の範疇に含まれる。また、趙公明が乗る虎や邸宅の門口に鎮座する獅子の石像のように、財富を守護するという意味では虎や獅子の存在も財神に準ずるとみなすこともできるだろう。

上：楊家埠年画「劉海戯金蟾」。左右対の房門画（房は部屋、門は入り口のこと）のひとつで、部屋の入り口に貼る吉祥画。童子姿の劉海が紐に通した銅銭で三足のガマガエルに戯れている絵図で、童子の足下には福禄と諧音の葫蘆、福をかき集める熊手も描かれている。

右頁下：「増福財神」（産地は天津市大沽口《ダーグゥコウ》と思われるが確証はない）。文官姿の増福財神が左右二体のほか、福神仙官、招財童子など人間の財を司る神仙が集合した図案。増福財神は一体の場合もあるが、このように二体並んでいる神像には対偶を尊重する心理が表れている。

桃花塢（蘇州）年画「開市大吉」。文財神と武財神、聚宝盆（三三二頁参照）などを組み合わせた商家にふさわしい年画で、とくに新春の初売りや新規開店のときに貼った。画面中央二人の鬚の人物を大きく目立つように描いている。如意を持ち長鬚をいじっているのが関羽、いかつい武者姿で鉄鞭を握るのが趙公明であろう。聚宝盆が置かれ、招財招福を寓意している。

「金の生る木」と「財宝の尽きない盆」

財富に対する強いあこがれは想像上の樹木や器物をつくり出した。その代表的なものが漢代の「揺銭樹《ようせんじゅ》」と明代の「聚宝盆《じゅほうぼん》」である。

【揺銭樹】

揺銭樹は、四川省の漢代の墓から出土したものが知られている。明器として墓に納めるためにつくられた揺銭樹は、銅質の銭樹部分と陶質の台座からなる。樹木の意象はもともと民間の聖樹崇拝の象徴で、台座には西王母、東王公、四霊（麒麟・鳳凰・亀・龍）、羽人など不老不死に通じる意象が形づくられている。揺銭樹には財富と仙寿の両方の願いが託されているといわれる。のちに明・清代の木版年画の題材としても好まれた揺銭樹は、『燕京歳時記』に「松柏（常緑樹のマツとコノテガシワ）の枝の大きなものを瓶中に挿し、古銭、元宝※、造花の石榴などを結びつける。これを揺銭樹という」とあり、揺銭樹は歳末にしつらえる招財進宝を願う正月飾りとして、北京や山東で盛んな習俗だったという。

【聚宝盆】

※**元宝《ユエンバオ》**：昔のお金。馬蹄銀、銀《ぎん》錠《じょう》とも称し、分厚い分銅形の貨幣。日本では分銅とよぶ宝尽くし文様のひとつに転化している。

聚宝盆は、明代のある伝説に由来する不思議な盆（鉢）を題材とした吉祥図案である。諸説あるが共通していることは、不思議な盆とは善人でなければ得られない神聖なもので、盆のなかに銭財を入れるとたちまち増えて尽きることがないという。日本では「打ち出の小槌」が似た効能をもっている。

木版年画では、大きな鼎《かなえ》形の聚宝盆、そのなかに金銭、元宝、宝珠、珊瑚などの宝物があふれ、傍らに招財童子が描かれていることが多い。

鈴生りのお金と盆からあふれる宝物。ともに幻想であるといってしまえばそれまでなのだが、この世に存在しないからこそ想像するのが楽しく、せめて眼福――目の正月を味わいたいというのが人情かもしれない。

楊柳青古版年画「天賜黄金《てんしおうごん》」。この図案もまた揺銭樹と聚宝盆を題材としている。画面中央の大柄の童子が「天賜黄金」と書かれた軸を広げ、童子の頭上には揺銭樹の枝がさしかかり、聚宝盆には財宝があふれている。子どものように正直で善良な者は天から福を賜ることを暗示しているのであろう。黄金をはじめとした財宝はみな天から賜る福である。

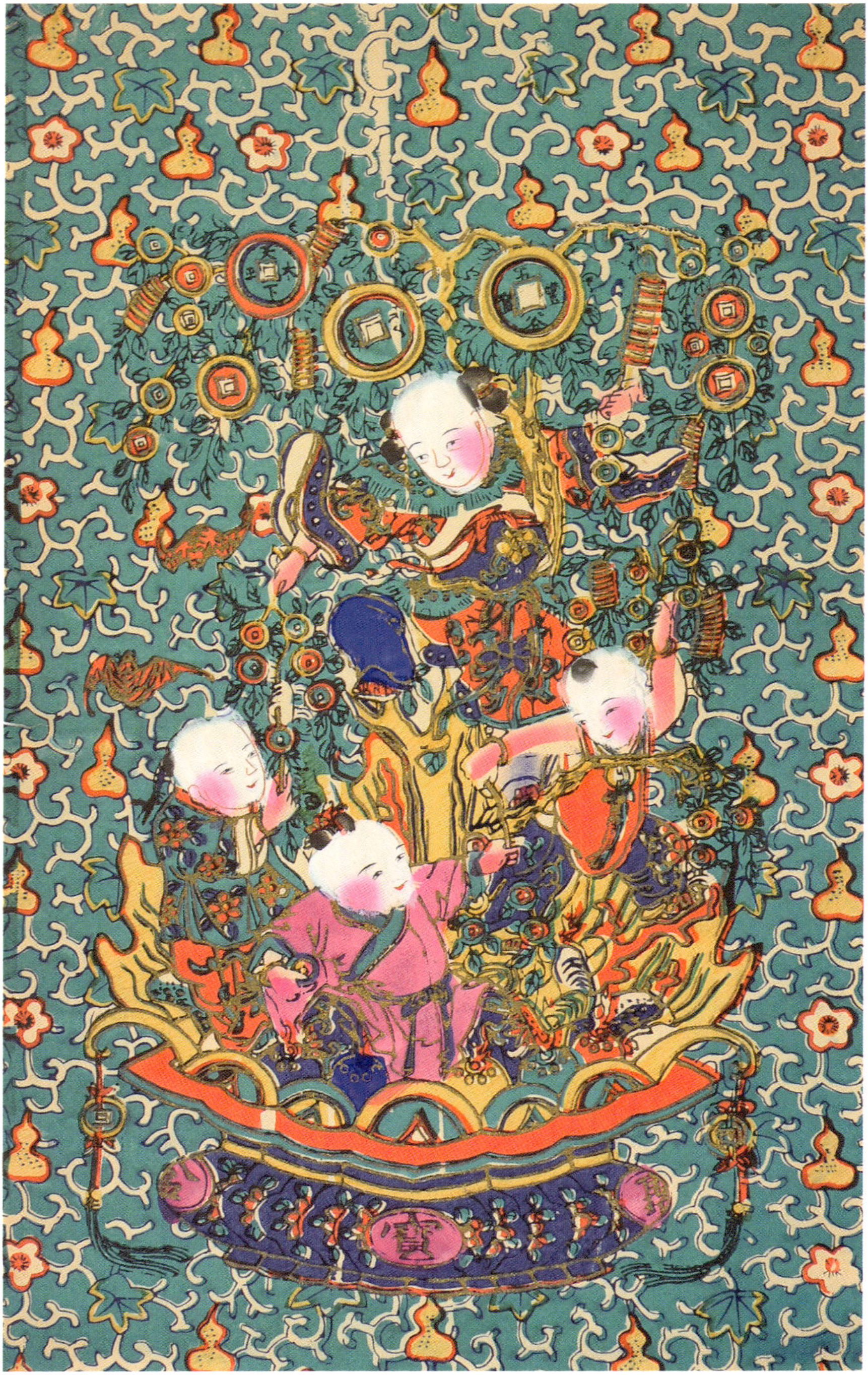
寶

楊柳青古版年画「揺銭樹と聚宝盆」と「元宝《ユエンバオ》をつけた揺銭樹」。伝説上の宝樹「揺銭樹」の枝には、無数の銅銭が串ざしになってぶら下がっている。枝を揺らし銅銭をふり落としても、また生るので尽きることがない。右の絵では巨大な聚宝盆から揺銭樹が枝をのばし、桃の実のような童子らが思い思いに枝を揺らしている。背景は葫蘆の蔓が絡まり広がる「纏枝葫蘆文《てんしころもん》」で埋め尽くされ余白は残されていない。無限の財運・福運・禄運・子宝・不死とあらゆる願いが込められている。左の絵の元宝は大きさもさまざまであるがみな財と福の象徴である。

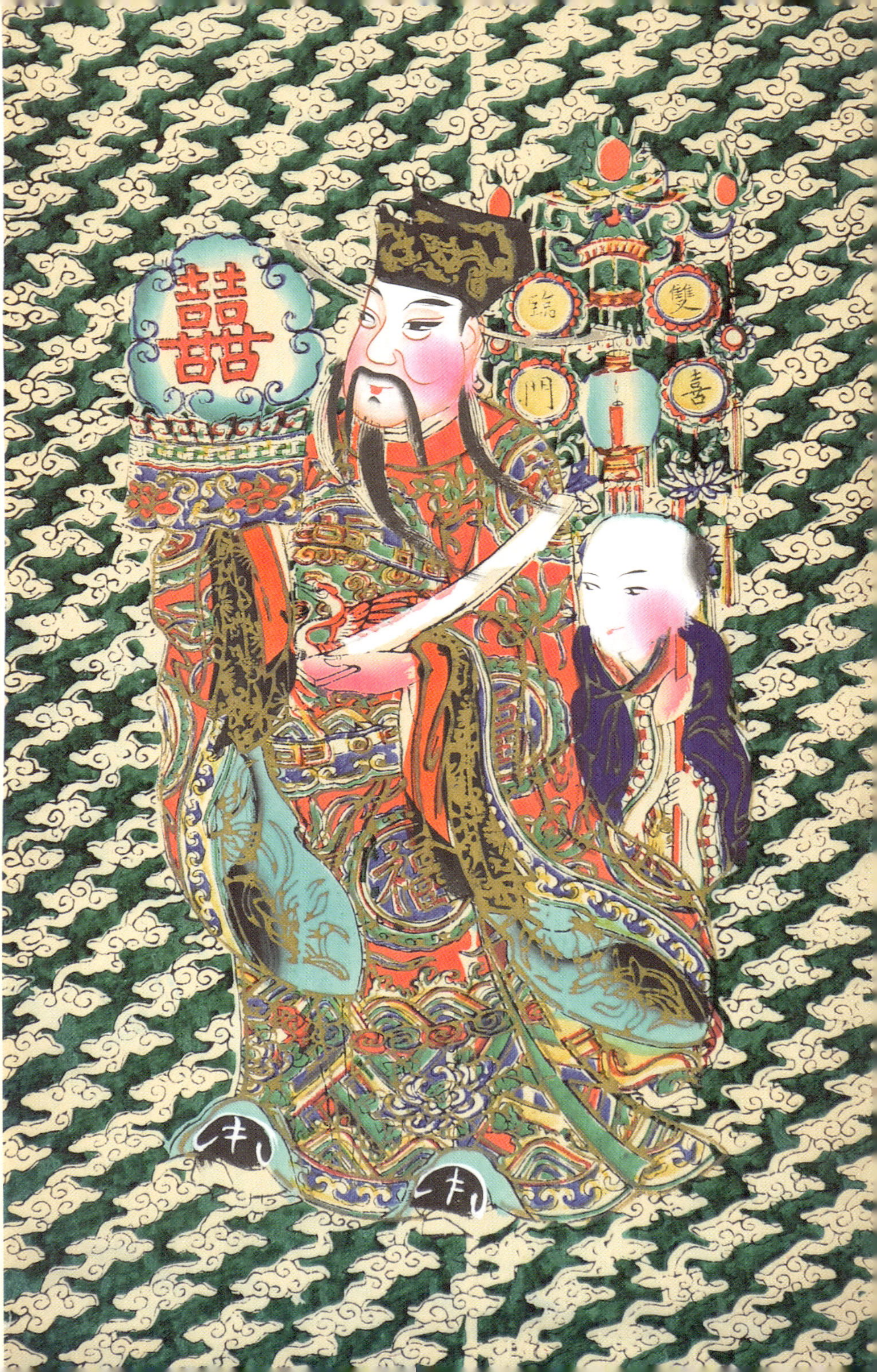
囍
雙喜
臨門
福

喜の神

中国で「喜」のつく言葉は結婚や懐妊に結びつくことが多く、「喜酒」「喜日」「喜事」の喜もふつう婚礼祝いの意味で用いられ、婚礼祝いの品々には喜の字を二つ横並びにした囍（双喜）をあしらうのが慣わしである。「有了喜」といえば子どもを妊ったという意味になる。

五福の最後に置かれている喜ではあるが、遠古の時代にさかのぼるほど重要視された。古人にとって喜は生存、とくに種族保存にかかわる大事であると同時に豊かさにつながるものであった。農業と牧畜を中心としていた時代は多産であるかどうかが豊かさを左右した。そこで多産の象徴である魚や蛙などの水性生物が崇拝され、これらはのちに吉祥物に転化している（魚については第二章八一頁で述べた）。

ところで、動植物であれ人間であれ多子多産を実現するためには陰陽（両性）交合が必需となるが、「陰陽交合により万物が生じる」という交合崇拝の観念はさまざまなことに当てはめられた。雨を降らせ植物の生長を促すことも例外ではなく、「天地（陰陽）が和合したのち雨が降る」などといった。また、もともと単独の神に配偶神を与え一対とする傾向も交合崇拝の延長上の発想である。

右：楊柳青古版年画「双喜臨門」。もともと二枚一対の絵図で、「慶事は一つではなく重なるもの」「子孫繁栄」であるよう願いが託されている。画中に「囍」と「双喜臨門」の文字が掲げられていることから神像が喜神であることがわかる。しかし一見したところ福星にも天官にも見えるためかなり曖昧である。

二羽がひとつに合体した双鳥や二龍が絡み合う交龍の図は、通天通地を意味する符号にひとしく、古人※の陰陽観と通天観は一致していたと考えられている。

古いものでは、およそ七千年前の新石器時代の河姆渡《かぼと》遺跡（浙江省余姚市）から「双鳥交合図」が彫られた骨製の蝶形器（用途不明）が出土している。のちの「陰陽双魚相交図（太極図）」や「人頭蛇身の伏羲女媧《ふくぎじょか》交尾図」、さらに吉祥図案の「二龍戯珠」図、「鳳凰朝陽」図なども交合崇拝から発展したものである。

喜を祈求することは各時代を通して多子多福を願うことに変わりはないが、多子多福に至るまでの恋愛成就・婚姻・夫婦和合・懐妊・出産（とくに男児の誕生）・子孫繁栄までが祈喜の内容に含まれる。

吉祥図案とくに年画の題材として描かれる喜の神の場合、喜神※は福神（福星、天官）と見分けがつきにくく、画中に双喜が描かれていることでようやく喜神とわかる。庶民にとって多子多福を祈る対象は、おもに子授けの神としての「観音」と「張仙」、和合円満の象徴「和合二仙（和合二聖）」である。先祖をまつる線香の煙を絶やさないことと同じく、子孫を遺すことが中国ではとくに重要視されてきた。

古人の陰陽観と通天観：漢聲雑誌社の『緜緜瓜瓞（下・論述篇）』に詳しい。

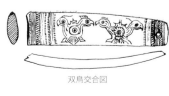

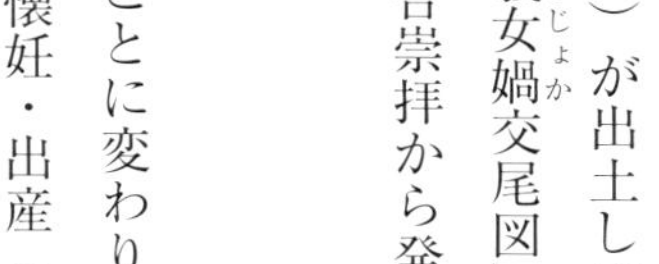
双鳥交合図

喜神：『燕京歳時記』によると喜神は恵方神のことで吉神とも称す。

【送子観音】

吉祥図案「送子観音（観音送子とも）」は、観音菩薩が童子を抱く聖母子像のように描かれる。観音菩薩は、衆生を苦難から救済するとき自在に面相を変化させることができ、慈母の如き女相はそのひとつであるとされる。民間には観音が現れて世人を救済したという伝説が少なくないが、なかでも信仰を集めているのが子授け・子育ての観音で、白衣姿のことが多い。

【張仙】

「張仙送子」は、天狗（雲中の犬。※ただし諸説あり）に向けて弓を弾く張仙と童子から成る吉祥図案である。伝説によると誕生の神である張仙が、人間界に子どもを送り込むとされる。中国の旧俗では男児が誕生すると門に弓を掛けておき、子どもが天狗の害を受けないよう魔除けとした。弓を弾くの「弾 tan 」と誕生の「誕 dan 」は諧音であることから、張仙の動作そのものが「誕生」を暗示している。

【和合二仙】

和合二仙については第二章で述べているためここでは省くが、和合二仙には夫婦の恩愛、和合円満、白頭偕老（共白髪）、子孫繁栄の願いが託される。

明代以降広く信仰されるようになった喜の神の起源を求めようとすると、古代の求子儀礼にまつられていた神・※高禖《こうばい》や子授けの神として信仰されたことのある※女媧があるが、高禖の神像や詳細はほとんど明らかでない。

そもそも多子多福を祈願した対象は、陰陽交合になぞらえたカタチであり、固有の神ではなかった。和合円満、多子多福を寓意する吉祥図案の多くが自然の動植物を題材としていることも重ね合わせて考えると、年画に描かれる「喜神」に個性が乏しいのもうなずける。

「鵲登梅」「蝶恋花」「魚穿蓮（魚蓮図とも）」「鳳戯牡丹」「瓜瓞緜緜」「葡萄松鼠」「榴開百子」「鴛鴦貴子」など、「多子多福」を寓意する意象は豊富で五福のなかでも群を抜いている。これらはありふれた自然のいとなみを直観力で切り取った絵画にひとしく、一見したところ吉祥図案かどうかがわかりづらいこともあるが、陰陽交合を寓意していることに変わりはない。

漢聲雑誌社の『緜緜瓜瓞〈下・論述篇〉』によると、絵画に表現される動植物には往々にして陰陽の別がある。たとえば、「蛙と蛇の図」や「兎と蛇の図」では、蛇は陽（男性）、蛙と兎は陰（女性）を表している。「鵲登梅」「魚穿蓮」「蝶恋花」のように植物と動物を組み合わせた図案では、概ね動物が陽（男性）で植物が陰（女性）を表しているという。

改めてそういう視点で見ると、花にたわむれる蝶や寄り添う鴛鴦に仲睦ま

高禖：中国古代の求子儀礼にまつられる神で、郊禖、高媒とも。その起源は諸説あり、地域により異なる。

女媧：中国神話の人類創生の女神。漢代に子授けの神として崇拝されたことがある。後漢のころ人頭蛇身姿で、伏羲の妻として描かれるようになった。三四九頁参照。

左頁上：楊家埠年画「送子観音」。子授け観音は民間伝説では白衣姿であるが、吉祥画ではその限りではないようだ。子どもを抱く観音のそばで蓮の花が満開である。連続して子宝にめぐまれることを寓意している。

じい理想的配偶者の姿が重なり、連綿と延びる蔓に無数に生る大小の瓜は子子孫孫絶えることのない生命の象徴である。

下：楊家埠年画「張仙射天狗（張仙送子とも）」。張道一主編『中国民間美術辞典』によると、民間伝説では新生児の死亡は天狗のしわざと信じられ、子どもを死なせないために張仙に天狗を射てもらっている絵図をまじないとした。同時に、張仙は子授けの神とみなされるようになった。

【五福と吉祥表現早見表】

※福・禄・寿・財・喜の五福に対応するおもな神像と吉祥物を表にまとめてみた。　※諧音の場合、吉祥物のピンインを付した。

	福	禄
神像	福星 天官 竈神 龍王など	禄星 魁星
吉祥物	**蝙蝠** bianfu「変福」と諧音　**虎** hu「福」と諧音　**大鶏** daji「大吉」と諧音 **羊** yang「陽」と諧音、羊は祥に通じる　**如意** 祈福に通じる　**象** xiang「祥」と諧音 **大橘**（大きい橘）daji「大吉」と諧音　**花瓶** huaping「和平」と諧音　**結** jie「吉」と諧音 **竹** zhu「祝」と諧音、辟邪物が転じて平安を寓意　**葫蘆**《ころ》 hulu「福禄」「護禄」と諧音 **佛手柑**《ぶっしゅかん》 佛手 foshou と「福寿」が諧音、佛の手→衆生に幸福をもたらす **戟**《げき》 ji「吉」と諧音　**祥雲** 福運に通じる	**鶴** 別名を一品鳥→官界の最高位を寓意　**鯉** 登竜門の鯉→出世栄達の象徴 **獅子** 獅 shi と「師」が諧音→大師、小師とも高官を寓意　**葫蘆** hulu「福禄」「護禄」と諧音 **牡丹** 別名を富貴花→富貴栄華の象徴　**旭日** 昇る太陽→栄達を寓意　**緑**「禄」と諧音 **戟**《げき》 ji「級」と諧音、官位の昇級を寓意　**雄鶏** 鶏冠《とさか》の冠 guan と「官」が諧音で高官を寓意 **蟈蟈**《きりぎりす》 guoguor と「官 guanr」が諧音で高官を寓意　**鹿** lu「禄」と諧音 **鶏冠花**《けいとう》 冠 guan と「官」が諧音で高官を寓意　**猴**《さる》 hou「侯」と諧音で高官を寓意

寿	財	喜
寿星 西王母 八仙 麻姑など	趙公明 五路財神 関帝 劉海蟾など	送子観音 張仙 和合二仙
桃 長寿の象徴、辟邪物　**菊** 別名を延年草→長寿の象徴　**霊芝** 長寿の象徴 **寿石**（太湖石）長寿の象徴　**松柏**（マツ・コノテガシワ）長寿の象徴　**鶴** 長寿の象徴 **亀** gui「貴」と諧音、長寿の象徴　**白頭翁**（シロガシラ）別名を長寿鳥→長寿の象徴 **落花生** 別名を長生果→長寿の象徴　**月季**（コウシンバラ）別名を長春花→長寿の象徴 **鹿** 長寿の象徴　**猫** mao「耄」と諧音で長寿を寓意　**蝶** die「耋」と諧音で長寿を寓意	**魚** yu「余」「玉」と諧音　**鯉** li「利」と諧音　**白菜** baicai「百財」と諧音 **古銭** 富の象徴、辟邪物　**揺銭樹** 富・無尽の財を象徴　**元宝**《ユエンバオ》（馬蹄銀、銀錠）富の象徴 **栗** li「利」と諧音　**聚宝盆** 富・無尽の財を象徴	**童子・唐子**《からこ》 多子多福の象徴　**魚・蛙** 多子多福の象徴　**蜘蛛** 別名を喜子→喜の象徴 **石榴** 多子多福の象徴　**葡萄** 多子多福の象徴　**鴛鴦**《えんおう》（オシドリ）夫婦和合の象徴 **喜鵲**《かささぎ》 喜の象徴　卍 万代に通じる　**つがいの鹿** 鹿 lu は「楽 le」と諧音→双楽を寓意 **葫蘆**《ころ》**などの瓜類を含む蔓性植物** 多子多福、連綿不断、永久を寓意 **花に蝶・双蝶** 恋愛成就、夫婦和合を寓意　**輪つなぎ・回文など** 連綿不断を寓意

第六章

吉祥雑記

双頭の璜《こう》と虹

台北のミュージアムショップで、一つの手工芸品にふと目がとまった。繊細な刺繍がほどこされた布製の首飾りにはちがいないが、「玉璜」という名称が気にかかる。もとは玉製であったところからこのような名がついたものか、扇面を変形させた両端に顔があるような不思議なカタチをしている。璜（璜とも）の字を引くと『字統』には見当たらず、『漢語林』には「しるし玉」とある。

平たいドーナツ形の璧※をちょうど二つ割りにした形状の璜には、大きく三つの用途がある。「身分を示す装身具」「人民を徴発するときに使用する」「天地四方をまつる六器のひとつで北方をまつるのに用いる」。

玉は中国において、すでに新石器時代から装飾品・礼儀器（神霊の依り代としての祭玉や儀礼に用いる瑞玉）・生産工具（実用器具）として用いられてきた。璜は、およそ新石器時代中晩期に出現し、漢代を最盛期に後漢以後は徐々に衰退した。なかでも戦国から漢代にかけてつくられた璜は形式や文様装飾が豊富で、両端が龍頭の双龍首璜（次頁の図）はその典型である。

『山海経』のなかに双頭の獣がいる。

右：玉璜の首飾り。弓なりに湾曲した胴体、その両端におだやかな顔がある。胴体部分には藻のような植物文様がほどこされ、金糸で縁取りしたなかにこまかな魚子文《ななこもん》が刺繍されている。旺盛な生命力が表現されているようだ。

璧：中央に孔のある円盤状の玉器を璧という。孔の直径が周辺の幅より小さいものが璧で、孔の大きいものは環と称す。中国玉器の種類はたいへん豊富である。図版は春秋時代の穀文璧（龍仁徳 著『古代玉器通論』より）。

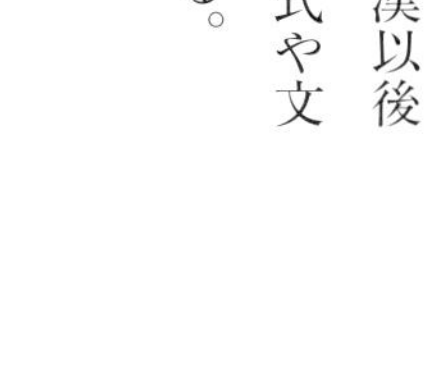

璧

䖝䖝《こうこう》(虹) はその北にあり、それぞれ二つの首《かしら》をもつ。

(『山海経』の〈海外東経〉より)

「虫」から成る虹という字は、天界に住む竜形の獣をかたどっている。虹は、地上に降りると両頭を谷川に突っ込んで水を飲むと考えられていた。これは龍が天上で雨を降らせるためで、ときおり地上で水分を吸収しなければならなかった。龍と虹が結びつく理由は、降雨と虹の出現する時間帯が重なることに加え、両者とも弓なりに湾曲したカタチをもつことが挙げられる。つまり璜は虹なのである。

『詩経』のなかに虹のことを詠んだ「蝃蝀《ていとう》」という詩があり、この詩が璜の核心である「両頭をもつことの意味」を暗示している。詩の冒頭「蝃蝀が東に在るとき、これをあえて指さす者はいない」の句が示しているのは、虹のタブー視である。古人は虹を陰陽交接の気が色形に表れたもの——陰陽交合のカタチとしてはばかっていた。

虹を指さすことをタブーとする伝承は中国各地にあり、虹には複数の名称がある。

螮蝀：別名を雩《う》、虹、俗名を美人虹と称す。
蜺《げい》(霓とも)は雌の虹である。

(『爾雅』より)

双龍首璜

虹の古い字形

巫の古い字形

禹の古い字形

このうち雩という字には、虹のほかに「雨乞いのまつりをする」という意味があり、さらに興味深いことに中国語の「雲雨」には陰陽交合、豊作に通じる意味が含まれている。

　これらをまとめると、陰陽交合の行為は通天通地（天と地をつなぐ）で、これにより雨を降らせることができ、万物を生ずる創造につながるという解釈が成り立つ。陰陽交合のカタチは璜のほかにもある。

　虹※の古い字形（甲骨文）は、弓形の身に両頭をもつ二竜交合のカタチである。さらに卍文や巫※の古い字形を含む十字形、二竜交合をかたどった禹※の古い字形、漢代の画像石などに見られる交龍※、女媧※と伏羲、陰陽魚太極図、吉祥図案の二龍戯珠などがある。『瑞応図記』に記されている比翼鳥と比目魚も、それぞれ陰陽交合になぞらえた双鳥と双魚である。

　陰陽交合のカタチには、一見してわかりやすいものもあれば符号のようなものもあるが、みな共通して生殖崇拝を象徴しており、「無限の創造力」を表している。

　偶然手にした手工芸品の玉璜の背後に、無限の創造力に通じる物語が広がっていたとは、思いがけない出会いだった。

交龍：図版は漢代の画像石に見られる交龍の一例（張道一著『画像石鑑賞』より）。

女媧《じょか》と伏羲《ふくぎ》：人頭蛇身で背に翼のある女媧（左）と伏羲。それぞれが手にしている矩《ものさし》と規《コンパス》は地と天、女媧と伏羲の結合は人類創造を寓意している（張道一著『画像石鑑賞』より）。

逼鼠蚕
猫

黃猫啣
鼠

中国の福猫〈蚕猫《ツァンマオ》〉

広大な中国で形成された吉祥図案のなかには、それぞれの土地に生まれた地方色豊かな吉祥図案がある。地域により言葉や習俗、信仰などに差異があるように、その土地に根ざした吉祥図案といえる。蘇州の桃花塢年画「逼鼠《ひっそ》蚕猫《さんびょう》」もその一つである。

「逼鼠蚕猫」は養蚕業に適した江南地域で生まれた吉祥図案で、鼠避けの呪物でもある。清代の蘇州の年中行事を記した顧禄 著『清嘉録』によると、「太湖に沿う郷村では、ほとんどの家が養蚕を生業としているので、三、四月を〈蚕月〉とし家々は門戸を閉ざし互いに行き来をせず禁忌も多い」とある。蚕を蚕宝宝《おかいこさま》とよんで大切に育てる風土が、この「逼鼠蚕猫」を生んだようだ。

画面いっぱいに大猫・小猫が意気揚揚と鼠を捕らえ口にくわえている。画面の周囲は蔓植物を意匠化した木彫フレームのような構図である。「逼鼠蚕猫」図はおもに蚕部屋の入り口のところに貼りつけておき鼠避けとした。「逼 bi」は「追いつめる」の意味であると同時に、辟邪の「辟」および「避」の字と諧音である。

じつはこの「逼鼠蚕猫」図を知る以前に、無錫《むしゃく》の泥娃娃《ニィワァワァ》（土人形）を取材しているときに出合ったのが「蚕猫」だった。無錫市は太湖の北岸に位置し、

右：桃花塢年画「逼鼠蚕猫」と「黄猫銜鼠《こうびょうかんそ》」図。銜《かん》は口にくわえるという意味で、絵図にあるとおり黄色をおびた猫が鼠をくわえている。「逼鼠蚕猫」図と対聯《ついれん》のようにして、本来は蚕部屋の入り口の左右に貼られる。　※画中の「⿰口知」は銜の俗字「啣」の変形か。

市の北部を長江が流れている。中国の福猫はおとなしく畏《かしこ》まって座っているのだなというのが蚕猫の第一印象であったが、よく見ると真円に近い見開いた眼が睨みを利かせている。眉間のすぐ上にある紋もどことなく呪術めいていて、もの言わぬながら存在感を感じさせる。幼い顔つきの猫に仙人の生やしているような長い白鬚も面白い。手のひらに収まるほどの大きさにしては石のようにずしりと重い。無錫の土人形は焼物ではなく、粘土をまるめて乾かし堅くなったら下塗りをして色をつける。だから湿度が影響して色を塗ったところがめくれてくる。聞けば、この蚕猫は作家の作品だという。背面は粘土そのままの灰色で作者名が刻んであった。民芸品に作家名のあるのを意外に思ったが、日本へ連れて帰ることにした。

こうして木版画の蚕猫と泥娃娃の蚕猫を見ていると、蚕を守護する大役を仰せつかっているためか、猫に少しも媚びたところがない。そういえば猫はその昔、鼠から佛典を守るために船に乗って日本へ渡来したのだと、物の本に書いてあった。福を招く以前にまず、禍を避けることが肝要。中国の福猫・蚕猫がそう語りかけているようにも見える。

恵山泥人の名で知られる無錫の土人形「古蚕猫」。蚕猫がいつからつくられるようになったかは定かではない。ただ古い蚕猫をもとにつくられたものという。

琉球の房指輪《フサイービナギー》

琉球の房指輪というものがある。そのカタチに惹かれて手に入れたのだが、今でも腑に落ちないところがあり謎めいて見える。

かつて琉球貴族の婚礼に用いられていたという房指輪の起源を知りたいと思うが、残念ながら資料に乏しくさかのぼることができない。というのも、琉球時代の伝統を受け継ぐ房指輪は一度伝承が途絶え、のちに遺された古い房指輪をもとに職人が復元し、つくり続けているのが現状だからだ。

この房指輪は、三つの指輪に房飾りのついた輪が通してある。始まりと終わりのわからない「輪つなぎ――連環」は、永遠を寓意する吉祥物でもある。

房飾りには七つの吉祥物が鎖で連結されている。説明によると七飾りに込められた意味は、着るものに困らない〈葉〉・ニライカナイ※からの使い〈蝶〉・生活を彩る〈花〉・末広がりの福〈扇〉・不老長寿の象徴〈桃〉・子孫繁栄の象徴〈石榴〉・食べ物に困らない〈魚〉であるという。それらはみな幸福な生活に欠かせないものと考えられている。

仮に七つの吉祥物を五福に分類してみると、「寿の桃」と「喜の石榴」以外はすべて福の範疇に入りそうだ。すると七つのうち禄や財を願う吉祥物が一つもないことになる。衣食に困らなければそれでよしとする風が沖縄には

ニライカナイ：奄美、沖縄で海のかなたや地底にある常世《とこよ》国《くに》と信じられている聖なるところ。異界・理想郷・豊穣や生命の源。

あるということか。だとすれば中国の吉祥観念と大きく異なる。

不思議な点はまだ続く。確かに芭蕉布を特産品として生み出す土地柄ゆえ、葉が衣服を寓意するというのは理解できるとしても、異界からの使者である蝶を身につける意味と、花の説明は釈然としない。

単純に考えると、七飾りのうち桃・石榴・魚に加え、蝶・花・葉もまた中国から伝えられた吉祥物である可能性が高い。夫婦和合、相思相愛を寓意する中国の吉祥図案「蝶恋花」が、沖縄で独自に解釈され蝶と花を個々の吉祥物とみなすようになったのではないだろうか。芭蕉の葉もまた、中国では陶磁器の意匠などに見受けられる吉祥物である。

最後に残った扇。開閉できるいわゆる扇子は日本原産品で、唯一の純和風吉祥物である。中国では「秋後扇（夏の間手放せなかった扇は秋になった途端に見向きもされなくなる）」が棄てられた妻の喩えであったり、扇の発音shan が「散 san 」に通じることから贈り物にしない人もある。また、八ではなく七という数字で吉祥物をまとめている点も日本式といえるだろう。

大陸文化と沖縄の独自性、本土の和風文化が共存し融合している房指輪。好ましい物を好ましく取り入れてある、慶ばしい日にふさわしい祈福のカタチだ。実際に指にはめてみると、薄い純銀製のパーツがふれ合いなんとも涼やかな音がする。

左：房指輪。七飾りは左から石榴・桃・扇・花・蝶・葉・魚である。先入観なしに見ると、石榴は柑橘、花は菊にも見え、葉の形状は芭蕉とはちがうようだ。

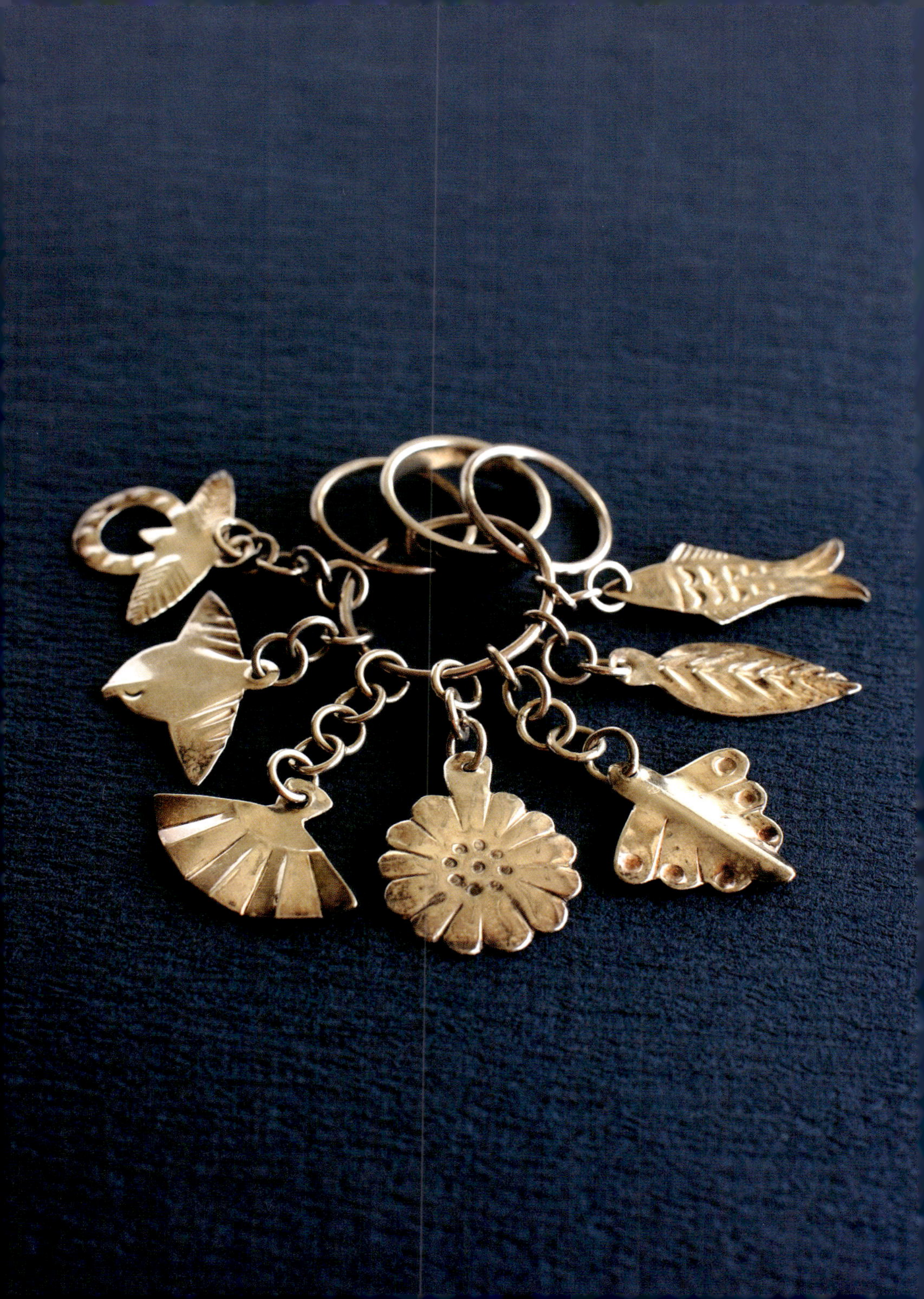

壽同金石

石——この吉なるもの

吉祥図案上に配される石や岩は「寿石」と称し、「長寿」「益寿」を寓意する。寿石は本来石の雅名で特定の石や岩をさすわけではないが、絵画に表現される場合は概ね太湖石を描くことが多い。太湖石とは太湖に産する石で、古くから庭石として珍重されてきたことから假山石（假山は築山の意）ともいう。石灰岩が湖の波に洗われ浸食されることで生じる太湖石は、いくつもの孔穴が複雑にうがたれた奇怪な形状である。中国式庭園で初めて太湖石を目にしたときは、髑髏を連想させる化け物岩のように思われたが、また別の場所では建造物との絶妙なバランスを保ち沸き立つ夏雲のような印象であった。

しかしながら奇怪な太湖石がなぜゆえ石のなかでも別格扱いに珍重され、最終的には吉祥図案の題材になりえたのであろうか。管梅芬 主編『民間吉祥図像故事』に興味深い故事が紹介されている。石を酷愛した北宋時代末期の文人・米芾《べいふつ》（一〇五一～一一〇七）の話である。米芾といえば、蔡襄《さいじょう》・蘇軾《そしょく》（蘇東坡）・黄庭堅《こうていけん》とともに宋代四大家のひとりに数えられる書の名人である。その上、米法山水とよばれる様式を創始した画家でもあり、金石古器の蒐集のみならず、鑑識家として徽宗帝のコレクションにも関与したといわれる。得難い才子であるが、奇矯《ききょう》な言行とくに石に対する異常なまでの癖《へき》から米顛《べいてん》

右左：壽同金石印。篆刻家・馬景泉老師の作品。左の印影「壽同金石」の吉語は、鳥虫篆と称す特殊な書体で刻してある。「人寿は金石に非ず」ゆえに、人は金石に同じ長寿を願う。印の側面に彫られる側款《そっかん》（右）は、書画の落款同様にその印の来歴などが記される。側款の彫り終わる面が左側になるよう印を握れば、天地をまちがえずに押印できる実用性も兼ねている。この印の側款は、筆者が恩師・尾崎誉翁の喜寿に際し祝意を記念した。

（顚は癲の代用で狂の意）などとよばれた。

米芾は漣水県（江蘇省）に赴任していたころ、地の利を活かし石の蒐集に精を出した。集めた石を書斎に配しては題名をつけ、石の一つひとつを雅号でよんでいたという。やがて石に熱中するあまり公務を怠っている米芾のことが御史（官名。弾劾を司る）の知るところとなり責められるも、袖のなかから小さな石を取り出し温顔で「こんなにも精巧な愛すべき石をどうして手放すことなどできるものかね？」などと問い返す始末。それからほどなくして太湖付近でまた立派な石を見出したのだった。その石は色つやが清潤なだけでなく、幾重にも重なり合った山々のようで、空虚な部分をはめ込んだような手の込んだつくり、申し分のない孔・溝・瘤《こぶ》・皺《しわ》をそなえている。米芾はひと目でその石に魅せられ、さっそく「洞天一品」と名づけた。なぜなら、その石のすばらしさは極点に達しており群石の冠たるものと確信したからで、それからというもの毎朝衣冠を整えた米芾は「洞天一品」を前に三跪九拝《さんききゅうはい》の大礼を捧げたのだった。これには家人も笑い事ではなく心配の種となり、終いには米顚などとあだ名されることになった。

米芾の石を拝礼する姿は、後世「米顛拝石」図など絵画の題材として表現されるようになり、これが転じて民間吉祥図案に取り入れられたとされる。大きな太湖石を前に衣冠束帯姿で拝礼する米芾の姿は、客観的には「祈寿」「祝寿」の行為を想起させ、太湖石そのものが「長寿」「益寿」を寓意する吉祥物とみなされるようになったのだ。

米顛拝石の話は奇癖として誇張ぎみに伝えられているが、実際には北宋時代の文人たちの好尚を代表するもので、奇石の愛玩は文人趣味のひとつとして定着しているものである。いつのころからか賢者隠者の崇高さ、脱俗の精神を表現する絵画のなかに石を描くようになった。とくに石に座す求道者のイメージは宋代の文人たちの憧れであったようだ。のみならず、芸術家にとって石は創作時のヒント「霊感の源泉」でもあった。林語堂は著書『人生をいかに生きるか』のなかで、石と中国書法の共通点を次のように述べている。

　石の効用を徹底的に観賞しようと思えば、中国書道にさかのぼる必要がある。書道は抽象世界のリズム・線条・構成の研究にほかならない。真の良石は荘重《そうちょう》と超脱《ちょうだつ》（世俗の外に抜け出る）を連想させるだけでなく、さらに重要なことは線条が正しいということ。それは自然界の線の奇峭《※きしょう》さそのものであることが理想的だ。老子は『道徳経』のなかで〈不刻の石〉

奇峭：単なる直線や直角をいうのではなく、険しくそびえる山の鋭い稜線にそなわるような力強さをいう。

のことを力説しているが、至高の芸術品は（詩や文章と同じく）なんら人工の痕なく曲水浮雲のように自然である。

自然物にそなわる「不規則の美・リズムと動き・表情」を暗示する線条の美にこそ観賞の対象があると述べている。米芾の拝石の行為は決して愚行ではなく、むしろ真の芸術家のあるべき姿のように思われる。その背景には、石を芸術品とみなす以前に霊物として尊崇する態度もうかがわれる。永い年月を日にさらされ太陽の精華を吸収し、月に照らされ月の太陰の精髄を吸収した石は、いつまでも堅く朽ちない永遠の生命をもつ、吉なるものである。

黄山

民間吉祥文字

漢字は言葉の呪力をとどめる器としての機能がある上、美の様式をそなえ無限に発展させていくことのできる記号である。辟邪と吉祥への祈念をとじ込めることができる漢字は、日常生活において人びとの心の拠りどころでもある。

とくに吉字および吉祥語は文字そのものが吉祥物として成立しうるが、さらにこれを意図的に変形あるいは意匠化させた装飾工芸文字が「民間吉祥文字」である。中国では、書という芸術を確立し発展させてきた一方で、豊富な民間吉祥文字を生んできた。

第一章の〈言葉の呪力――漢字〉で述べたとおり、民間吉祥文字に通じるものはすでに、殷・周時代の青銅器をはじめ秦・漢時代の瓦当《がとう》などに見受けられる。漢字を装飾的につくり吉祥を表現する伝統は連綿と受け継がれ、民間吉祥文字は複雑かつ多様に展開しながら各時代の風格まで表現している。そして言葉の呪力と視覚的効果をそなえた民間吉祥文字は、普遍的に中国の人びととの生活のなかに活かされている。その実情をつぶさに伝えている書物が後藤朝太郎の『文字行脚』である。同書には氏が中国を行脚し、あらゆる階層の人びとに接し見聞した成果と見解が余すところなく述べられている。

支那※世相に現はれた文字土俗を更にもつと広く漁つて見ると、数々の面白いことが発見せられる。と云ふのは実際は兎も角も、文字の上に自己の運命観を打ち込み、その掲げられた文字の美しい意味に陶酔し、之に憧れると云ふのがかなりある。内実は心配なことがあらうと又懐は赤貧洗ふが如きものがあらうと、表向き美しい文字を掲げて置けば気が安まると云ふ感じがしてゐる。そこに支那一般人の面白い大陸的な心境が窺はれる。

（『文字行脚』の〈気安めの文字癖〉より抜粋）

さらに同書のなかで「生活のなかに活きる文字」の具体的な事例を紹介しているので、そのいくつかを挙げる。

・浙江地域の家屋の破風《はふ》に墨書きされた吉字を発見。一見「福」の字に見えるが、田の上の部分を故意に五の字に作り「五福臨門」を寓意している。

・吉慶文字は一字のこともあり、また二字三字四字のこともありまちまちであるが、これらはみな新年早々掲げられる延喜を祝う瑞祥文字である。

・文字本位の中国では、文字を工芸化することに特殊の興味を感じ、またこれに値打ちを加算して考えるところがある。清楚淡白なものを好む日本人と対照的に、めでたい動植物を詰め込んで濃厚に表現されることが多い。

福

支那：古代インドにおける中国の呼称「秦 Tsin」の転訛で、その発音を漢字に当てたもの。震旦・振旦・真丹も支那に同じ。佛典とともに中国に帰国した留学僧が使い始めた語で、もともと侮蔑の意味は含まれない。『文字行脚』からの引用文は原文どおりの国名表記のままにした。

・婚礼の場面に出る祝いの饅頭はその皮の上に紅の双喜の文字が入れられている。或は紅色に染められた絹の緞子《どんす》の模様などにも「丸に双喜」の文様の織り出されているものがある。

・南北各地随所に悪魔除けの文字を見ることが少なくない。「姜太公在此百無禁忌」の文字を紅紙に書いて貼りつけたり、石に刻して辟邪に用いられる。姜太公（太公望のこと。姜子牙《きょうしが》、姜尚とも。三二七頁参照）は神がみの元締めで如何なるものにも打ち勝つと信じられた。

同書が世に送り出されてすでに八十年近い歳月が経つため、氏の見聞した美風は過去のものとなった部分もあるだろう。それでも人びとの心情を理解するに十分な興味深い報告である。悪しき言葉・不吉な言葉・呪いの言葉は人を不幸にし不運を招き、逆に好い言葉・吉祥の言葉は人を幸せにし幸運を招く。こうした言葉のもつ魔力に対する信仰心が言霊崇拝を支えている。とくに遠古の時代、さまざまな祝詞を魔力と交感するための呪語（まじないの文句）とし、祈禱は消災招福の手段であった。

程度の差こそあれ、言霊崇拝の心理は現代の我われとも無縁ではない。正月に不吉な言葉を口に出さないよう慎む風習は日本にもあり、さらに身近な例では「終わり」という言葉を忌み、会合や宴会の終わりを「お開き」というなどがある。中国語の場合は発音が同じか似ているというだけで、異なる二つの事物を同類のこととして結びつけて考えられることが少なくないため、自ずと言葉にまつわる禁忌《タブー》がより多く存在する。

不吉な連想などから使用を避ける「忌み言葉」は、比喩や反意語を含む別の言葉に置き換えられる。その心理は、吉祥文化の核心である辟邪と吉祥を祈る心理と一致しており密接に関係している。吉字・吉祥語を意匠化した民間吉祥文字もまた言霊崇拝の産物なのである。

左上から時計回りに、楊家埠（山東）民間版画の「福」と「発」の字、民間剪紙（切り絵）の「龍」、「福禄寿」、清代の圓壽字、民間剪紙の「鹿鶴同春」福字図、「虎」、組み合わせ文字「招財進宝」（台北南天書局『中国伝統図案系列—中国漢字図案』および『漢聲雑誌八七　美哉漢字—伝統民間文字』より転載）。

贈り物に小さな心づかい

土産の品に祝いの品、お礼の品、見舞いの品……と贈り物にもさまざまある。じつは吉祥のことを調べているときに、日中両国間の習慣のちがいを改めて痛感したのが、贈り物を選ぶ際の禁忌事項である。先の「琉球の房指輪」に扇子のもつ意味を述べたが、それと知らずに以前日本から持参する土産品に扇子を選んだことがあった。せめて手渡すときに選んだ品とその理由を伝えておくことが大切なことだったと今更ながらに感じたものだ。

中国語圏内において、贈り物として避けたほうが無難なものにどのような品があるか。ひと言でいえば、中国語で「忌み言葉」「不吉・不穏な言葉」を連想させる品である。

たとえばタオルや手拭い、ハンカチの類は「断絶」を連想させるものとみなされることがある。これは旧時の葬儀の際に、死者に手巾《しゅきん》を手向け断絶の意を示す風があったことの名残だという。ナイフやハサミのような断つ道具も同じような理由で困惑されかねない。置き時計や掛け時計を贈ることが「送鐘 song zhong」で死をみとること「送終 song zhong」に通じてしまうという話は、中国語を学ぶときに知った人が多いのではないだろうか。「苹果 pingguo（リンゴ）」は「平安結果 ping an jie guo」に通じ縁起が良いが、「梨

li」は「離」と諧音なので単品で贈らないのが無難とされる。苦肉の策では、梨に柑橘を組み合わせれば「吉利 jili」に通じ、忌み言葉を避けられそうだ。

もう一つ、贈り物の品数についてである。ちょっとした土産物から祝意を込めた品物まで、中国では単品および奇数で贈ることは少ない。というよりも慶事の贈り物は意識的に奇数を避けるのがふつうである。お茶であれお酒であれ、同じ品物を二つそろえて贈る人が多い。これは「好事成双」すなわち「喜ばしいことは重なる」を願い祝福するからである。日本人の感覚では「三」はすわりの良い安定感のある数字に思われるが、中国語では「散」と諧音であることから、慶事の贈り物のときは避けるのが無難である。

では総じて偶数が喜ばれるかというと、必ずしもそうとは限らない。度重なることは避けたい病気や事故の見舞いのときなどは偶数を忌む。とくに「死」を連想しやすい「四」が避けられる事情は日本と同じである。

中国語の場合、言語の特性上「忌み言葉」の種類の豊富さは日本語とは比較にならない上に、方言や風習のちがいから地域差もある。とても把握しきれそうにはないが、大切なことは文化のちがいを越えて、贈る側と贈られる側の双方が心情を分かち合えることだといえるだろう。彼らの根底には我われ以上に辟邪と吉祥の心理が作用しており、往往にして品物自体がメッセージを発することもあるのだということを念頭に置いておきたい。

おわりに

『極める台湾茶』『極める紫砂茶壺』に続く第三弾として、本書『吉祥の文化史―幸福追求への祈りのかたち』に至った。一見三書には関連性がないようにも思われるが、この一連の展開は必然ともいえる自然ななりゆきだった。そもそも日本の茶道が機縁となり中国留学を果たした筆者が、なぜ第一弾として台湾茶の本を手がけたかと訊ねられると、正直なところうまく言葉にするのが難しかった。そこで私の心情を代弁している言葉をここに引用させていただきたい。

世間で茶道を考へるのは、とかくお茶の道具を取り揃へることとか、茶室を用意することとか、やれ袱紗さばきの、お稽古日のと云つた風の事のみにあたまを使ふ。而かもそれが茶道の全部なるかのやうに思ひ込んでゐるものがある。甚だしいのになると、茶道具や茶掛けの軸物の高価なものを集めて、自慢をしたり又つとめて田舎屋式の下手もののみを無理に集めて得意になつたりするものもある。何もわざわざ不自然の事をしなくともよろしいのである。ところが大体世間では形にのみ囚はれてゐる。勿論茶の法式を無視したり、折角今日まで発達して来たものを全然超越して破壊するやうな事は戒むべき事である。そこは大いに考へなくてはならぬ。唯ここに注意すべき事は、茶道を修めんが為めでその人が却つて小さい人間になり、線の細い人間になり、つまらない神経質の人間になつたりすることのないやうに戒めなくてはならぬ事、これである。

〈後藤朝太郎 著『茶道支那行脚』より一部抜粋〉

中国で茶文化にふれて以来、私にとって茶の魅力は日常生活に根ざしたものにこそある。くつろいだ気分で茶の効能を余すところなく吸収すること、茶を介して好友とかけがえのない時間を共有することが、茶の本望ではないかと思うようになった。中国では十人いれば十人十色に、自分なりの茶の愉しみ方をもっているように見受けられ、型にとらわれないあり方を羨ましく感じた。

のちに本当においしいお茶をもとめて到達したのが台湾茶なのだが、台湾茶との出合い以上に大きな影響を受けたのが林鼎洲老師の存在である。師の誠実な人柄と茶に対する豊富な知識と経験、学術的理論に基づいた分析力に感服し、ついに教えを請い結実したのが『極める台湾茶』である。

さらに台湾茶をおいしく飲むための好ましい急須〈宜興産の紫砂茶壺〉に焦点をあて、中国の茶文化全般と茶にゆかりのある文人たちについても言及したのが『極める紫砂茶壺』である。同書において名壺の復刻製作を唐人陶芸の唐朝霞老師に依頼できたこと、また老師から多くを学ばせていただいたことは誠に幸運であった。急須から吉祥文化へ展開した経緯はすでに序文で述べたとおりである。すべてはお茶が機縁となっており、お茶好き、もの好きの気質を介して交友が深まり、恩師、畏友からは何ものにも代え難い恩恵を受けた。ここに謹んで謝意を表したい。

『極める紫砂茶壺』発刊以前より筆者に多大な支援をしてくださった恩師・尾崎誉翁に心より深く感謝を申し上げる。画家で「古美術 六甲」の主である翁は絵画・文学に造詣が深く、書簡を通じて筆者は多くの啓示を賜った。翁なくして我が心の師・後藤朝太郎を知ることはなかったと思う。さらには貴重な参考書物と中国民間版画の数々を惜しみなくお譲りいただいた。このご縁がなければ本書の完成がどのようになっていたかわからない。それほどに深く関与いただいたこと、誠に深謝のみである。

中国書籍の入手では畏友・柳曙光氏のお世話になった。『極める紫砂茶壺』でコーディネーターとしての手腕を発揮してくれた柳氏は、中国吉祥文化をテーマに取り組む筆者に深い理解を示し、入手困難な書籍を含め何度も購入・発送の雑務を買って出てくれた。そのうえ費用を負担することで、自らも日中文化交流につながるこの企画に参加したいと願い出てくれたことに、心より敬意と感謝の意を表したい。多謝。

また尾崎誉翁を介して篆刻家・馬景泉老師と知り合えたことも幸運であった。ご自宅に押しかけ貴重な作品群や美石の数々を拝見させていただき、作品の一部を本書に掲載できたことは誠に幸甚である。

最後に、これまで三書の制作に携わってくださった校閲の荒川八重子氏、メディア・ワークスの髙島宏一氏に心より感謝申し上げる。また、シリーズ第三弾に至るまでの足掛け十三年間苦労をおかけしたグリーンキャットの志原篤司氏と、三書の編集長であり撮影と本書の装丁を手がけてくれた北崎二郎氏、我が育ての両父に衷心お礼申し上げる。

年齢や性別、出身などを超越して、よき理解者・支援者にめぐり会えたことが、私にとって人生最大の福だと、改めて感じている。

二〇一七年五月

池上麻由子　記す

引用および参考文献

末尾に※を付したものは図版の出典

○族霊崇拝
『山海経』高馬三良 訳（平凡社、一九九八年）※／『図騰与中国文化』何星亮 著（江蘇人民出版社、二〇〇八年）
『中国少数民族与吉祥文化』李燦光 主編（中国社会科学出版、二〇〇八年）／『十二支考1・2・3』南方熊楠 著（東洋文庫）
『中国古代の舞踏と伝説』マルセル・グラネ 著（せりか書房、一九九七年）／『中国神話』聞一多 著（東洋文庫）
『中国上古神話』劉城淮 著（上海文芸出版社、一九八八年）／『支那古代神話』森三樹三郎 著（大雅堂、一九四四年）

○漢字／古語
『新訂　字統』白川静 著（平凡社、二〇〇八年）※／『漢語林』鎌田正ほか 著（大修館書店、二〇〇三年）
『爾雅 神宮文庫蔵 南北朝刊本』（古典研究会、一九七三年）／『漢字百話』白川静 著（中央公論社、二〇〇八年）
『漢字―生い立ちとその背景』白川静 著（岩波新書、二〇〇八年）／『文字逍遥』白川静 著（平凡社、一九九四年）
『中国古代の民俗』白川静 著（講談社学術文庫、二〇〇九年）

○易
『易経 上・下』高田真治 訳（岩波書店、二〇〇七年）
『易の話「易経」と中国人の思考』金谷治 著（講談社学術文庫、二〇〇九年）

○詩
『詩経・楚辞』目加田誠 訳（平凡社 中国古典文学大系 第15、一九八一年）
『詩経』目加田誠 訳（講談社学術文庫、一九九一年）／『詩経―中国の古代歌謡』白川静 著（中央公論社、二〇〇二年）
『楽府』沢口剛雄 編著（明徳出版社 中国古典新書、一九七九年）／『陶淵明全集 上・下』松枝茂夫 訳（岩波書店、二〇一〇年）
『陶淵明』一海和義 注（岩波書店 中国詩人選集 第四巻、一九五八年）
『中国の古典詩』佐藤保 著（放送大学教育振興会、一九九三年）／『漢詩の事典』松浦友久 編（大修館書店、一九九九年）

○礼

『永遠的風景―中国民俗文化 礼儀』雲中天 編（百花洲文芸出版社、二〇〇六年）
『永遠的風景―中国民俗文化 禁忌』雲中天 編（百花洲文芸出版社、二〇〇六年）
『中国服装史』黄能馥 著（中国旅游出版社、二〇〇一年）※
『礼記』下見隆雄 編著（明徳出版社 中国古典新書、二〇〇五年）／『中国社会風俗史』尚秉和 著（東洋文庫）

○符瑞

『珍本術数叢書 第七一―甲遁真授秘録外二種（下）』新文豊編輯部編（新文豊出版、一九九五年）※『瑞應圖記』を収録
『金石索』馮雲鵬ほか 編（台湾商務印書館、一九六八年）※
『玉函山房輯佚書 史編・子編』馬国翰 輯（中文出版社）※孫柔之の『瑞應圖』を収録
『宋書』沈約 撰（汲古書院、一九七一年）／『白虎通徳論』班固 撰 縮印元刊本（上海商務印書館）
『稽瑞』劉賡 輯（上海商務印書館、一九三六年）／『史記 上中下』司馬遷 著（平凡社 中国の古典シリーズ1、一九七三年）
『支那文学芸術考』青木正児 著（弘文堂書房、一九四二年）

○吉祥物・吉祥図案

『吉祥図案解題―支那風俗の一研究』野崎誠近 著（中国土産公司、一九二八年）※
東京国立博物館図録『特別展 吉祥―中国美術にこめられた意味』（一九九八年）
『中国吉祥符』陳輝 主編（海南出版社、一九九二年）／『中国符号』易思羽 主編（江蘇人民出版社、二〇〇五年）
『中国吉祥図案的象征研究』鐘福民 著（中国社会科学出版社、二〇〇九年）
『点撃―中国吉祥芸術』陳勤建 著（上海人民美術出版社、二〇〇六年）
『中国伝統紋様図鑑』古月 編著（東方出版社、二〇一〇年）／『中国象征文化図志』居閲時 著（山東画報出版社、二〇一〇年）
『中国伝統吉祥物』管梅芬 主編（文國書局、二〇〇〇年）／『民間吉祥図像故事』管梅芬 主編（文國書局、二〇〇〇年）
『中国吉祥人物図案』徐麗恵 編著（遼寧美術出版社、二〇〇二年）
『中国伝統図案系列―中国漢字図案』潘魯生 編著（台北南天書局、一九九〇年）
『中国鳥信仰』陳勤建 著（学苑出版社、二〇〇三年）／『桃文化研究』王焔安 著（中国档案出版社、二〇〇三年）

國立歴史博物館図録『館蔵　魚文化研究特展』（二〇〇一年）／國立台湾博物館 昆虫文物特展図録『虫学与虫芸』（二〇〇一年）

○中国文物・文化財

『古代玉器通論』龍仁徳 著（紫禁城出版社、二〇〇四年）／『中国玉器』方澤 著（百花文芸出版社、二〇〇三年）

『古代中国 天命と青銅器』小南一郎 著（京都大学学術出版会、二〇〇六年）

『金石学』朱剣心 著（台湾商務印書館、一九九五年）／『中国古代瓦当芸術』楊力民 編（上海人民美術出版社、一九八六年）※

國立歴史博物館図録『漢代文物特展』（一九九六年）／『画像石鑑賞』張道一 著（重慶大学出版社、二〇〇九年）※

『中国印学』呉清輝 著（中国美術学院出版社、二〇〇七年）／『中国銭幣文化』湯可可 著（天津人民出版社、一九九一年）

『文物物語―説説文物自身的故事』朱后新 著（中華書局、二〇〇六年）

○中国美術史

『中国美術史』マイケル・サリバン 著（新潮社、一九七九年）

『形式与意蘊―中国伝統装飾芸術八講』翁剣青 著（北京大学出版社、二〇〇六年）

『中国顔色』黄仁達 編撰（聯経出版、二〇一一年）／『龍史―亜洲文明的共同象徴』楚戈 著（國立故宮博物院、二〇〇九年）

○中国伝統工芸・民間美術

『中国民間美術辞典』張道一 主編（江蘇美術出版社、二〇〇一年）

『透視―中国民俗文化中的民間芸術』王海霞 著（太白文芸出版社、二〇〇五年）

『中国民間美術造型』左漢中 著（湖南美術出版社、二〇〇六年）

『漢聲雑誌五七　緜緜瓜瓞・上』靳之林 著（漢聲雑誌社）／『漢聲雑誌五八　緜緜瓜瓞・下』靳之林 著（漢聲雑誌社）

『漢聲雑誌八七　美哉漢字―伝統民間文字』張道一 著（漢聲雑誌社）※

『漢聲雑誌一二〇　吉祥如意』張道一 主編（漢聲雑誌社）

『漢聲雑誌一一〇　虎文化〈論述篇〉』曹振峰 著（漢聲雑誌社）

『鑑蔵 長命鎖』章用秀 編著（天津人民美術出版社、二〇〇五年）

『支那風物志 二・民芸篇』後藤朝太郎 著（大東出版社、一九四三年）

『絶世珍存之中国民芸』周一渤 著（青島出版社、二〇〇七年）／『中国の民間工芸』能智修弥 著（造形社、一九七三年）

○辟邪と祈福の習俗

『中国辟邪文化』鄭小江 主編（当代世界出版社、二〇〇八年）
『中国古代鎮墓神物』鄭州市文物考古所 編著（文物出版社、二〇〇四年）
『中国古代鬼神文化大観』尹飛舟 著（百花洲文芸出版社、一九九二年）
『四民月令―漢代の歳時と農事』渡部武 訳注（東洋文庫）／『荊楚歳時記』宗懍 著（東洋文庫）
『斉民要術―現存する最古の料理書』田中静一ほか 編訳（雄山閣出版、一九九七年）
『東京夢華録―宋代の都市と生活』孟元老 著（東洋文庫）／『夢粱録―南宋臨安繁盛記』呉自牧 著（東洋文庫）
『清嘉録―蘇州年中行事』顧禄 著（東洋文庫）／『燕京歳時記―北京年中行事』敦崇 著（東洋文庫）
『北京風俗図譜 1』内田道夫 編（東洋文庫）／『清俗紀聞 1・2』孫伯醇 著（東洋文庫）
『吉祥対聯集錦』李賢文 編（雄獅叢書、二〇〇二年）／『南方随筆』南方熊楠 著（荻原星文館、一九四三年）
『中国風俗大辞典』傅美琳 編著（中国和平出版社、一九九一年）
『支那民俗誌 第一巻』永尾龍造 著（支那民俗誌刊行会、一九四〇年）
『支那民俗誌 第二巻』永尾龍造 著（支那民俗誌刊行会、一九四一年）
『支那民俗誌 第六巻』永尾龍造 著（支那民俗誌刊行会、一九四二年）
『支那文化の研究』後藤朝太郎 著（冨山房、一九二五年）／『文字行脚』後藤朝太郎 著（知進社、一九三六年）
『大支那大系 第八巻 風俗・趣味篇』後藤朝太郎 著（萬里閣書房、一九三〇年）
『支那汲古録』後藤朝太郎 著（黄河書院、一九四三年）／『支那行脚記』後藤朝太郎 著（萬里閣、一九二七年）
『古代中国の民俗と日本―「春秋左氏伝」に見る民俗資料から』江頭廣 著（雄山閣出版社、一九九二年）
『中國節日的故事』陳淑英 編著（將門文物出版、二〇〇二年）／『中國紙馬』陶思炎 著（東大図書公司、一九九六年）

○中国の宗教思想哲学

『中国＝文化と思想』林語堂 著（講談社学術文庫、二〇〇七年）

『人生をいかに生きるか 上・下』林語堂 著（講談社学術文庫、一九七九年）

『中国の文芸思想』目加田誠 著（講談社学術文庫、一九九一年）

『老子・荘子』森三樹三郎 著（講談社学術文庫、一九九七年）／『老子の思想』上野浩道 訳（講談社学術文庫、一九八七年）

『老子』蜂屋邦夫 訳注（岩波書店、二〇〇九年）／『荘子 内篇』福永光司 著（講談社学術文庫、二〇一一年）

『抱朴子／列仙伝／神仙伝／山海経』（平凡社 中国古典文学大系 第8、一九六九年）

『中国に学ぶ』宮崎市定 著（中央公論社、一九八六年）／『論語』金谷治 訳注（岩波書店、一九九六年）

『「名」と「恥」の文化』森三樹三郎 著（講談社学術文庫、二〇〇五年）

『中国思想』宇野哲人 著（講談社学術文庫、一九八〇年）／『捜神記』干宝 原著（東洋文庫）

『論衡―漢代の異端的思想』王充 著（東洋文庫）／『淮南子』楠山春樹 編著（明徳出版社 中国古典新書、一九七一年）

『道教文化』孫亦平 著（南京大学出版社、二〇〇九年）／『道教史』窪徳忠 著（山川出版社 世界宗教史叢書9、一九七七年）

『道教の神々』窪徳忠 著（講談社学術文庫、二〇〇九年）

『漢墓壁画的宗教信仰与図像表現』汪小洋 著（上海古籍出版社、二〇一二年）

『上古より漢代に至る性命観の展開』森三樹三郎 著（創文社、一九七六年）

『千字文』小川環樹 注解（岩波書店、二〇〇一年）／『座右版 寒山拾得』久須本文雄 著（講談社、一九九八年）

○中国年画

『中国美術全集 絵画編21 民間年画』王樹村 主編（人民美術出版社、一九八五年）

『中国年画史』王樹村 著（北京工芸美術出版、二〇〇二年）

『中国年画発展史』王樹村 主編（天津人民美術出版社、二〇〇五年）

『中國伝統年画芸術特展専輯』國立中央図書館 編（行政院文化建設委員会、一九九一年）

『消失的民芸―年画』介子平 著（山西古籍出版社、二〇〇四年）／『楊柳青年画』天津市芸術博物館 編（文物出版社、一九九二年）

『中国楊柳青木版年画選』劉見 編著（天津楊柳青年画社、一九九九年）

『年画』王樹村 著（浙江人民出版社、二〇〇五年）／『民間年画』謝桂華 編著（河北少年児童出版社、二〇〇四年）

那須野が原博物館図録『春節の祈り―中国・年画と紙馬の世界』（二〇〇七年）
太田記念美術館図録『錦絵と中国版画展―錦絵はこうして生まれた』（二〇〇〇年）
『蘇州版画―中国年画の源流』王舎城美術寶物館所蔵版画（駸々堂出版、一九九二年）
『日中台　国際シンポジウム論文集〈封印を解かれた中国民間版画〉』日本民藝館（一九九八年）
『民藝　559号』日本民藝館（一九九九年）
『中国伝統版画集成1―招福除厄の年画』『中国伝統版画集成2―吉祥祈願の年画』潘元石 著（平河出版社、一九九七年）

○五福の求め方

『中国吉祥文化系列　福・福気・福音―中国民間求福習俗』勾承益 著（四川人民出版社、一九九四年）
『中国吉祥文化系列　禄・禄願・禄瑞―中国民間迎禄習俗』梁銀林 著（四川人民出版社、一九九四年）
『中国吉祥文化系列　寿・寿礼・寿星―中国民間祈寿習俗』蘇克明 著（四川人民出版社、一九九四年）
『中国吉祥文化系列　財・財神・財運―中国民間招財習俗』王康 著（四川人民出版社、一九九四年）
『中国吉祥文化系列　喜・喜酒・喜銭―中国民間納喜習俗』李鑑踪 著（四川人民出版社、一九九四年）
『接財迎福―民間伝統的財神信仰及芸術文物』江韶瑩 著（国立伝統芸術中心、二〇〇六年）
『精緻生活叢書五〇―吉祥民神』李英豪 著（芸術図書公司、一九九六年）／『福神』喜田貞吉 編著（宝文館出版、一九七六年）
『支那長生秘術』後藤朝太郎 著（富士書房、一九二九年）
『支那大陸　不老長生秘話』後藤朝太郎 著（大東出版者、一九三八年）

○その他

『中国史　上・下』宮崎市定 著（岩波全書、一九八九年）／『西遊記 上・中・下』村上知行 訳（社会思想社、一九八九年）
『有職故実 上・下』石村貞吉 著（講談社学術文庫、一九九一年）／『文字の意匠』小野寺啓治 著（東京美術、一九七五年）
『日本の文様　その歴史』『風雅の図像　和風文様とはなにか』樹下龍児 著（筑摩書房、二〇〇六年）
『風水の本―天地を読み解き動かす道教占術の驚異』（学習研究社、一九九八年）
『茶道支那行脚―真の支那民族心理を知る書』後藤朝太郎 著（峯文荘、一九三八年）

ま

麻姑（まこ／マーグ）……………………………… 322
マナ（mana）…………………………………… 31
卍（まんじ／万字）……………………………… 250
万福（まんぷく）………………………………… 133

み

蜃（みずち）…………………………………… 71
緑（みどり）…………………………… 242、342
ミミズク…………………………………… 211
民間吉祥文字……………………… 36、361

む

ムカデ…………………………………… 212
紫（むらさき）………………………………… 244

め

冥界の守護神（めいかいのしゅごしん）………… 82
明喩（めいゆ）………………………………… 44
緜緜瓜瓞（めんめんかてつ）………………… 131

も

木連理（もくれんり）…………… 59、60、169
桃（もも）…… 45、190、211、280、296、343、353
桃の弧（もものゆみ）……………………… 188
門神（もんがみ／もんしん）……………… 186

や

厄年（やくどし）……………………………… 227
柳（やなぎ）………………………………… 212

ゆ

雄黄（ゆうおう）……………………………… 213
幽玄（ゆうげん）……………………………… 240
元宝（ユエンバオ）……… 327、332、335、343

よ

揺銭樹（ようせんじゅ）……………… 332、343
予祝（よしゅく）……………………………… 4
ヨモギ（蓬）…………………………………… 211
四（数字のよん）……………………………… 218

ら

罍（らい）…………………………………… 181
雷文（らいもん）……………………………… 181
駱駝（らくだ）………………………………… 70
落花生（らっかせい）……………… 21、343
落款（らっかん）……………………………… 227
蘭（らん）…………………………………… 211

り

緑帽子（リュィマオズ）……………………… 243
龍（りゅう／竜）…………………… 66、212
流雲文（りゅううんもん）………… 176、177
龍王（りゅうおう）………………… 69、191
劉海蟾（りゅうかいせん）………… 328、330
龍珠（りゅうじゅ）…………………………… 69
龍の爪（りゅうのつめ）……………………… 72
麟（りん）…………………………… 77、101
リンゴ（苹果）……………………………… 365
林語堂（りんごどう）……… 46、63、318、359

れ

礼（れい）……………………… 28、46、64
霊芝（れいし）……………… 89、282、343
蓮花（れんげ）……………… 124、151、300
連理の枝（れんりのえだ）…… 59、60、169

ろ

老人星（ろうじんせい）……………………… 319
臘の祭り（ろうのまつり）…………………… 120
六（数字のろく）……………………………… 219
禄星（ろくせい）……………………………… 314
禄の神（ろくのかみ）………………………… 313
龍袍（ロンパオ）……………………………… 50

わ

和合二仙（わごうにせん／和合二聖）…… 196、339
忘八（ワンバ）………………………………… 244

八（数字のはち）…………………………… 220
蜂（はち／蜂の巣）…………………………250、288
八部衆（はちぶしゅう）……………………………69
八卦（はっか／はっけ）……………………… 165
八駿（はっしゅん）……………………106、108
八仙（はっせん）…………………………… 321
八宝（はっぽう／八吉祥）………………………… 250
馬蹄銀（ばていぎん）………… 279、327、332
万回（ばんかい／万廻）……………………… 197
板書（ばんしょ）…………………………………36
盤長（ばんちょう）……………………250、294
蟠桃会（ばんとうえ）…………………319、322
蛮蛮（ばんばん）…………………………… 170
万物同根（ばんぶつどうこん）………………… 249
万物有霊（ばんぶつゆうれい）……………………46

ひ

ヒキガエル……………………………… 211
比肩獣（ひけんじゅう）……………………………59
羊（ひつじ）………………………………112、342
比徳（ひとく）……………………………114、254
人の擬獣化（ひとのぎじゅうか）…………………32
熨斗（ひのし）……………………………… 212
飛白書（ひはくしょ）………………………………36
比目魚（ひもくぎょ）………………………………59
『白虎通徳論』（びゃっこつうとくろん）………………56
瓢箪（ひょうたん）………………………… 131
比翼鳥（ひよくどり）………………… 59、170
飛廉（ひれん）……………………………………87

ふ

巫（ふ）…………………………………… 349
ファーティマの手…………………………… 184
風水術（ふうすいじゅつ）…………………… 208
風箏（ふうそう）…………………………………95
伏羲（ふくぎ／ふつき とも）…………32、321、349
福星（ふくせい）……………… 304、308、310
福の神（ふくのかみ）……………………… 304
含玉（ふくみだま／含玉）………………153、230
フクロウ…………………………………… 211
福禄寿（ふくろくじゅ）…………………… 90、319
符号類（ふごうるい）……………………… 272
武財神（ぶざいしん）…………………328、331
房指輪（ふさゆびわ）……………………… 353
符瑞（ふずい）……………… 28、54、64、102
扶桑（ふそう）……………………………… 119
猪（ぶた）………………………………… 67、262
佛教（ぶっきょう）………………………… 248
佛手柑（ぶっしゅかん）………………280、342
祓除（ふつじょ）…………………………… 312
葡萄松鼠（ぶどうりす）…………………… 172
芙蓉（ふよう）……………………………125、139
不老長寿の女神（ふろうちょうじゅのめがみ）… 320
聞一多（ぶんいった）……………………43、63
文昌帝君（ぶんしょうていくん）…………… 314
文人吉祥画（ぶんじんきっしょうが）………… 252

へ

米芾（べいふつ）…………………………… 357
璧（へき）………………………………… 347
辟邪（へきじゃ）…………………5、29、209
辟邪物（へきじゃぶつ）…………………… 209
紅色（べにいろ）…………………………… 222
蛇（へび）…………………………………………71

ほ

鳳凰（ほうおう）………………74、212、282
箒（ほうき）………………………………… 212
宝珠（ほうじゅ）…………………………………69
方勝（ほうしょう）……………………………… 3
『封神演義』（ほうしんえんぎ／封神伝とも）…… 327
宝相華（ほうそうげ）……………………… 139
饕餮（ぼうてつ）…………………………… 149
和田玉（ホータンぎょく）………………… 229
舗首（ほしゅ）……………………………… 188
牡丹（ぼたん）……………136、151、300、342
紅包（ホンパオ）……………………………224、326
本命年（ほんめいどし）…………………… 227

青衣（チンイ）……233
青花（チンホア）……234
鎮墓神物（ちんぼしんぶつ）……88、210

つ

蚕猫（ツァンマオ）……17、350
追儺（ついな）……188、210
対聯（ついれん）……35
燕（つばめ）……45、77、95、121
鶴（つる）……45、77、90、342、343

て

貞卜（ていぼく）……33
天官（てんかん）……305、311
天灸（てんきゅう）……227
天鶏（てんけい）……119
纏枝文（てんしもん）……168
天人感応説（てんじんかんのうせつ）……55、208
天人合一思想（てんじんごういつしそう）……41、54、208、249
天人相関説（てんじんそうかんせつ）…54、55、64
天保九如（てんぽうきゅうじょ）……317

と

陶淵明（とうえんめい）……147、256
桃花塢（とうかお）年画……254
道教（どうきょう）……37、38、248
桃人（とうじん）……89
董仲舒（とう ちゅうじょ）……55、115
饕餮文（とうてつもん）……48、49
東坡壺（とうばこ）……134
桃符（とうふ）……191
東籬（とうり）……148
トーテム／トーテミズム……31
トカゲ……32、212
徳（とく）……54
特殊文字（とくしゅもじ）……37、276
毒蛇（どくへび）……69、212
度朔山伝説（どさくさんでんせつ）……189
虎（とら）……71、195、211、212、342

な

ナーガ……69
直会（なおらい）……47
ナザール……184
梨（なし）……365
七（数字のなな）……219
南極仙翁（なんきょくせんおう）……319
南山（なんざん）……44、316

に

二（数字のに）……217
泥娃娃（ニィワァワァ）……201、351
虹（にじ）……348
如意（にょい）……178、308、331、342
如意頭（にょいとう）……178、272
ニライカナイ……353
鶏（にわとり）……77、118、211、342

ね

猫（ねこ）……17、212、343、350
年画（ねんが）……265、268
年画の産地／地図……270
年表／中国略年表……62、63

の

納福（のうふく）……47
農暦（のうれき）……120
野崎誠近（のざき のぶちか）……278
熨斗（のし）……212

は

佩玉（はいぎょく）……81、153
白菜（はくさい）……277、343
白鹿（はくしか）……60
白象（はくぞう）……250
爆竹（ばくちく）……144、211
白頭偕老（はくとうかいろう）図……249
芭蕉の葉（ばしょうのは）……280、300、354
蓮（はす）……124

寿老人（じゅろうじん）…… 319
春聯（しゅんれん）……35
嫦娥奔月（じょうがほんげつ）…… 320
鍾馗（しょうき）……194、312
状元（じょうげん）…… 228、286、316
猩猩緋（しょうじょうひ）…… 228
象徴（しょうちょう）…… 272
松柏（しょうはく）…… 317、332、343
菖蒲（しょうぶ）……211、212
女媧（じょか）…… 321、340、349
書画同源（しょがどうげん）……34、39
『書経』（しょきょう／尚書）…… 205
白（しろ）…… 237
シロガシラ（白頭翁）……249、343
蜃（しん）……71
讖緯説（しんいせつ）……56
秦瓊（しんけい）…… 191
秦叔宝（しんしゅくほう）…… 191
神荼（しんと）…… 189

す

『瑞応図記』（ずいおうずき）……56
瑞兆（ずいちょう）……28
鄒衍（すうえん）……57
数字（すうじ）…… 215
朱雀文（すざくもん）……79

せ

姓（せい）……54
青衣（せいい）…… 233
西王母（せいおうぼ）……320、322
青花（せいか）…… 234
蟬（せみ／せん）…… 152
洗（せん）…… 82、116
甎（せん）……35
剪紙（せんし）…… 163
蟾蜍（せんじょ）…… 211
扇子（せんす）……354、365
占筮（せんぜい）……40

そ

象（ぞう）……250、342
双喜／囍（そうき）……36、294、337
双魚（そうぎょ）…… 81、165
双魚洗（そうぎょせん）……83
双魚文（そうぎょもん）……81
送子観音（そうしかんのん）…… 339
竈神（そうしん）……306、311
双鳥交合図（そうちょうこうごうず）…… 338
族霊崇拝（ぞくれいすうはい）……27、31、64
素色（そしょく）…… 237
蘇東坡（そとうば）…… 134

た

太極図（たいきょくず）…… 83、164
太極八卦（たいきょくはっか）…… 167
太湖石（たいこせき）…… 357
泰山（たいざん）…… 175
対待（たいたい）…… 166
鷹（たか）……71、72
竹（たけ）……142、342
脱俗の色（だつぞくのいろ）…… 236
丹（たん）……222、228
団萬字（だんまんじ）……37、38

ち

虫（ちゅう）……75
中国凧（ちゅうごくだこ）……95
中国民間版画（ちゅうごくみんかんはんが） 265、268
中霤（ちゅうりゅう）……187、210
蝶（ちょう）…… 158、343、353
趙公明（ちょうこうめい）……327、331
長春花（ちょうしゅんか／月季）……151、343
張仙（ちょうせん）…… 339
鳥虫篆（ちょうちゅうてん／鳥虫書）… 35、36、357
長命鎖（ちょうめいさ）…… 75、179
重明鳥（ちょうめいちょう）…… 120
蝶恋花（ちょうれんか）…… 159、160、163
直観（ちょっかん）……45

鴻（こう）……39、77
行（こう）……187、210
璜（こう／璜とも）……346
鼇（ごう／鰲とも）……316
嫦娥奔月（こうがほんげつ）……320
香色（こうしょく）……236
コウシンバラ（月季）……343
高禖／郊禖（こうばい）……340
蝙蝠（こうもり）……92、280、294、342
交龍（こうりゅう）……349
黄龍（こうりゅう）……59、60
国色天香（こくしょくてんこう）……139
虎渓三笑の故事（こけいさんしょうのこじ）……256
胡敬徳（こけいとく）……191
五祀（ごし）……187
五色の糸（ごしきのいと）……211、213
呉茱萸（ごしゅゆ）……148、211、212
五正色（ごせいしょく）……247
古銭（こせん）……294、343
蝴蝶（こちょう／胡蝶）……158
後藤朝太郎（ごとう あさたろう）……30、361、368
梧桐（ごどう）……76
五徳（ごとく／蟬）……154
五徳（ごとく／鶏）……121
五毒（ごどく）……212
五徳終始説（ごとくしゅうしせつ）……241
言霊（ことだま）……37、363
コノテガシワ（柏）……212、317、332
五福（ごふく）……205、304、342
五福と吉祥表現〈早見表〉……342
葫蘆（ころ）……130、212、335、342
五路財神（ごろざいしん）……327
崑崙の丘（こんろんのおか）……320
崑崙の玉（こんろんのぎょく）……229

さ

祭祀（さいし）……27
財の神（ざいのかみ）……326
『西遊記』（さいゆうき）……109、191、274、319、321
沙燕（さえん）……95
魚（さかな）……45、71、80、292、343、353
鷺（さぎ）……127
石榴（ざくろ）……280、296、343、353
サソリ……212
サル（猴）……288、298、342
笊（ざる）……212
三（数字のさん）……217
山河九鼎（さんがきゅうてい）……48
三教（さんきょう）……248
狻猊（さんげい）……97
三星（せんせい）図……308
三足烏（さんぞくう）……119

し

四（数字のし）……218
紫衣（しい）……246
詩歌（しいか）……27、42、64
鹿（しか）……70、86、342
紫気（しき／紫煙とも）……246
獅子（しし）……96、212、300、342
仕女娃娃画（しじょあいあいが）……266
氏族（しぞく）……32
七（数字のしち）……219
拾得（じっとく）……197
支那（しな）……362
紫微垣（しびえん）……246
邪視（じゃし）……184
朱（しゅ）……210、222
十（数字のじゅう）……221
獣頭牌（じゅうとうはい）……98
十二章（じゅうにしょう）……51、53
儒教（じゅきょう）……248
祝寿（しゅくじゅ）……324
寿星（じゅせい）……318、325
寿石（じゅせき）……282、343、357
朱肉（しゅにく）……226
寿の神（じゅのかみ）……316
呪物（じゅぶつ）……210、229
聚宝盆（じゅほうぼん）……332、343

画像石（がぞうせき）……35
雅俗（がぞく）……252
花鳥字（かちょうじ）……36
瓦当（がとう）……35、39、79
蝌蚪文（かともん）……166
花瓶（かびん）……300、342
ガマガエル……211
竈（かまど）……187、210
竈馬（かまどうま）……306
竈神（かまどがみ）……306、311
紙馬（かみうま／神馬とも）……306
雷（かみなり）……181
亀（かめ）……77、243、343
唐草文様（からくさもんよう）……169
唐子（からこ）……296、343
烏（からす）……121、250
含（がん／琀、含玉）……153、230
柑橘（かんきつ／大橘）……286、342
寒山（かんざん）……197
漢字（かんじ）……33、64
間色（かんしょく）……223、247
関帝（かんてい／関羽）……328、331
観音（かんのん）……248、339、341
甘露（かんろ）……60

き

黄（き）……235
気（き／気の思想）……177、204
菊（きく）……146、211、300、343
祈寿（きじゅ）……324
鬼神（きしん）……46
喜神（きしん）……336
奇数と偶数（きすうとぐうすう）……366
魏徴（ぎちょう）……191
吉羊洗（きちようせん）……116
吉祥（きっしょう）……4、209、276
『吉祥図案解題』（きっしょうずあんかいだい）…278
亀甲文様（きっこうもんよう）……243
喜の神（きのかみ）……336
亀卜（きぼく）……40
キメラ……68
九（数字のきゅう）……220
九似（きゅうじ）……70
興（きょう）……42、64
魚戯蓮（ぎょぎれん）……126
玉璜（ぎょくこう）……347
旭日（きょくじつ）……342
玉蟬（ぎょくせん）……153
玉兎（ぎょくと）……321
キリギリス……300、342
麒麟（きりん）……77、100、212
釁（きん）……226
金印紫綬（きんいんしじゅ）……245
金烏（きんう）……321
金魚（きんぎょ）……84、284
銀錠（ぎんじょう）……327、332

く

寓意（ぐうい）……41、272
寓鳥（ぐうちょう）……93
孔雀（くじゃく）……77
雲（くも）……174、342
蜘蛛（くも）……275、343
黒（くろ）……240
桑（くわ）……212

け

圭（けい）……153、315
磬（けい）……292、294
荊軻（けいか）……238
『稽瑞』（けいずい）……56、57
景泰藍（けいたいらん）……159
鶏冠花／鶏頭（けいとう）……298、342
戟（げき）……292、342
玄端（げんたん）……241
元宝（げんぽう）……327、332、335、343

こ

五（数字のご）……218
鯉（こい）……83、343

索　引

※ 本文および注より選んだ語

あ

藍（あい）……233
青（あお）……233
梧桐（あおぎり）……76
青紫（あおむらさき）……245
赤（あか／紅、赤いもの）……213、222
あかい糸……229
茜（あかね）……222
蘆（あし）……127、190
葦（あし／葦の索）……188、189、211
阿喜（アシィ）……200
アズキ（赤豆／小豆）……211、212
阿福（アフゥ）……200
網（漁のあみ）……212
暗喩（あんゆ）……43

い

石（いし／寿石）……282、343、357
意象（いしょう）……26
一（数字のいち）……216
忌み言葉（いみことば）……364、365
印璽（いんじ）……35
印綬（いんじゅ）……245、288
陰陽魚（いんようぎょ）……165
陰陽魚太極図（いんようぎょたいきょくず）……83、165、349

う

禹（う）……68
牛（うし）……71、263
羽人（うじん）……321
尉遅恭（うつちきょう／いちきょう とも）……191
鬱壘（うつるい／鬱律とも）……189
馬（うま）……106
梅（うめ）……290
占い（うらない）……28
雲気文（うんきもん）……178
雲文（うんもん）……174
雲雷文（うんらいもん）……181

え

易（えき）……28、40、64
易姓革命（えきせいかくめい）……30、54
鴛鴦（えんおう／オシドリ）……45、77、343

お

扇（おうぎ）……353、365
黄金（おうごん）……235
鸚鵡（おうむ）……77
王莽（おうもう）……56
鳳（おおとり）……75
鳳文（おおとりもん）……79
鬼（おに）……71
鬼やらい……188
佩玉（おびだま）……81、153

か

諧音（かいおん）……39、83、84、272
諧音法（かいおんほう）……37
回回錦（かいかいにしき）……183
蚕猫（かいこねこ／ツァンマオ）……17、350
魁星（かいせい）……315
回文（かいもん）……180、183、343
嘉禾（かか）……60
華夏族（かかぞく）……67
鏡（かがみ）……167、212
科挙（かきょ）……257、313
隠し言葉（かくしことば）……37、274
籠（かご）……212
籠目（かごめ）……2、184
喜鵲（かささぎ）……36、135、286、290、294、300

著者　池上麻由子　*Ikegami Mayuko*

大学卒業後、印刷会社勤務を経て1997年に中国の旧天津商学院裏千家茶道短期大学へ留学。帰国後は編集者として出版に携わる一方で、おもに茶文化を中心とした中国伝統文化の研究を続けている。著書に「極める台湾茶」「極める紫砂茶壺」がある。

吉祥の文化史——幸福追求への祈りのかたち

発行日　二〇一七年八月八日　初版第一刷

著　者　池上麻由子

編集・デザイン　北崎事務所

編集人　北崎二郎

発行人　志原篤司

発行所　株式会社 グリーンキャット

〒一〇二-〇〇八三　東京都千代田区麹町四-三-三 新麹町ビル

電話　〇三-六二五六-八三七七

DTP　メディア・ワークス

印刷所　株式会社 平河工業社

乱丁本・落丁本はお取り替えいたします。無断で本書の全体または一部の複写・複製を禁じます。

弊社ホームページ　http://www.greencat.co.jp

ISBN　978-4-904559-12-3

写真・装丁　北崎二郎

潛有魚多有鱣
有鮪以享以祀
以介景福吉人
式以魚祈福